a casa da minha mãe

a casa da minha mãe

A LUTA DE
UMA FILHA
EM BUSCA DA
LIBERDADE

SHARI FRANKE

Tradução
Karine Ribeiro

Planeta

Título original: *The House of My Mother: A Daughter's Quest for Freedom*

Preparação: Lígia Alves
Revisão: Flávia Yacubian e Luana Negraes
Projeto gráfico e diagramação: Matheus Nagao
Design de capa: David Gee
Foto de capa e foto da autora: Phillip Istomin/MANICPROJECT; Rawpixel
Adaptação de capa: Sandra Fava

Dados Internacionais de Catalogação na Publicação (CIP)
Angélica Ilacqua CRB-8/7057

Franke, Shari
A casa da minha mãe / Shari Franke ; tradução de Karine Ribeiro. - São Paulo : Planeta do Brasil, 2025.
240 p.

ISBN 978-85-422-3804-4
Título original: The house of my mother

1. Franke, Shari – Biografia 2. Redes sociais online 3. Crianças – Maus-tratos 4. Crimes reais I. Título II. Ribeiro, Karine

25-3629 CDD 920.72

Índices para catálogo sistemático:
1. Franke, Shari – Biografia

MISTO
Papel | Apoiando o manejo florestal responsável
FSC® C112738
FSC www.fsc.org

Ao escolher este livro, você está apoiando o manejo responsável das florestas do mundo

2025

Editora Planeta do Brasil Ltda.
Rua Bela Cintra, 986, 4º andar – Consolação
São Paulo – SP – 01415-002
www.planetadelivros.com.br
faleconosco@editoraplaneta.com.br

Para todos os que foram silenciados, sofreram gaslighting, *foram abusados ou abandonados.*
Vocês são mais fortes do que pensam.
Que os anjos na terra e nos céus iluminem vocês.

SUMÁRIO

QUARTA PARTE

humanidade atacada por demônios

QUINTA PARTE

queda das condenadas

Eu o conduziria e o traria à casa da minha mãe,
daquela que me ensinou.
Cânticos dos Cânticos 8:2
Nova Versão Internacional

INTRODUÇÃO

finalmente

30 DE AGOSTO DE 2023

Era quarta-feira, o começo de um novo ano na faculdade, e eu estava afundada na minha mesa abarrotada, me afogando em um mar de cronogramas e leituras da primeira semana. Eu passava as páginas, mas minha mente se recusava a se envolver, os pensamentos sempre voltando aos meus cinco irmãos.

Um ano havia se passado desde que eu ouvira suas vozes, vira seus rostos, e pensar neles presos naquela casa estava acabando comigo. Apesar de todos os meus esforços – as inúmeras ligações, as súplicas desesperadas a qualquer um que me ouvisse –, parecia que não havia nada que pudéssemos fazer para tirá-los do perigo.

Meu celular tocou, e o nome da nossa vizinha apareceu na tela. Meu coração acelerou – cada ligação dessa vizinha representava uma esperança. Significava que eu teria notícias das crianças. Significava que ainda estavam vivas.

— Shari, a polícia está na casa da sua mãe! — As palavras explodiram pelo autofalante, sem tempo para um "alô". — Estão armados, vão derrubar a porta!

Meu coração apertou no peito enquanto imagens vívidas e horrendas invadiam minha mente. Corpinhos sendo carregados para fora da casa da minha mãe por figuras uniformizadas sem rosto.

Aconteceu, veio o pensamento. *Eles morreram.*

Em um transe, peguei as chaves do carro e saí correndo. O caminho do meu apartamento estudantil até a casa da minha mãe em Springville geralmente levava vinte minutos, mas naquele dia foi uma eternidade comprimida em momentos de pânico cego.

Fazia um ano que eu não voltava àquela casa, desde que Ruby me deserdara. Ruby, a santa da maternidade autoungida. Ruby, que transformara minha vida em uma versão surreal do *Show de Truman* para seus discípulos nas redes sociais. Ruby, que sujeitara a mim e meus irmãos a sua interpretação distorcida de crime e castigo durante toda a nossa vida – até que Jodi chegou, adicionando novas pitadas aterrorizantes de sadismo ao regime.

Jodi. A líder da seita exclusiva da nossa família, uma falsa profeta que entrou nas nossas vidas como um furacão, transformando minha mãe em uma acólita bajuladora e fascinada que lambia cada palavra insana dela como se fosse água-benta. Meu pai, antes nosso porto seguro, fora banido, deixando Ruby e Jodi governarem livremente meus quatro irmãos mais novos, que ainda estavam ali com elas.

Dirigi pelas ruas familiares de Springville, uma raiva surda e familiar demais fervilhando dentro de mim enquanto eu navegava o silêncio do subúrbio. Por que ninguém tinha informações sobre as crianças? Por que haviam sido tiradas da escola? Por que ninguém conseguia protegê-las do mal?

Inúmeras denúncias tinham sido feitas ao DCFS [Division of Child and Family Services], o escritório do Serviço de Assistência à Criança e à Família, e à polícia por mim e por vizinhos preocupados. Fazia um ano que eu gritava sem parar. Mesmo assim, apesar dos sinais explícitos do problema, nenhuma providência tinha sido tomada. Era como se nossos avisos fossem invisíveis, e o sistema que deveria proteger meus irmãos os deixara à mercê de duas mulheres embriagadas de delírios de poder descontrolado.

Virei na nossa tranquila rua sem saída e encontrei uma zona de guerra. Viaturas formavam uma barricada de luzes piscantes. Equipes da SWAT rondavam a entrada da casa. Vizinhos se amontoavam nas calçadas, com medo e fascínio nos rostos.

Saí do meu carro e um policial bloqueou meu caminho, sua expressão impassível.

— Não pode passar, senhorita.

— Mas é minha casa! — implorei. — Meus irmãos... estão seguros? Cadê eles?

Trechos de conversa por rádio me provocavam. Será que eu tinha ouvido o nome do meu irmão?

— Por favor — implorei. — Alguém me diz o que está acontecendo.

Um policial se aproximou, em tom urgente:

— Senhorita, pode nos falar sobre a configuração da casa? Há algum cofre? Armas?

Entre lágrimas, dei a ele a informação de que precisava: sete quartos, seis banheiros onde um dia nos acotovelamos em busca de espaço para olhar no espelho, algumas armas trancadas, uma despensa que duraria por todo um apocalipse. Cada cômodo ecoando com os fantasmas de quem fomos um dia.

Então, o caos começou. A porta da frente foi arrombada. Policiais entraram como zangões. Fiquei ali, plantada no lugar, observando.

Deus, por favor. Que eles estejam vivos, orei.

Um pensamento surreal me ocorreu. Aquele momento, aquele clímax da loucura da minha família, precisava ser documentado, preservado e compartilhado nas redes sociais. Assim como cada sorriso perfeito, cada perfeição encenada tinha sido também.

Peguei o celular, minhas mãos firmes apesar da confusão ao redor.

Enquadrar. Registrar.

A legenda se cristalizou na minha mente, uma única palavra que carregava o peso dos anos:

FINALMENTE.

Subir no Instagram. Compartilhar.

Aquele pesadelo tinha nascido nas redes sociais... deveria morrer nelas.

PRIMEIRA PARTE

o jardim dos prazeres terrenos

CAPÍTULO I

selado

Eu tinha um sonho recorrente. Sempre começava tão lindo.

Luzes etéreas banham campos verdejantes até onde a vista alcança. Uma sensação de profunda paz toma conta de mim quando me dou conta de que ali deve ser o Paraíso. Minha jornada terrena acabou.

A paisagem muda, familiar e ao mesmo tempo estranha. Entes queridos que perdi aparecem a distância, seus rostos radiantes. Vou na direção deles, leve, tranquila, abraçando-os com lágrimas de alegria nos olhos. *Aqui é o Paraíso*, penso. *Isto é paz.*

Então vejo aqueles olhos. Frios e inflexíveis, me encarando com um poder tão antigo quanto as estrelas. É ela. Ruby.

De repente, a voz de Deus ecoa ao meu redor, estremecendo a base dos céus:

— *Minha criança, foi errado desafiar a sua mãe!*

Acordo em um pulo, o coração acelerado, e por um momento o terror permanece... nem no pós-vida vou conseguir me libertar dela?

*

Minha mãe nasceu Ruby Griffiths no dia 18 de janeiro de 1982, em Logan, Utah, a mais velha dos cinco filhos de Chad e Jennifer Griffiths, cujas famílias eram membros devotos da Igreja de Jesus Cristo dos Santos dos Últimos Dias (SUD) por gerações.

Quando Ruby era jovem, a família dela se mudou para Roy, em Utah – uma cidadezinha onde a igreja SUD ditava quase todos os aspectos da existência. Nessa comunidade unida, os dias giravam em torno do estudo das Escrituras, vida pura e, acima de tudo, família. Essa é, afinal de contas, a base da nossa fé.

Sendo a mais velha em um lar conservador e severo, a infância de Ruby envolveu menos brincadeiras e mais responsabilidades, e ela recebeu a incumbência de ajudar a criar suas irmãs mais novas. Consigo imaginar facilmente uma jovem Ruby, de postura reta e olhar determinado, lidando com as expectativas da família com uma sensação de propósito justo, ansiosa pelo dia em que teria sua própria família, degustando a ideia de enfim ser quem dita as regras e dar ao seu lar a forma que julgasse melhor. Para Ruby, a maternidade não era apenas um papel futuro: era o ápice das suas aspirações, a única coisa que ela queria para si acima de todas as outras.

A reverência dela à maternidade não é incomum na teologia SUD em que fui criada. Tornar-se mãe, na minha fé, é um chamado espiritual da maior ordem, uma chance de emular o divino e de participar da grande tapeçaria da Criação. Talvez por isso o desgaste físico – os desconfortos da gravidez, a dor lancinante do parto – não fosse visto por Ruby como um obstáculo a ser superado ou um peso a suportar. Em vez disso, era visto como provação divina, oportunidade para demonstrar a fé inabalável dela no plano de Deus e garantir seu lugar no pós-vida celestial junto aos ancestrais sagrados que percorreram esse caminho antes dela.

Assim que completou dezoito anos, o apito soou na corrida de Ruby em direção à exaltação eterna, e minha mãe embarcou em sua missão de povoar não apenas seu lar terreno, mas sua mansão celestial também.

Mas primeiro ela precisava de um marido.

Nos anos 2000, quando a Ruby de dezoito anos colocou os pés pela primeira vez no campus da Universidade Estadual de Utah, ela tinha apenas uma coisa em mente: caçar um homem. Sim, ela havia escolhido cursar Administração, mas para Ruby a faculdade nunca teve a ver com aprendizado. Tratava-se de encontrar um parceiro com quem pudesse se casar, começar uma família e começar a cumprir seu propósito divino, para ontem.

Em sua visão cor-de-rosa, Ruby definiu as principais qualidades que queria em um homem. "Treze centímetros mais alto que eu." "Bonito." "Carro quitado." "Engenheiro." (O pai dela era engenheiro, então talvez ela gostasse da ideia da história se repetindo.) Nem preciso dizer que o homem ideal para ela tinha que ser devotado à igreja.

Chega meu pai, Kevin Franke: um veterano que morava no campus, quatro anos mais velho, com vinte e dois, prestes a conseguir seu diploma de Engenharia, e um exemplar e tanto da fé SUD. Ele era treze centímetros mais alto que Ruby (confere), tinha o maxilar quadrado (bonito – confere), e seu intelecto afiado e ambição indicavam um futuro promissor.

Além disso, ele parecia tão... gentil. Exalando bondade genuína, Kevin tinha uma aura tranquila, um bálsamo para o espírito intenso de Ruby. Ela não tinha interesse em conflitos de poder, afinal de contas; ela precisava de alguém pacato o suficiente para deixá-la tomar as rédeas sem muita resistência, um copiloto satisfeito em permitir que ela conduzisse sua jornada compartilhada, pagar as contas e dar a ela os filhos que tanto desejava.

Nascido em 9 de outubro de 1978 em Odgen, Utah, Kevin era o caçula de sete irmãos; o mais novo antes dele era doze anos mais velho que Kevin. A chegada tardia o tornou algo anômalo – enquanto seus irmãos estavam no ensino médio e além, ele ainda estava aprendendo a amarrar os cadarços, e seus dias aconteciam em uma névoa de aventuras na vizinhança e esportes na TV, supervisionada por pais que já tinham feito tudo isso antes.

A mãe de Kevin não gostava de cozinhar – a vida girava em torno de refeições congeladas, TV e conversas sobre fé. A casa costumava ser descontraída, sem muitas regras; um ambiente tranquilo que moldara Kevin em um tipo de homem gentil e equilibrado.

Como Ruby, Kevin estava determinado a encontrar sua parceira espiritual; uma mãe para os filhos que ele esperava criar na fé. Mas ele fora à faculdade com o objetivo de aprender, garantir seu futuro, e não estava com pressa para encontrar uma esposa. Isto é, até notar a presença de Ruby.

Ele a viu primeiro, entrando na sala em um evento de boas-vindas com cachorro-quente no campus. Uma rainha perfeita, Ruby ia de rapaz em rapaz, sua confiança no flerte diferente de tudo o que ele já tinha visto. O fato de ela ser naturalmente bonita, loira, com um enorme sorriso estonteante e uma figura esbelta, ajudou – Ruby era totalmente o tipo dele.

Enquanto ela entrevistava metodicamente maridos em potencial, como uma diretora de elenco escalando seu protagonista, Kevin sentiu que o tempo passava. Ruby era o prêmio, e, se ele não fizesse algo para se destacar na multidão, acabaria sendo só mais um competidor fracassado na corrida da jovem até o altar.

Uma noite, Kevin estava sentado ao lado de Ruby, segurando a mão dela sob um cobertor enquanto os dois assistiam a um filme com alguns amigos. Kevin não dava a mínima para o que estava acontecendo na tela – só conseguia pensar na maciez da pele dela, na pressão suave do toque, no dedão dela vez ou outra roçando os nós dos seus dedos. Cada sensação era elétrica, enviando arrepios pelo braço até o coração.

Então Kevin viu outro rapaz – um dos admiradores de Ruby – sentado do outro lado dela, perto demais. Ficou nervoso ao perceber que Ruby também segurava a mão do outro sob o cobertor. Geralmente muito tranquilo, Kevin se levantou, o rosto queimando, o coração acelerado. Sem dizer nada, saiu pisando duro, deixando Ruby boquiaberta.

No dia seguinte, Kevin falou com Ruby e explicou as regras. Chega de dar a mão para outros rapazes. Ponto-final. Ruby, atraída pela paixão dele, apressou Kevin para conhecer os Griffith, seus pais e críticos mais duros. Eles o aprovaram e Kevin, em troca, apresentou Ruby aos pais, os Franke, que a consideraram uma jovem adorável, perfeita para o filho.

Duas semanas depois que se conheceram, Ruby foi direto ao assunto:

— Então, vamos nos casar?

Kevin, pego de guarda baixa, murmurou a palavra mais perigosa do dicionário:

— Sim.

Em apenas catorze dias, eles passaram de estranhos a noivos.

Enquanto Ruby e Kevin começavam a organização do casamento, eles passaram a se conhecer melhor. Os dois adoravam tocar piano, embora a abordagem deles do instrumento não pudesse ser mais diferente. Kevin tinha memória fotográfica e podia tocar canções de jazz e músicas populares sem sequer praticar. Ruby, por outro lado, já havia se dedicado ao piano de corpo e alma. Durante a adolescência, ela se dedicara ao mundo da música clássica, seus sonhos cheios de visões de salas de concerto e ovações em pé. Ela encarava cada peça com precisão meticulosa, passava horas aperfeiçoando cada nota, cada mudança dinâmica. Para ela, tocar não se tratava de diversão – tratava-se de se superar, e, quando ela sentia que não era perfeita, isso deixava uma marca em seu ego que nenhuma quantidade de prática parecia preencher.

Toda a autoestima de Ruby era construída sobre o excepcionalismo, então, se ela não podia ser extraordinária, de que adiantava? Ela precisava de um novo sonho, uma nova fonte de validação. Se a música não definiria sua grandeza, então a maternidade definiria. Rostos angelicais a sorrir para ela com o amor e a adoração que ela desejava. Páginas em branco, prontas para serem escritas com a sabedoria dela, os valores dela, com aquilo que a tornava ela mesma.

Para Kevin, dois filhos estava ótimo, mas Ruby desejava um clã, e Kevin ficou satisfeito em concordar com a grande visão de Ruby, jurando mover céus e terra a fim de apoiá-la em seus sonhos. Assim, a dinâmica foi definida:

Kevin, o eterno ator coadjuvante contracenando com a protagonista Ruby em sua produção épica de "A Melhor das Mães".

Em 28 de dezembro de 2000, pouco mais de três meses depois de se conhecerem, Ruby e Kevin seguiram até o templo, prontos para serem eternamente unidos aos olhos de Deus. Ruby estava perfeita vestida de marfim, o cabelo uma cascata de cachos, um xale étnico sobre os ombros para se proteger do frio do inverno. Nem os sapatos errados de Kevin – um preto, outro marrom, graças à pressa para se arrumar no escuro – conseguiram diminuir o sorriso dela.

E foi assim o momento de conto de fadas de Ruby tomando vida. Enquanto os votos deixavam seus lábios, ela sentiu seu "felizes para sempre" se desenrolar diante dela como um tapete vermelho – finalmente, sua vida estava prestes a começar.

CAPÍTULO 2

lágrimas

— Ela está ficando cansada aí dentro — disse o obstetra. — Vamos precisar intervir.

Então, com uma geringonça que parecia mais adequada para limpar carpetes do que trazer uma nova vida ao mundo, os médicos sugaram minha cabeça e me puxaram à força.

Era 3 de março de 2003, e, depois de nove meses difíceis de uma gravidez cheia de complicações médicas, a Ruby de vinte e um anos enfim me expulsou do útero, sua primeira filha. De alguma forma, através da névoa da dor e da exaustão, Ruby conseguiu dar um sorriso vitorioso. Em seus braços havia não apenas um bebê, mas o maior poder de uma mulher. Seu direito divino de moldar uma nova alma à sua própria imagem.

Me aninhando em um pós-parto de exaustão, ela olhou além do pacotinho que berrava e se contorcia em seus braços para o futuro exaltado que eu representava. Em meu corpinho, Ruby viu as primeiras pinceladas da sua obra-prima, o primeiro capítulo da narrativa épica que seria seu legado de proeza maternal incomparável.

Com mais ou menos três meses, Ruby me levou ao pediatra para descobrir por que eu era tão ranzinza – meu choro constante testava a visão dela de felicidade materna –, mas o médico disse que era só cólica. Quando comecei a rejeitar a mamadeira e fiquei letárgica, Kevin surtou e correu comigo para a emergência, onde descobriram que eu tinha um bloqueio intestinal que colocava minha vida em risco. Sem a cirurgia de urgência, eu provavelmente teria morrido. Pelo jeito, desde o começo, minha infância estava destinada a ser uma luta por sobrevivência.

Ruby não acreditava em me oferecer conforto quando eu era bebê, não como a maioria dos pais fazem. Por que ela faria isso? Deixar o bebê se esgoelar não era problema, essa sempre fora a filosofia da família dela. Bebês não deviam ser mimados. Nada de tolerar manha. É para o bem deles, para saberem quem é que manda, e quando crescerem eles podem aprender a lidar com seja lá o que acontecer sem serem perdedores fracos e bebês chorões.

Mesmo assim, ironicamente, minhas primeiras lembranças são de Ruby chorando. Ela tinha lágrimas para todas as ocasiões. Alegria, tristeza, tédio – não importava, Ruby chorava em qualquer situação, uma mulher sempre em conflito com seu próprio equilíbrio. Talvez por isso ela quisesse tantos filhos. Uma coleção de bonecas russas, cada qual uma versão um pouco menor da anterior, para absorver o tsunami das emoções intensas dela. Existe um jeito melhor de preencher o vazio interior do que se cercar de reverentes miniversões de si mesmo? O interessante é uma pessoa que chorava tanto parecer tão imune às lágrimas alheias, incluindo as minhas.

Fico me perguntando quanto do meu eu adulto foi forjado naqueles primeiros anos de formação. Minha tendência a reprimir as emoções, a apresentar um rosto estoico para o mundo... são ecos de uma criança que aprendeu que suas aflições sempre serão desprezadas? Mesmo antes de conseguir formar palavras ou pensamentos, o que eu aprendi foi que minha dor não importava, que minhas necessidades eram inconvenientes? Se minhas lágrimas tivessem encontrado conforto em vez de indiferença calculada, será que eu teria me tornado uma pessoa mais aberta, sem tantos muros? Ou será que sempre fui destinada a ser introvertida, a me tornar emocionalmente distante em um instante, meus sentimentos presos atrás de uma fortaleza que ainda tenho dificuldade para atravessar?

Não há como ter certeza... a natureza e o cuidado dançam um tango complexo, afinal de contas. Mas, enquanto reflito a respeito das muitas incongruências da minha infância, não posso deixar de sentir uma tristeza pela bebezinha que chorava pedindo a mãe. Que queria um tipo de amor diferente daquele que recebeu. Um amor que permite vulnerabilidade, lágrimas, todo o alcance das emoções humanas. Um amor que permite que uma criança tenha liberdade para sentir.

CAPÍTULO 3

mamãe não é muito boa para mim

Em 2005, quando eu tinha dois anos, o Show da Ruby expandiu seu elenco com a estreia do meu irmão Chad. Junto a ele, mais um acréscimo – nossa primeira cadela, Nolly, uma filhote de labrador amarelo, muito alegre, cheia de energia e amor. Ela corria para mim, o rabo balançando furiosamente, me enchendo de lambeijos. Nolly e meu irmãozinho sempre me faziam rir.

Em 2007, a terceira criança de Ruby, uma menina, entrou em cena. Não vou mencionar o nome dela neste livro. Ao longo desta narrativa, exceto por Chad, meus irmãos mais novos não terão seus nomes revelados. Não se trata de omissão pura e simples – é minha última barreira de defesa para protegê-los.

Em um mundo mais gentil, as histórias deles não seriam assunto de um livro. Seus momentos íntimos pertenceriam a eles, sendo conhecidos apenas pelos amigos e pela família, e não dissecados por estranhos na internet. Mas, para nós, paz e anonimato nunca foram uma opção. Devemos isso a Ruby. Ruby e sua sede insaciável por atenção e sucesso.

A jornada da minha mãe para os holofotes começou de maneira inocente – um blog sobre maternidade a que ela deu o nome de *Good Lookin Home Cookin* [em tradução livre, Comida Caseira e Bonitinha]. Os blogs de mães ainda eram uma fronteira selvagem na época, pronta para ser tomada, e Ruby, assim como suas irmãs e as amigas, estava animada para explorar as possibilidades na internet.

"Meu principal objetivo com este blog é registar o crescimento e as experiências da minha família", proclamava Ruby em seu brilhante novo perfil de blogueira. "Quero que meus filhos tenham um espaço na internet para ler coisas legais sobre eles e saber o quanto progrediram."

Na minha igreja, somos encorajados a documentar nossas vidas meticulosamente, criando um mapa para as futuras gerações entenderem suas raízes, e parecia que a internet era apenas uma extensão disso, outra forma de fazer o trabalho do Senhor. O bloguezinho cheio de receitas deu a Ruby seu primeiro contato com a existência online e as possibilidades que trazia – uma ferramenta de autoexpressão, um meio de projetar uma identidade e forjar uma conexão com as pessoas ao compartilhar suas receitas de creme de framboesa, frango com mel e limão e todo tipo de biscoito – pintando a imagem de um lar preenchido com o aroma constante de pão recém-assado e refeições preparadas com amor.

A verdade é que eu nem sei se ela chegou a fazer algum daqueles pratos. Claro, Ruby estava sempre cozinhando (ela gostava de testar as receitas do livro de Ann Romney), mas a maioria das receitas do *Good Lookin Home Cookin* era mais ambiciosa que realista, parte da imagem daquela mãe sorridente e suja de farinha, com vários querubins reunidos ao redor da mesa. Desde cedo em sua carreira online, Ruby mostrava disposição para sacrificar sua autenticidade no altar das aparências.

Há algumas exceções – posso confirmar que o pão dela era lendário, um elemento básico de todas as reuniões de família. Ela cortava fatias grossas, cada pedaço era praticamente uma baguete, com buraquinhos irregulares que demonstravam sova à mão e paciência. A casca sempre tinha uma pequena rachadura, mostrando o interior macio e quente. Era o tipo de pão que exigia ser notado, que transformava um simples sanduíche em uma refeição. Uma fatia era suficiente para me deixar cheia, embora eu costumasse comer mais.

Ela começou outros blogs: *Full Suburban* [100% Suburbana] e um blog de maternidade com as amigas, chamado *Yummy Mummy's* [Delícia da Mamãe]. Exercitando seu talento natural para o marketing, ela começou a marcar as fotos da nossa família, colocando um logotipo no cantinho: "Essa é a vida dos Franke". Minhas três tias, Ellie, Bonnie e Julie, que moravam todas a uma hora e meia de distância uma da outra com seus próprios maridos e proles em crescimento, demonstravam interesses similares em ter blogs. Parecia inerente ao DNA das Griffiths essa necessidade feminina de pegar a vida familiar e transformá-la em algo maior.

"Todos os meus filhos vão aprender a tocar piano", proclamou Ruby, e sendo a primogênita, fui a cobaia. Quando completei cinco anos, Ruby passou a me acordar às seis da manhã e a me colocar de pé diante do nosso piano Kawai, para praticar sob seu olhar severo.

— Curve os dedos, Shari! Conte! — ordenava ela, batendo no piano com a mão e me fazendo dar um pulo. — E, pelo amor de Deus, não faça essa cara.

Logo aprendi que qualquer coisa menos que puro entusiasmo enfurecia Ruby. Qualquer sinal de desconforto no meu rosto e *bam!* Era um tapa no braço, um peteleco nos lábios ou um puxão forte na orelha. Eu raramente chorava quando Ruby me punia – só uma pessoa naquela casa tinha permissão para chorar, e não era eu. Então eu ficava quieta, mantinha a expressão neutra. No entanto, sob meu exterior calmo, uma ideia se enraizava.

Mamãe não é muito boa para mim.

Eu era grata por Nolly, que deixara de ser uma filhote adorável e se transformara em uma labradora adulta.

Durante aquelas terríveis aulas de piano, quando a voz crítica de minha mãe parecia preencher cada canto da sala, Nolly se posicionava embaixo do piano, seu corpo quente pressionado contra os meus pés. Quando o sermão de minha mãe passava dos limites, eu olhava para baixo e via os olhos castanhos gentis de Nolly virados para mim, cheios de amor e conforto, como se dissesse "Tudo bem, estamos nessa juntas".

— Mamãe — eu choramingava enquanto entrava no quarto dos meus pais tarde da noite, apertando Bubbles, meu cavalo de pelúcia, contra o peito. — Minha barriga está doendo de novo.

Ruby suspirava alto, o rosto contorcido de irritação.

— Shari, já falamos sobre isso. Você está bem. Volte para a cama.

Já naquela época, com cinco anos, meu corpo começava a se rebelar, como se todas as células gritassem em protesto contra o ambiente em que se encontravam. Agora sei, é claro, que a dor no estômago era mais que uma reclamação infantil – era uma resposta física à minha ansiedade.

À noite, aquela sensação constante de desconforto se transformava em algo assustador. Eu ficava deitada na cama, sentindo a escuridão pesar sobre mim, totalmente convencida de que a qualquer momento um demônio de verdade se materializaria ao meu lado na cama, pronto para roubar minha alma. O medo era tão real que eu implorava que Ruby deixasse a luz acesa quando eu ia deitar. Mas ela não tinha tempo para meus fricotes.

— Não, Shari, você precisa aprender a dormir no escuro. Não existem demônios na minha casa.

Ela estava errada, é claro. Com certeza havia um.

Assim que as luzes se apagavam, outros apareciam, figuras grotescas saídas de pesadelos medievais, entidades demoníacas se aproximando com sorrisos tortos. Seus rostos retorcidos assombravam minhas noites insones, suas histórias agonizantes exibidas nos meus sonhos.

Por que uma garotinha abrigava medos tão tangíveis de possessão demoníaca? Tenho certeza de que o profundo paradigma religioso em que eu vivia teve parte nisso. Nós acreditamos piamente no poder de Satã e na habilidade da sua legião de espíritos caídos de possuir as pessoas. Nós acreditamos que o mal pode habitar formas físicas, às vezes temporariamente, às vezes por longos períodos. Criada para acreditar que até mesmo o ar que eu respirava estava tomado de forças invisíveis que batalhavam pelo domínio da minha alma, era fácil minha mente jovem imaginar uma guerra acontecendo dentro do meu quarto.

Talvez, também, minha constante sensação de pânico perto de minha mãe emocionalmente volátil tivesse me preparado para esses medos – como se meu subconsciente, incapaz de entender o caos dentro de casa, tivesse conjurado terrores sobrenaturais para dar contorno à ansiedade sem forma que parecia preencher nossa casa.

⋆

Em uma determinada semana, eu pratiquei uma canção que minha professora de piano tinha ensinado, repetindo cada nota e acorde até praticamente conseguir tocá-la dormindo. Ruby parecia satisfeita com o meu progresso e decidiu que era hora de passar para outra música. Mas então chegou o dia da minha aula de piano.

— Ainda não, querida — disse a professora depois que me ouviu tocar. — Vamos trabalhar nessa mais uma semana.

Mais uma semana até ela me dar um adesivo, indicando que a tarefa estava completa. O que sem dúvida parecia uma coisa pequena para ela. O que ela não percebia era que a estrelinha dourada representava vida ou morte para mim… como eu iria dizer a Ruby que o julgamento dela estava errado? Minha professora não entendia a posição precária na qual me colocara, o equilíbrio delicado de poder com o qual tinha mexido?

Lágrimas quentes arderam nos cantos dos meus olhos, e eu me remexi no assento enquanto a professora me encarava, confusa, pouco acostumada a ver uma reação tão intensa de uma menina de cinco anos.

— O que foi, Shari? — perguntou ela.

— É que a minha mãe acha que já estou boa — falei, minha voz tremendo.

Como é que eu poderia explicar à minha professora o campo minado pelo qual eu andava diariamente, dizer que era forçada a pisar em ovos o tempo todo?

Minha professora, sentindo a caixa de Pandora que acabara de se abrir, escolheu sabiamente fechá-la.

— Está bem, esqueça. Tome aqui o seu adesivo, parabéns! Você está indo muito bem. Música nova semana que vem.

Ufa. Consegui sair da areia movediça... pelo menos por enquanto.

Pensando agora, me impressiono com a rapidez com a qual minha mente jovem se adaptou ao humor de Ruby. Com cinco anos, eu sabia por instinto onde era meu lugar. Ser dócil. Ser obediente. Assumir a forma do que quer que conseguisse ganhar a afeição condicional de Ruby. Eu era uma planta se inclinando para o sol, me contorcendo em formas anormais para ser atingida pelo raio da aprovação dela. No entanto, não importava o quanto eu me mexesse e me contorcesse, não importava o quanto eu conquistasse ou tudo o que cumprisse, jamais era suficiente. Sempre haveria um novo arco pelo qual saltar, algum novo padrão a me adequar.

Criança alguma deve ser obrigada a conquistar a afeição dos pais. E conquista alguma preenche o vazio onde o amor incondicional deveria estar. Hoje, o simples fato de pensar em me sentar ao piano provoca algumas das minhas mais profundas crises de ansiedade, tudo graças à minha mãe. É uma pena que as coisas mais lindas, até mesmo a música, possam ser arruinadas pelas sombras do nosso passado.

CAPÍTULO 4

a raiva interior

Quando eu tinha seis anos, em 2009, Ruby deu à luz o bebê número quatro, outra menina. Minhas três tias e seus maridos estavam presentes no parto, e o que se conta é que minha irmã simplesmente "veio ao mundo" muito rápido, como se estivesse animada para entrar na festa.

No dia em que Ruby voltou para casa da maternidade, eu me lembro de ficar na porta do quarto dela, observando enquanto sua mãe lhe dava um presente – um lindo pijama de seda.

Enquanto eu ficava ali, acompanhando a cena, não pude deixar de sentir a dor de algo que não consegui nomear. Inveja? Desejo? Ruby e a mãe dela eram unidas por um laço que parecia impenetrável, uma proximidade que eu admirava e invejava. A risada fácil delas e os sorrisos cúmplices me faziam ter ainda mais consciência da distância que me separava de Ruby.

Soltei de repente:

— Também vou ganhar um pijama de seda quando tiver um bebê?

— Com certeza! — disse Ruby, a voz suave. — Quando você tiver um bebê, nós vamos ser amigas.

Naquele instante, tudo se encaixou. A distância que sempre senti, o desejo de um relacionamento mais próximo com minha mãe... tudo fez sentido. Ruby e eu só poderíamos ser amigas de verdade quando eu fosse uma mulher com marido e família. Quando eu estivesse no mesmo patamar que ela. Tal qual Ruby havia precisado se tornar esposa e mãe para conseguir o respeito da própria mãe, eu teria que seguir pelo mesmo caminho. Eu teria que esperar para ser amada.

Enquanto eu observava Ruby e a mãe babarem no pijama de seda, fiz um voto silencioso comigo mesma. *Um dia vou ter um bebê. Um dia vou ganhar um pijama. E nesse dia finalmente Ruby e eu vamos ser amigas.*

Ruby tentou engravidar outra vez imediatamente – embora fosse óbvio que o estresse das gestações seguidas a afetava. Havia dias em que seus olhos mal abriam, os lábios pressionados em uma linha fina e pálida enquanto observava o caos de uma casa se enchendo de humaninhos. Ela observava nosso lar fazendo o escrutínio frio de um general que analisa o campo de batalha, decidindo como impor a ordem. A arma que escolhia? A voz, às vezes as mãos. Quem estivesse mais perto sofria com a violência da frustração. Um vaso caído, um brinquedo no lugar errado, um copo com uma manchinha de nada... tudo se tornava um pretexto para os ataques.

Assim que os filhos começavam a andar, Ruby ia contratando sua equipe de limpeza em miniatura. A filosofia dela era simples: todo mundo contribui, todo mundo se mantém ocupado. Afinal de contas, mãos vazias são a oficina do diabo. Uma das táticas favoritas dela era a patrulha da faxina. Ela nos reunia com um único olhar e anunciava: "Muito bem, tropa. Vou programar o timer para uma hora. Vamos limpar esta casa inteirinha. Prontos? Vamos!". Nós nos separávamos, um redemoinho tirando o pó, esfregando e organizando. Era caótico, exaustivo e estranhamente estimulante. Eu não me importava de ser a pequena assistente da mamãe, supervisionando meus irmãos para ajudar na nossa crescente demanda de tarefas domésticas.

O dinheiro era pouco, mas a carreira de Kevin como engenheiro geotécnico estava prosperando. Ele era fascinado de verdade pelas placas tectônicas e pela liquefação da terra, se aprofundando em um mundo acadêmico em que as mudanças aconteciam em um prazo geológico. Era um contraste e tanto com os dramas diários na cozinha que consumiam a mente de Ruby, as crises emocionais que nos faziam pisar em ovos.

Um dia, algo mudou em Ruby. Suas lágrimas sempre presentes assumiram um novo peso, e, mesmo com meu entendimento limitado, senti que algo muito triste tinha acontecido. Ruby sofrera outro aborto – seu terceiro – com dezessete semanas. A gravidez estava avançada o suficiente para ela sentir aqueles primeiros chutinhos, saber o gênero – um menino – e até escolher um nome. Desta vez não era apenas a perda de uma gravidez; era como perder um filho, uma parte de si.

Ruby jamais se permitiu tempo para ficar de luto... ela havia aprendido que, quando a vida fica difícil, você pega os limões, faz uma limonada e segue em frente. Ter mais filhos, fazer mais pães, seguir em movimento.

Uma noite, ela teve um sonho em que estava no supermercado e viu um menininho sozinho perto das maçãs. Perguntou a ele onde estava sua mãe. Ele disse que não tinha. "Quer vir para casa comigo?", perguntou ela.

"Eu posso ser sua mamãe!" Ele assentiu e Ruby o colocou no carrinho, em cima do pão e das bananas. Um mês depois, ela estava grávida. Assim que a barriga de Ruby começou a crescer com seu quinto filho, uma calma rara e passageira tomou conta dela. A gravidez, para ela, ainda era o chamado mais elevado, uma conexão sagrada com seu propósito divino. Naqueles momentos de contemplação silenciosa, quando a mão de Ruby se apoiava levemente na barriga crescente, eu via vislumbres dela em seu estado mais pacífico e satisfeito. Como desejei provar aquela mesma sensação de propósito, embarcar na minha própria jornada espiritual para descobrir o verdadeiro sentido da vida.

CAPÍTULO 5

pioneiros

Quando eu tinha oito anos, nos mudamos para nossa primeira residência unifamiliar, isto é, uma casa sozinha no meio de um quintal, sem paredes divididas com vizinhos. Finalmente tínhamos um balanço! Passei muitas horas nele, mexendo as pernas e imaginando que podia tocar o céu.

Ruby, no seu entusiasmo por um recomeço, imediatamente começou a pintar as paredes e portas de vários tons de amarelo – sua cor favorita.

— Mamãe — perguntei um dia —, por que tudo tem que ser tão... brilhante?

O tom berrante era opressivo, tornando cada cômodo estridente e caótico.

Ela sorriu para mim, obviamente orgulhosa do seu trabalho.

— É alegre! Você não fica feliz quando vê?

Não tive coragem de responder a ela que, no geral, me fazia sentir presa dentro de uma banana gigante.

Nossa casa ficava em Springville, uma comunidade plana e em expansão de mais ou menos dez mil pessoas, fundada em 1850 por pioneiros da SUD. Springville fica aninhada aos pés das montanhas Wasatch – por um longo tempo, aquelas montanhas marcavam a fronteira do mundo para mim.

Se você gosta de jantares sofisticados e alta cultura, pode ficar decepcionado com o que Springville tem a oferecer. Temos um Walmart, um supermercado de bairro, uns dois Taco Bells e um IHOP, uma franquia de panquecas. É isso. Para opções de entretenimento mais importantes, as pessoas dirigem quinze minutos até Provo ou Spanish Fork.

Springville não tem um templo, então muitos moradores vão a Provo para render seus louvores. Antes o templo deles parecia um bolo de casamento em forma de nave espacial – oval com um pináculo que lembrava um óvni –, mas depois acrescentaram uma construção de tijolinhos vermelhos mais convencional. Para vivenciar a experiência clássica do templo branco da SUD, é necessário dirigir uma hora e meia para o norte até o incrível Templo de Salt Lake em Salt Lake City, sua torre central do leste coroada pela estátua dourada do anjo Moroni.

Lembro da emoção que senti quando entrei na fonte batismal, a água espirrando em meus tornozelos através da renda do meu macacão branco. Eu tinha oito anos e estava prestes a dar oficialmente meus primeiros passos significativos na fé SUD por meio do batismo.

Enquanto me submergiam, senti uma onda de paz. Eu estava segura agora. Protegida por Deus e pela minha fé, não importava o que acontecesse ao redor. O que eram os chiliques e sermões de Ruby comparados às verdades eternas do Evangelho? O batismo parecia me oferecer segurança e conforto, e eu me apeguei a esse sentimento como se fosse minha salvação; escrevi no meu diário que a experiência de ser batizada era como se um biscoito quentinho tivesse sido colocado sobre mim.

Nessa época, Ruby sentiu que eu já tinha idade para ter a "conversa". Sobre bebês e cegonhas. A varanda da frente da nossa nova casa foi o cenário, e não lembro exatamente o que levou ao assunto – talvez eu tenha feito uma pergunta inocente sobre bebês –, mas lembro de ter dificuldade para entender essa informação nova e perturbadora.

Perguntei a Ruby quanto tempo a "coisa" tinha que ficar dentro para engravidar uma mulher. Sua resposta vaga – algum número arbitrário – só conseguiu me deixar mais confusa. Na minha jovem mente, imaginei os casais programando timers, tratando o ato com o mesmo desprendimento clínico de quem põe um bolo para assar. *Coloque por trinta e segundos e* voilà*! Um bebê está a caminho.*

Minha visão de mundo mudou dramaticamente quando de repente todo adulto que vi se tornou um participante desse ritual bizarro. Nosso vizinho que estava tirando o lixo tinha praticado aquele ato esquisito. Quando nosso bispo deu uma passada em casa com os filhos, morri de vergonha. *Ai, meu Deus, nosso bispo também?* A ideia desses adultos respeitáveis, pilares da nossa comunidade, fazendo o que ela descreveu era informação demais para mim. Fiquei enojada e confusa e vi o sexo como uma coisa estranha e meio nojenta que os adultos obviamente faziam em nome de Deus, e não por desejo.

⋆

Na minha família, é tradição marcar o batismo de uma criança dando de presente o primeiro Evangelho dela. O meu tinha uma capa de couro bonita, meu nome gravado em dourado ali. Embora a linguagem naquelas páginas geralmente me confundisse, eu passava horas analisando cada verso, destacando passagens favoritas com cores de arco-íris. Assim que comecei a aprender a história de Joseph Smith, o profeta e fundador da nossa igreja, meu fascínio pela religião se transformou em obsessão.

Eu adorava aquele personagem fanfarrão que ousara desafiar a estrutura religiosa da sua época, nos anos 1830. Fiquei fascinada pelas histórias das suas aventuras de caça a tesouros transformadas em missões sagradas, pelo fato de seus transes e visões terem sido as bases de uma nova religião. A maioria das meninas gosta da Disney, de bonecas e desenhos animados (eu também gostava dessas coisas), mas, para mim, a história de Joseph Smith e os pratos de ouro estava no mesmo patamar de *Frozen*.

O fato de ele não ser uma figura distante das páginas da história antiga ou de um santo do Velho Testamento de uma terra distante ajudava – ele era como nós, um americano normal de origem comum. E eu amava saber que a história dele tinha acontecido há relativamente pouco tempo, era recente o bastante para que meus ancestrais de sangue, como a Viúva de Nauvoo, pudessem ter sido seus amigos.

A Viúva de Nauvoo, uma ancestral do lado da família da minha mãe, viveu em Nauvoo, no Illinois, nos anos 1840, durante a perseguição das congregações SUD. Quando uma multidão se reuniu para queimar a casa dela se ela não renunciasse à fé, ela os encarou, destemida. "Queimem e vão para o inferno!", declarou ela. Na minha infância, ouvi essa história inúmeras vezes; era uma lenda sagrada familiar.

De vez em quando eu olhava pela janela e devaneava, imaginando a Viúva de Nauvoo passando por aquele mesmo terreno em sua jornada para recomeçar no oeste. Ela sentia o cascalho sob os pés, o sol nas costas, enquanto sonhava com um futuro em que pudesse enfim se libertar dos horrores do passado...

— Shari! Venha pôr a mesa do jantar!

Ugh. Eu odiava quando Ruby interrompia meus devaneios espirituais para me obrigar a fazer tarefas.

Enquanto eu organizava os pratos e guardanapos com precisão praticada, minha mente permanecia em pensamentos sobre a Viúva, encarando uma multidão de céticos, seus olhos queimando com o fogo da convicção. Na minha mente, eu estava bem ali ao lado dela. Às vezes esses pensamentos pareciam mais reais para mim do que qualquer coisa no mundo ao redor.

— Não, não, os garfos ficam à esquerda, quantas vezes tenho que te dizer? — resmungava Ruby em tom de desaprovação, meu irmão mais novo, ainda um bebê, apoiado em seu quadril.

Chad me olhava com empatia. Sempre senti uma camaradagem forte da parte dele, tal qual companheiros marujos em águas tempestuosas, lado a lado. Havia um estoicismo nele, uma força silenciosa que eu não podia deixar de admirar. Chad pode não ter sido um visionário como Joseph Smith nem um iconoclasta como a Viúva de Nauvoo, mas, à sua própria maneira, ele era um herói também; um homem que tinha assumido a tarefa ingrata de ser o "bom rapaz" na nossa família.

Enquanto minha mãe corria com a sobremesa, xingando baixinho, me sentei no colo do meu pai, cheia de perguntas, como sempre.

— Pai, por que temos que pagar o dízimo? — perguntei, pois tinha acabado de saber que todos na minha fé davam dez por cento da sua renda para a igreja. — Deus já não tem dinheiro suficiente?

Kevin riu e bagunçou meu cabelo.

— A questão não é Deus ter dinheiro suficiente, querida. O dízimo é um princípio antigo que existe há milhares de anos. Damos dez por cento do que ganhamos para Ele como uma oferta, para mostrar nossa gratidão e obediência.

— Mas o que a igreja faz com todo esse dinheiro? — pressionei.

— Bem, o dinheiro serve para construir templos e igrejas, e para financiar o trabalho missionário pelo mundo. Mas o dízimo vai além de simplesmente dar dinheiro. É uma aliança, o que significa uma promessa especial que fazemos com Deus. Quando damos para Ele um pouco do que nós temos, demonstramos que confiamos nEle para cuidar de nós.

Pensei nisso por um momento, tentando fazer minha cabecinha entender.

— Então, se a gente dividir nossas coisas com Deus, Ele divide as Suas bênçãos com a gente?

— Exatamente. — Kevin sorriu. — Quando cumprimos o que prometemos a Deus, Ele nos abençoa de maneiras que nem podemos imaginar.

Assenti, com uma sensação de orgulho em fazer parte de algo tão importante.

— Também quero pagar o dízimo, pai. Quando eu for mais velha e tiver dinheiro, vou dar um décimo para Deus, como o senhor.

Ruby, que estivera ouvindo em silêncio, se manifestou:

— Isso mesmo, Shari. O primeiro dever de uma mulher é para com seu marido e família, mas, se além disso ela ganhar dinheiro, Deus fica muito feliz quando ela paga o dízimo. Demonstra que ela coloca Deus em primeiro lugar, até mesmo nas suas finanças.

Olhei para a minha mãe, surpresa e satisfeita com a aprovação dela. Foi bom saber que havia muitas maneiras de uma garota ser uma serva fiel ao Senhor, não apenas sendo boa esposa e mãe, mas contribuindo financeiramente para a igreja também.

— A senhora também quer poder ganhar muito dinheiro para dar a Deus? — perguntei a Ruby, meus olhos arregalados de curiosidade.

Ela revirou os olhos.

— Claro, se vocês não dessem tanto trabalho! Tem ideia de como é exaustivo ser sua mãe? Mas ser mãe é um chamado divino, e eu sei que, criando vocês na fé, estou fazendo o trabalho de Deus também. E isso já é uma boa recompensa.

Enquanto ela falava, não pude deixar de pensar nas minhas tias, que tinham começado a fazer gravações de si mesmas com câmeras ruins, postando vídeos na internet e ganhando dinheiro. Tínhamos assistido juntas a alguns desses vídeos, e me perguntei como seria se minha mãe, como elas, começasse a se filmar para colocar no YouTube também.

Não, pensei. *Ela provavelmente não quer que as pessoas vejam que está sempre brava.*

CAPÍTULO 6

a raiva de ruby

Ruby estava sempre brava com a gente, sempre no limite, prestes a nos bater, não importava se a irritação fosse leve ou não. Eu provavelmente poderia ter lidado com a violência dela, se não fosse pelo tom de crueldade que por vezes coloria seus ataques.

Lembro de estar no banheiro, brincando com minha paleta de maquiagem de criança. Eu devia ter uns nove anos, e, como muitas meninas que testam seus primeiros cosméticos, minhas tentativas estavam longe da sutileza – imagine um batom vermelho, uma sombra metálica que poderia guiar aviões e uma base que tinha pouca relação com o meu tom de pele. Era um choque de cores contrastantes e entusiasmo mal direcionado.

Ruby me chamou para praticar um dueto ao piano no andar de baixo, o que ela amava fazer. Esse dueto exigia alguém que cantasse, um papel que inevitavelmente ficava para mim. Eu morria de medo desses concertos inesperados, me sentindo uma atriz relutante empurrada para um palco que nunca pedi para ocupar.

Contrariada, desci a escada, meu rosto um arco-íris extravagante, e tomei meu lugar ao piano por força da obrigação. Toquei as notas mecanicamente, mas não consegui cantar.

— *Shari, por que você não está cantando?!* — Ela se irritou, seus dedos batendo nas teclas.

— Não sei, mãe… — Minha voz mal passava de um sussurro.

— Talvez você esteja com tanta maquiagem na cara que esqueceu de ouvir sua mãe — disse ela, a voz tomada de desdém. — Talvez eu arranque da sua cara com um tapa!

A mão de Ruby costumava encontrar meu rosto, uma pontada dolorida de desprazer entregue com precisão. Os tapas dela eram calibrados – nunca fortes o bastante para deixar hematomas visíveis, pelo menos em mim, mas sempre suficientes para me amedrontar. Em sua lógica distorcida, ela estava moldando obediência, esculpindo complacência com cada golpe doloroso. Também acho que éramos simplesmente o saco de pancadas dela, um meio de liberar a raiva. Ela sempre parecia mais calma depois que descontava em um de nós.

Um dia, eu estava sentada no chão do meu quarto, de pernas cruzadas, concentrada em um livro, quando senti um puxão forte na parte de trás da minha cabeça, seguido por um som fraco de tesoura.

Assustada, me virei a tempo de ver Chad, meu irmão endiabrado de sete anos, correndo enquanto segurava uma tesoura com um sorrisinho travesso. Minha mão voou para a minha cabeça, onde uma pequena mecha de cabelo estava faltando.

Ah, não.

— *Chad!* — gritei, me levantando e correndo atrás dele. — *O que você fez?*

Mas ele tinha desaparecido, sua risada ecoando pelo corredor enquanto escapava. Chad já demonstrava uma tendência a pregar peças e fazer palhaçadas, como acontece com muitos garotinhos. Ele parecia ter prazer em causar confusão e fazer bagunça, e sempre buscava novas maneiras de irritar as pessoas.

Voltei para o meu quarto e fui olhar no espelho para analisar o dano. Eu sabia que ia ganhar um sermão daqueles – Ruby era obcecada com meu cabelo castanho longo e cheio e me proibira de cortá-lo ou modificá-lo de qualquer maneira. Ela sempre dizia que, um dia, os homens iam querer casar comigo só por conta dos meus lindos cachos.

De repente, Ruby entrou pisando duro, segurando uma pequena mecha do meu cabelo.

— Como você pôde fazer isso consigo mesma?

— Não fui eu! Foi o Chad, quando eu não estava olhando.

A raiva estalava ao redor dela como eletricidade.

— Ele estava só brincando, nem dá para ver onde ele cortou — falei, tentando amenizar a situação. Mas Ruby não se convenceu.

— *Chad, venha aqui!* — gritou ela, a voz ecoando pela casa.

Me encolhi. Chad estava em apuros.

Quando vi meu irmãozinho entrar no quarto, os olhos arregalados de medo, senti um ímpeto de proteção. Sim, ele podia ser um terror às vezes, mas ainda era meu irmão, e eu odiava vê-lo aguentar o golpe da raiva de Ruby.

— Que ideia foi essa de cortar o cabelo da sua irmã? — exigiu ela, a voz gelada.

Chad se inquietou, olhando para o chão.

— Não sei. — Ele deu de ombros, o lábio inferior tremendo.

Dei um passo à frente, tentando intervir:

— Mãe, não foi nada de mais. Vai crescer outra vez.

Mas Ruby me ignorou, a atenção focada apenas em Chad.

— Venha, querido, vamos ao banheiro. Está na hora de você cortar o cabelo também.

Observei, paralisada, Ruby marchar com Chad pelo corredor, segurando o braço dele com força. Um segundo depois, o zumbido da máquina de cortar cabelo. Prendi a respiração, me esforçando para ouvir qualquer sinal do que estava acontecendo. Então a porta do banheiro se abriu e Chad saiu de cabeça baixa. Ruby cortara uma faixa grossa e irregular descendo no meio da cabeça dele, deixando-o com um feio moicano reverso. Tufos de cabelo despontavam em ângulos estranhos, fazendo-o parecer uma galinha depenada.

— Pronto — disse Ruby, satisfeita com sua obra. — Quem sabe da próxima vez você pense duas vezes antes de brincar de barbeiro.

Ela me encarou, o olhar sério.

— E que seja uma lição para você também, Shari. Nesta casa não arranjamos desculpas para o mau comportamento dos outros.

Assenti em silêncio, minha garganta apertada demais para falar.

Quando Ruby desceu a escada, abracei meu irmão, acariciando seu cabelo irregular.

— Desculpe, Chad — sussurrei, com uma sensação esmagadora de culpa.

CAPÍTULO 7

refúgio

Eu tinha onze anos, à beira da adolescência, meu corpo e mente começando a mudar de maneiras que eu não tinha entendido por completo ainda. Enquanto isso, Ruby estava grávida da sua sexta e última criança – outra menina – e nossa casa já cheia se ajustava à ideia de outro filho se juntando a nós.

Nossa rotina estava estabelecida a essa altura. Nós acordávamos entre as seis e as seis e meia, quando a casa ganhava vida com o som da prática do piano, do violino ou da harpa. Então nos encontrávamos na cozinha, onde Ruby servia mingau ou ovos. Às vezes encaixávamos o estudo da Bíblia no café da manhã, já que a noite costumava estar ocupada pelo dever de casa.

Em seguida, preparávamos a lancheira da escola, um exercício diário de responsabilidade e independência. Eu me lembro de observar meus irmãos nas pontas dos pés, quase sem altura suficiente para alcançar a bancada, preparando sanduíches e escolhendo frutas com cuidado.

— É assim que vocês se tornam adultos capazes — dizia Ruby.

E então íamos para a escola. Ruby nunca nos levava; ir à escola era outro exercício diário de independência que ela insistia que construía caráter. Devido à nossa diferença de idade, nem sempre estávamos na mesma escola, então nosso trajeto variava. Alguns pegavam o ônibus, um gigante amarelo e barulhento que nos engolia pela manhã e nos cuspia à tarde. Eu, naquele momento da minha vida, caminhava. Mais ou menos um quilômetro e meio, uma distância que parecia se esticar infinitamente diante de mim naquelas manhãs geladas de Utah quando o vento entrava pelo meu casaco. Eu andava rápido, às vezes correndo, a mochila batendo nas costas.

Os aniversários, por outro lado, eram especiais – era quando Ruby nos buscava na escola. A alegria de ver o carro dela na fila, sabendo que eu não teria que caminhar para casa, era melhor que qualquer presente. Era um vislumbre da mãe que eu desejava diariamente – atenciosa, interessada, presente.

Raramente recebíamos amigos em casa. Não que fôssemos explicitamente proibidos de convidar crianças para nos visitar; o fato é que nossa casa repelia encontros sociais por natureza. Os espaços apertados, a constante presença de irmãos e o eterno estado de estresse de Ruby criavam uma atmosfera que parecia desencorajar visitantes espontaneamente.

A maioria dos meus irmãos se virava, fazendo amizade com vizinhos e brincando fora de casa. A socialização exterior parecia mais segura de alguma forma, menos intrusiva do que trazer estranhos para a dinâmica complexa da nossa casa. Para mim, a mera ideia de receber amigos parecia estranha e desconfortável. Eu até tinha amigos, mas o pensamento de unir minha vida escolar com a particular me enchia de uma sensação de pavor que eu não conseguia articular direito.

Depois da escola, os jantares em família eram importantes para nós, embora tenham se tornado mais desafiadores de coordenar à medida que crescíamos. O dever de casa costumava ser feito na mesa da cozinha, já que nossos quartos muito pequenos não tinham espaço para mesas.

*

Não havia muito tempo para assistir TV, e muitos programas eram considerados inapropriados para nós. Até hoje costumo me sentir ignorante quanto a certas referências da cultura pop. Mas eu tinha permissão para ver *Bob Esponja* e *Os Simpsons*, e adorava os dois. Em família, adorávamos assistir filmes juntos. Esse se tornou nosso modo padrão de lidar com a tensão ou de buscar conforto. Nós nos reuníamos na sala, a luz tremeluzente da TV lançando um brilho suave em nossos rostos, e por algumas horas nos sentíamos em paz.

Frozen e os filmes de Harry Potter, especialmente, eram nossos favoritos. Eu adorava *Harry Potter e a Ordem da Fênix*, o quinto filme da franquia. Havia algo exótico nos cantos escondidos de Londres, a natureza reservada dos quartéis da Ordem. Mas era a história da professora Dolores Umbridge a que que eu mais amava, por algum motivo – a sádica tirânica, sedenta de poder, condescendente e hipócrita que enfim recebe seu castigo.

Ruby também tinha seu momento favorito em Harry Potter, embora o dela viesse de *Harry Potter e o enigma do príncipe*. Uma cena em que Dumbledore, desafiado por fazer magia restrita dentro de Hogwarts, responde simplesmente: "Tenho privilégios por ser eu". Ruby dizia isso com frequência, os olhos brilhando. Era óbvio que minha mãe se identificava com a ideia de estar acima da lei.

Foi durante esse tempo de adolescência esquisita que desenvolvi um novo hábito: cutucar meus lábios até sangrarem. O tique nervoso pareceu emergir do nada, e mesmo assim logo se tornou uma constante na minha vida diária. Eu via meu reflexo no espelho, reparando nas casquinhas. Tentava esconder as marcas, sabendo que vê-las despertaria a raiva de Ruby.

— Olhe a sua cara, Shari! — reprimia ela. — Você *precisa* parar. Homem nenhum vai querer casar com você com um monte de cicatrizes feias nos lábios!

À noite, eu rezava para ter uma pele perfeita, um rosto bonito, todas as coisas que eu precisaria ser para o meu futuro marido. Mesmo assim, quer fossem os hormônios ou apenas a angústia acumulada por viver com Ruby, minha ansiedade parecia estar aumentando como nunca. Eu precisava de uma saída, um meio de expressar meus sentimentos. Foi quando comecei minha prática de escrever no diário à noite.

Manter registros é algo profundamente enraizado na fé SUD; é um dever sagrado, uma forma de testemunhar a mão de Deus em nossas vidas diárias. Somos ensinados que nossas histórias pessoais servirão de testemunho para as gerações futuras, mapas espirituais que guiarão nossos descendentes através das suas próprias jornadas mortais.

Toda noite, sem exceção, Ruby fazia suas rondas com um lembrete: "Escreveu sobre o que fizemos hoje? Não esqueçam de mencionar aquela coisa engraçada que o seu irmão disse!". Nós respondíamos a esse ritual noturno com diversos níveis de entusiasmo. Eu com certeza era a escritora mais aplicada entre meus irmãos.

Naqueles momentos silenciosos antes do sono, inclinada sobre o meu diário à luz fraca da luminária, eu podia ser eu mesma. Na página, podia expressar minhas ansiedades e frustrações com meus pais, pensar nas pressões de ser adolescente e ponderar sobre todos esses novos sentimentos que eu sentia pelos meninos.

DIÁRIO

Meus pais me levaram para o quarto deles esta noite. Disseram que todos os meus problemas com os amigos na escola são minha culpa. Disseram que ninguém se diverte comigo, e que ninguém me entende. Pode ser que seja verdade.

Depois, disseram que parece que eu tento irritar minha família de propósito. Mas a verdade é que não gosto de ficar perto deles. Ruby e Kevin é que me irritam.

Finalmente me convidaram para uma festa dos populares. É muito difícil ser convidada, então fiquei contente, e achei que meus pais iam ficar satisfeitos, porque sempre dizem que tenho poucos amigos. Em vez disso, disseram que não posso ir à festa se vai ter garotos lá, o que significa que vou ter que ficar em casa. Estou com muita raiva! Eles não entendem que estou crescendo? Que não sou mais a menininha deles? Eu consigo me virar sozinha!

Fico com tanta raiva da minha mãe às vezes. Quando ela me ajuda a praticar o piano, promete que não vai gritar, mas no fim ela está sempre gritando bem alto. Ela é tão estressada, nervosa e carrasca que é impossível me divertir ou relaxar quando ela está por perto. Meu pai, por outro lado, é tranquilo, calmo e lida com o estresse muito bem. Uma coisa é certa... eu sou a menininha do papai.

Minha mãe está obcecada com essa tal Academia Militar de West Point, o que significa que agora ela nos castiga e nos manda fazer exercícios ao mesmo tempo, como soldados. Por exemplo, hoje ela ficou com raiva porque Chad e eu não guardamos nossas roupas, então, para nos castigar, nos fez dar a volta correndo no quarteirão cinco vezes. Depois, no jantar, Chad se escondeu e se recusou a me ajudar a limpar a mesa, então Ruby nos obrigou a fazer flexões – Chad por fugir das responsabilidades, e eu por não ter liderança.

Eu desejava os conselhos da minha mãe, seu apoio, sua amizade durante esse tempo inseguro da puberdade. Mas Ruby mantinha uma distância emocional severa, como se a afeição fosse de alguma forma comprometer sua autoridade. "Lembre-se: não sou sua amiga; sou sua mãe", ela dizia sempre que eu perguntava por que não podíamos fazer coisas como almoçar juntas, como eu via minhas amigas fazerem com suas mães. "Meu trabalho é educar você para o mundo. Quando você for adulta, poderemos ser amigas." Por fim, desisti da ideia de ser próxima de Ruby e guardei meus sentimentos para o diário.

Nesse deserto emocional, encontrei conforto adicional nos mundos da literatura e da história – Charles Dickens, Jane Austen e Dostoiévski. Os autores se tornaram minha companhia, oferecendo conselhos sobre vida, família e amor que eu sabia que não receberia da minha mãe. Enquanto a ficção oferecia um escape, uma chance de viver mil vidas entre as capas de livros, foi a não ficção que capturou para valer minha mente e coração. Temas ligados à História, em específico, se tornaram minha obsessão, e também a Segunda Guerra Mundial. (No ensino fundamental, li mais de cem livros sobre a Segunda Guerra, e meu professor acabou *me* colocando para dar aulas desse período porque eu sabia praticamente mais que ele.)

Enquanto eu mergulhava em relatos de coragem e resiliência durante os momentos mais sombrios da humanidade – como *O diário de Anne Frank* –, minhas próprias dificuldades começaram a mudar de perspectiva. As dificuldades enfrentadas por aqueles que viveram na guerra – o medo, a perda, as escolhas inimagináveis – tornavam meus desafios mais fáceis de lidar, quando não insignificantes. E isso era reconfortante, de certa maneira.

Um dia, entrei na aula de História apertando contra o peito meu último achado na biblioteca: um exemplar grosso e desgastado sobre a ascensão e queda do Terceiro Reich. Enquanto me sentava, minha amiga olhou para o livro com uma mistura de curiosidade e descrença. Ela torceu o nariz.

— Isso aí não é um assunto pesado, Shari?

— Sim, é pesado — admiti, passando a mão pela lombada deteriorada do livro. — Mas é muito importante estudarmos a ascensão do nazismo na Europa. Você não quer saber do sofrimento e da crueldade do Holocausto? Milhões de vidas extinguidas em nome da supremacia ariana?

Enquanto as palavras deixavam a minha boca, percebi que devia soar muito intensa. A expressão da minha amiga suavizou, mas vi o desconforto permanecendo em seus olhos.

— Claro, mas não quero pensar nisso o tempo todo, Shari. É triste.

— Eu sei que é triste — falei. — Mas também é inspirador. Pessoas sobreviveram. Resistiram. Tiveram esperança nos tempos mais sombrios. Acho que todo mundo pode aprender com isso.

SEGUNDA PARTE

tripulação
de
tolos

CAPÍTULO 8

nasce uma estrela

A vida de Ruby estava prestes a mudar. Ela lidava com a maternidade com a intensidade de um atleta olímpico treinando para a medalha de ouro, sua intensidade focada apenas em procriar por mais de uma década. Mas agora, aos trinta anos, com seu sexto e último bebê desmamado, a família Franke enfim estava completa, deixando-a com uma estranha mistura de dever cumprido e desconforto, questionando o que vinha a seguir. Ela precisava de um novo escoadouro para sua energia e ambição,

As irmãs de Ruby, Ellie e Bonnie, já estavam encontrando sucesso no YouTube como criadoras de conteúdo – o canal de Ellie, *Ellie and Jared*, lançado em 2011, estava indo bem demais. Documentando suas dificuldades com a infertilidade, o vlog – um blog em vídeo – de Ellie havia conquistado uma audiência de mulheres que viam seu próprio anseio refletido na jornada dela; elas enchiam os comentários com mensagens de apoio e solidariedade, prendendo o fôlego coletivamente a cada novo ciclo de tratamento.

Quando Ellie enfim engravidou depois de três anos de tentativas – e de vídeos sobre o assunto três vezes na semana –, o vlog alcançou mil inscritos. No mundo dos vlogs, isso era um marco importante. Significava que o YouTube tinha começado a levá-la a sério, abrindo as portas da monetização por meio de anúncios, patrocínio e venda de produtos. A partir daí, a base de inscritos de Ellie cresceu exponencialmente e, com ela, sua renda.

Bonnie, a mais alegre dos irmãos, criou seu canal em 2013. Depois de se casar com o namorado do ensino médio, ela seguiu os passos digitais de Ellie, construindo seu conteúdo com base em temas universais de gravidez e criação de crianças. O canal dela, chamado *Bonnie Hoellein*, rapidamente ganhou tração, surfando na onda de vlogs de família que surgiram no YouTube entre 2012 e 2015.

Essa era marcou uma mudança sísmica no conteúdo das redes sociais. Pessoas comuns de diversas origens começaram a oferecer aos espectadores lentes sem filtro para ver suas vidas – capturando tudo, desde rotinas matinais cotidianas até momentos de conquista. Os vlogs de família eram especialmente populares, transformando mesas de cozinha e salas de estar em palcos para um novo tipo de reality show.

Os mais habilidosos desses contadores de histórias digitais se encontraram no comando de uma nova e peculiar indústria. Estavam transformando histórias da hora de dormir e primeiros passos em renda a partir de publicidade e contratos de patrocínio, misturando momentos íntimos em família com conteúdo comercializável. Era um novo mundo onde um sorriso simpático e uma inclinação para uma narrativa alegre podiam transmutar a vida doméstica em uma iniciativa lucrativa.

Enquanto Ruby analisava os vídeos das irmãs, uma fagulha de inspiração brilhou. Ellie e Bonnie estavam se tornando vanguardistas da revolução do vlog de família. Mas não era Ruby quem tinha a maior prole de todas? Seis filhos, cada um com uma personalidade diferente, um elenco pronto para esse novo tipo de reality show? O potencial estava ali, esperando para ser gravado... se Ellie e Bonnie podiam transformar o cotidiano em ouro, com certeza Ruby era capaz de construir um império e provar para o mundo – e talvez para si mesma – que ela, Ruby Franke, não era apenas uma mãe, mas uma matriarca digna de ser muito admirada e imitada.

Em um momento de clareza, o nome perfeito para o canal no YouTube apareceu na mente de Ruby: *8 Passengers*, oito passageiros. Era elegante em sua simplicidade e ao mesmo tempo rico de significado – resumindo a jornada da nossa família. Ruby e Kevin no timão, os seis filhos como sua preciosa carga.

Em janeiro de 2015, a visão de Ruby se materializou com o lançamento oficial do *8 Passengers* no YouTube. O canal se tornaria o palco para o drama da nossa família, uma janela com curadoria que dava para a casa dos Franke e nossa vida diária. Kevin, sempre um incentivador, teve a honra de ser o primeiro inscrito. Ruby foi a segunda. E eu, prestes a completar doze anos e capturada pela empolgação dessa nova aventura familiar, reivindiquei ansiosamente o terceiro lugar. Para mim, tudo parecia muito inocente – apenas um projeto divertido, uma forma de compartilhar nossas vidas com o mundo.

No entanto, conforme Ruby praticava as falas do lançamento do canal para uma plateia imaginária, me perguntei se talvez ela estivesse sentindo um nervosismo familiar – a mesma energia nervosa que a acompanhara em cada uma das suas gestações. Afinal de contas, ela estava dando à luz outra vez, de certa maneira. Agora dava à luz uma nova versão de si e um novo capítulo da história da nossa família.

*

De muitas maneiras, o vlog de família era algo muito alinhado à busca SUD, uma extensão natural das nossas práticas tradicionais. Ter um vlog oferece uma forma moderna de dar testemunho e de manter registros da vida pessoal e familiar, ao mesmo tempo fazendo um trabalho missionário passivo. O vlog significa que membros da igreja podem compartilhar sua fé, valores e vida diária com uma audiência global, potencialmente atraindo interesse para a igreja e seus ensinamentos. De certa forma, a sinergia entre o YouTube e as famílias SUD parecia quase predestinada, se encaixando perfeitamente no desejo da igreja de "estar no mundo, mas não ser do mundo". Isso permitia que os membros se dedicassem à cultura moderna sem deixar de manter nossos valores e crenças específicos.

Talvez seja por isso que Utah e as maiores comunidades SUD se tornaram grandes potências no universo do vlog de família e da criação de conteúdo sobre o estilo de vida tradicional. Alguns dos primeiros e mais bem-sucedidos canais de vlog nessa linha vieram das nossas comunidades, documentando a vida com muitos filhos, exibindo o apelo da vida familiar para uma audiência ampla enquanto deixava claro que os meios de comunicação modernos podem ser utilizados para compartilhar testemunhos e valores de um modo que inspira simpatia e interação.

Quem poderia imaginar que, na era de escândalos virais e da cultura de cancelamento, seria o conteúdo alegre e centrado na família dos vloggers SUD o que capturaria a atenção do mundo? E quem poderia prever que minha própria família seria um exemplo das duas coisas – o ideal positivo e o escandaloso –, ilustrando claramente o que acontece quando o limite entre a autenticidade e a encenação se misturam?

CAPÍTULO 9

bebê sai sozinha do berço

Na verdade, não lembro do exato momento em que as câmeras começaram a gravar. Só sei que um dia éramos uma família normal, vivendo a vida; no dia seguinte, havia uma câmera ruim constantemente virada na nossa direção, documentando cada movimento nosso para o consumo de estranhos na internet.

Ruby postou seu primeiro vídeo no dia 8 de janeiro de 2015, tendo minha irmã mais nova como protagonista. Começava com uma gravação do chá revelação dela em 2013. Na nossa cozinha, nós, os cinco filhos, e Ruby somos filmados por Kevin, reunidos ao redor de um bolo na bancada da cozinha, a barriga redonda de Ruby bem visível. Kevin faz uma pergunta atrás da câmera.

— Então, o que estamos fazendo hoje? — pergunta ele.

— Vamos cortar o bolo, e dentro dele vai aparecer a cor do bebê! — exclama Chad, animado. A decepção dele é palpável quando Ruby corta o bolo, revelando o interior cor-de-rosa.

A cena muda para a maternidade, onde Ruby segura nos braços nossa irmã recém-nascida, sua sexta e mais nova criança, um pequenino laço rosa na cabecinha quase careca. Nós, os filhos, nos agitamos e babamos em nossa nova irmã, nossos rostos iluminados e maravilhados. Meu irmão mais novo aparece segurando a bebezinha.

— Dê um beijo nela — incentiva Ruby.

Ele se inclina, dando um beijinho na testa dela.

— Diga que a ama — encoraja Ruby.

— Eu te amo — sussurra ele.

O vídeo então muda para a minha irmã mais nova, agora já maiorzinha, esparramada na mesa da cozinha, olhando para mim e para minha banana com interesse inconfundível. Ela se levanta, seus passos trôpegos mas determinados, e dá uma mordida generosa quando ofereço a fruta. A pouca habilidade de edição de Ruby fica aparente na cena seguinte, com nossa amada labradora amarela, Nolly – uma gravação encantadora, só que de ponta-cabeça.

E pronto. A entrada de Ruby no mundo dos vlogs. Nada digno de Oscar.

Duas semanas depois, Ruby publicou o segundo vídeo. "Provando sushi pela primeira vez!" Imagine isto: Ruby, com os amigos acadêmicos de Kevin, encarando corajosamente seu primeiro prato de sushi. Alerta de spoiler: ela não gosta. Fim.

Alguns dias depois, vídeo número três: "Conheça os 8 Passageiros – Chad!", apresentando meu irmão travesso de dez anos, loiro e de olhos azuis. Foi fofo, as pessoas gostaram. E assim por diante.

Minha mãe seguiu fazendo vídeos, tendo a nós como estrelas, e a postá-los no *8 Passengers*. Nós não sabíamos que esse bizarro ritual dominaria nossas vidas pelos sete anos e meio seguintes.

Nunca escolhemos ser celebridades da internet. Mas isso não fez diferença nenhuma – em pouco tempo, nossas vidas passaram a girar em torno da criação de conteúdo infinita, quer gostássemos ou não. Aniversários, churrascos, até mesmo tardes preguiçosas de domingo – momento algum era prosaico demais para não ser documentado. Ruby, as irmãs dela e seu irmão Beau – que também havia começado a fazer vlogs – agora nos gravavam constantemente para seus vlogs. Não era possível espirrar sem ser imortalizado de vários ângulos diferentes.

Minha mãe e as irmãs pareciam operar em alguma sincronia biológica subentendida e tinham a tendência estranha de engravidar ao mesmo tempo, como se seus corpos estivessem sintonizados em um ritmo familiar compartilhado – exceto por mim e Chad, que não tínhamos primos da mesma idade, os primos do lado da minha mãe eram agrupados perfeitamente em faixas etárias, criando grupinhos que espelhavam cada um em idade e desenvolvimento, crescendo em conjunto. Era a situação perfeita para as tias compartilharem os marcos e experiências no YouTube. O sonho de um criador de conteúdo.

No entanto, para mim, uma menina de doze anos, a constante vigilância era dolorosa. Eu só queria crescer em paz, lidar com as mudanças do meu corpo e as irritantes espinhas novas sem ser gravada. Minha mãe, porém, era onipresente, o celular uma extensão do seu braço, nos dirigindo como uma produtora de Hollywood: "Faça isso, faça aquilo, Shari...

estamos gravando!" "Sorria, Shari! Diga bom dia!". Eu estava começando a me sentir uma aberração de circo: "Venha ver Shari, a Adolescente Incrivelmente Desajeitada, em toda a sua glória vergonhosa!".

A pior parte? A internet adorava. Todo mundo parecia amar o que Ruby postava. O que, é claro, a incentivava a postar mais. Ela lidava com o YouTube com a dedicação de um CEO de startup, trabalhando muitas horas dia após dia. Ela havia feito o dever de casa e sabia que, na selva das redes sociais, é a consistência que manda; você precisa postar com constância, o que significava que cada pequeno momento era minerado para se transformar em conteúdo. Primeiros passos, dentes caindo, manhas épicas – o que você puder imaginar, Ruby gravava, focada em construir sua base de inscritos e sabendo que fazer um vlog era um jogo de números. E Ruby sempre tivera jeito com números.

Ela sabia que o principal modo de ganhar dinheiro com o YouTube era por meio do programa AdSense, mas era necessário atingir a marca de mil inscritos e quatro mil horas de conteúdo assistido no ano anterior para se qualificar. Depois que atinge esses requisitos, você começa a ganhar dinheiro toda vez que alguém assiste ou clica em um anúncio em seus vídeos. Ruby ficou hiperfocada em conseguir aqueles primeiros mil inscritos – era seu bilhete dourado para crescer.

— Interrompemos nossa programação para fazer um anúncio — disse Ruby em 9 de julho de 2015, filmando um vídeo especial de anúncio. — Passamos de mil inscritos! Estou tão feliz! Se a gente pensar que no mês passado eram cento e quarenta e dois.

Levou seis meses para alcançar o número mágico.

Pouco tempo depois, começou a cair a ficha sobre a gravidade do impacto dessa coisa de YouTube para transtornar as nossas vidas. Eu estava sentada à mesa da cozinha, dando purê de maçã para minha irmã mais nova, quando Ruby entrou de supetão, o rosto corado de empolgação.

— Shari, você não vai acreditar — anunciou Ruby. — Nossa mocinha é a sensação da internet! — Ela pegou minha irmã de dois anos da cadeira e a girou no ar.

— Como assim, mãe?

— Sabe o vídeo dela saindo do berço? Viralizou! Cinquenta mil visualizações por enquanto.

— Uau, isso é... muita gente.

Eu não entendia. Minha irmã, no seu quarto, tinha saído sozinha do berço pela primeira vez. O que tinha de interessante nisso?

Ruby riu, dando um beijo na bochecha rechonchuda da minha irmã.

— Não é incrível? Nossa pequena família tocando tantas vidas.

Enquanto eu a observava praticamente dançar para fora da cozinha, experimentei uma sensação de pavor. Nossas vidas já estavam começando a parecer um reality show; viralizar significava que estávamos prestes a estrear no horário nobre?

Enquanto as semanas se transformavam em meses, o vídeo do berço continuou sua ascensão impressionante, ganhando milhões de visualizações. Dez milhões. Vinte milhões. No fim do ano, a quantidade inimaginável de cinquenta milhões de estranhos tinha tido um vislumbre das nossas vidas.

E os nossos inscritos cresciam constantemente. Em setembro, alcançamos cinco mil. Em abril, cem mil; quatrocentos mil em agosto. Um alcance inimaginável, da Luisiana ao Laos, do Kentucky ao Quênia. Era surreal.

Vendo a contagem de inscritos crescer, eu mal conseguia acreditar que cada um representava uma pessoa real no mundo que escolhera assistir vídeos como "Aranhas e lesmas, CARAMBA!" e "TRANCE o seu próprio cabelo", sem mencionar o filme de terror que foi "Recital de piano da Shari", a primeira vez – mas com certeza não a última – em que Ruby pegou um dos meus momentos mais desconfortáveis e o transformou na história da semana.

Enquanto os números subiam, um pensamento incômodo surgiu na minha mente: *Com certeza, em algum momento, as pessoas vão se cansar disso, não é? Com certeza um dia tudo isso vai terminar e nossas vidas voltarão ao normal, certo?* Eu mal sabia na época que "normal" era um luxo que já tínhamos deixado bem para trás.

CAPÍTULO 10

redesenhando a realidade

Enquanto nosso canal no YouTube crescia, nossa casa evoluía. Ruby investiu muito em reformas, cada mudança feita para agradar o olho da câmera. Adeus, paredes amarelas feias. Olá, paredes bem brancas com ripas de madeira verticais largas. Sérias, mas fotogênicas. Ruby renovou meticulosamente a varanda, adicionando móveis estilosos, almofadas macias e luminárias para dar uma atmosfera interessante. Chegamos a retirar o número da casa para evitar o trabalho de ter que borrá-lo nos vídeos. O resultado foi uma fachada pinturesca, perfeita para a câmera mas talvez um pouco perfeita demais para a vida real – um símbolo visível da nossa transição de família comum a estrelas do YouTube.

Para mim, cada vídeo gravado permanecia como uma forma especial de tortura. Eu jamais consegui me acostumar, nem relaxar. Era como um daqueles pesadelos recorrentes em que você de repente está nu em um palco, com um mar de olhos te encarando, zombando. Quero dizer, a puberdade já é brutal sozinha, imagine com plateia.

Por sorte, encontrei um lado positivo nessa situação horrorosa – uma vantagem. Descobri que, se eu quisesse algo de Ruby – ir dormir mais tarde, uma roupa nova ou permissão para sair com meus amigos –, minha melhor aposta era pedir enquanto a câmera estava gravando. Era uma situação de "uma mão lava a outra". Ruby queria que eu fosse a estrela sorridente e feliz? Isso teria um custo. Um passeio no shopping, o privilégio de não fazer tarefas, um aparelho eletrônico novo – fosse lá o que eu precisasse no momento.

Ruby tentou fazer o empreendimento surreal parecer divertido e até benéfico para nós. "Se gravar enquanto estiver na sorveteria, pode pagar com o cartão de crédito do *8 Passengers*", dizia ela. "Pensa só, comida de graça e sem impostos!" Que adolescente não ia querer exibir um cartão de crédito, se sentir adulto e importante?

Me tornei fluente na linguagem das brechas dos impostos antes de começar a dirigir. Compras de roupas, passeios no shopping – aprendi que tudo podia ser considerado despesa operacional. Se eu gravasse no carro a caminho do parque de diversões, até mesmo a gasolina podia ser considerada despesa da empresa. Começou a parecer que tínhamos hackeado o sistema. Por que alguém não ia querer ganhar a vida transformando os filhos em conteúdo, convertendo em produto todo momento, do berço à faculdade?

Nosso primeiro contrato com uma marca foi com uma empresa de panelas de cozimento lento. Eles nos enviaram suas panelas chiques e várias receitas para fazer. Depois disso, os portões se abriram. Nossa casa se tornou um depósito de contratos com empresas. Roupas, aparelhos eletrônicos, comidinhas – fizemos "review" de tudo o que você imaginar.

Às vezes chegavam tantos presentes que não conseguíamos abrir todos. Caixas passavam dias no corredor, fechadas.

Fizemos várias viagens com tudo pago, sempre com a onipresença da câmera. Uma das primeiras foi para Seattle, em um contrato com uma empresa de jogos. Ficamos em um Airbnb em Puget Sound, o que foi bem especial porque foi lá que Kevin fez faculdade, e toda a família participou, incluindo os pais de Ruby.

A transformação das nossas vidas foi uma loucura. Costumávamos fazer nossa própria granola, passar horas preparando compotas e recortando cupons, e comprávamos tudo no atacado para economizar. Agora, tínhamos tanta tralha que não sabíamos o que fazer com ela. Passamos de ser uma família orgulhosa de fazer as contas fecharem a uma que tinha coisas demais e mais coisas ainda a caminho.

Meu pai sempre fora a potência intelectual da nossa família, dedicando sua mente brilhante a entender terremotos e a tornar o mundo um lugar mais seguro. Mesmo assim, foi a nova obsessão de minha mãe com a internet o que enfim nos trouxe o sucesso financeiro. Enquadre, grave, suba o vídeo – e veja o dinheiro entrar.

★

Em 15 de outubro de 2015, Dia Internacional de Conscientização sobre a Perda Gestacional e Neonatal, Ruby se sentou sozinha na cama, encarando a câmera, prestes a fazer um vídeo que era um pouco diferente dos anteriores. Uma história da qual não falava havia anos — seu aborto espontâneo em 2009.

A voz dela falhou enquanto descrevia a sala estéril do médico, o gel frio em sua barriga e então... o silêncio ensurdecedor onde devia haver a batida ritmada do coração do seu menino. A dor de Ruby era palpável enquanto ela descrevia o momento em que percebeu que seu bebê estava morto e que o corpinho teria que ser retirado dela. A confusão que sentiu, despertando no carro de Kevin, sentindo-se totalmente vazia – tanto física quanto emocionalmente, sem sequer poder ver o corpo do bebê antes de ser descartado. Nada para ela levar para casa, nada de cinzas, nada para guardar.

A raiva pela falta de poder de decisão na maneira como as coisas aconteceram ainda fervia, e no fim do vídeo ela chorava, anos de frustração contida sendo colocados para fora.

— Enfim, não sei se este vídeo vai ser útil para alguém — disse ela, secando as lágrimas. — Meu Deus, isso me ajudou demais.

O vídeo não viralizou, mas foi poderoso e eu ainda tenho sentimentos complicados quanto a ele. Fico satisfeita por Ruby ter conseguido compartilhar sua história de maneira tão crua e vulnerável. No reino dos vlogs de família, acontece que a crueza e a vulnerabilidade são a força vital que mantêm os inscritos engajados e os canais prosperando. Mas a linha entre autenticidade e exploração se torna perigosamente tênue quando há crianças envolvidas. Meu irmãozinho no céu não sofreria nenhum efeito negativo se Ruby compartilhasse sua história. Mas e quanto a nós, cujas histórias eram compartilhadas diariamente?

Quais são as consequências de crescer cercado de câmeras, sem poder opinar sobre o assunto? De que maneira a exposição constante molda o autoconceito da criança, seus relacionamentos futuros, seu entendimento de privacidade? E como é que o consentimento funciona quando se é criança, amedrontada demais para dizer não? Pessoalmente, lamento por aqueles preciosos anos de formação terem sido passados a serviço da visão de outra pessoa. Ruby pode alegar que seus filhos sempre concordaram, mas a verdade é que eu nunca tive escolha.

E quanto a Ruby? Quais poderiam ser as repercussões emocionais do estrondoso sucesso dela na internet? Sim, a motivação de Ruby era trazer dinheiro para a família e validar seu próprio ego. Mas nenhuma dessas recompensas superficiais consertaria o que estava quebrado dentro dela. Em vez disso, elas pareciam alimentar um ciclo vicioso, fazendo-a buscar mais validação, mais visualizações, mais conteúdo – quase sempre à custa da própria família.

O elemento mais problemático na dinâmica da nossa família – a ambição implacável de Ruby, alimentada por uma potente mistura de dor não resolvida e narcisismo – se tornara a força motriz da nossa existência. Era como se tivéssemos pegado a planta mais venenosa do jardim e, em vez de arrancá-la pela raiz, tornado essa planta o centro das nossas vidas.

CAPÍTULO 11

influenciadora adolescente

Perto do fim do oitavo ano, com catorze anos, comecei meu próprio canal no YouTube por um motivo: dinheiro. Eu tinha visto o que o YouTube fizera por Ruby. Se aquilo poderia pagar minha faculdade e me poupar de ter que trabalhar como caixa de supermercado depois da escola, eu topava. Embora tivesse que conseguir a permissão de Ruby primeiro, é claro.

Ruby arqueou as sobrancelhas.

— Seu próprio canal? É bom levar a sério.

— Prometo que vou levar!

— Você não tem idade para ter uma conta do AdSense, então vou ter que cuidar do que você ganhar.

— Ah, tudo bem... — falei, decepcionada. Eu tinha esquecido de que só teria permissão legal para ter minha conta do AdSense quando completasse dezoito anos.

— Não se preocupe. Se o seu canal fizer sucesso, vamos poupar o que entrar — prosseguiu ela. — Um pezinho de meia para o futuro.

— Você só precisa falar de mim no *8 Passengers* e eu ganho um montão de seguidores — falei, animada.

Ruby riu.

— De jeito nenhum, Shari. Nada de atalhos. Você precisa conseguir cem mil seguidores sozinha, como eu fiz. *Depois* disso eu falo de você no *8 Passengers*.

— Sério? Preciso conquistar o direito de ser divulgada pela minha própria mãe?

— Shari, eu não falo de ninguém com menos de cem mil inscritos, você sabe disso. Considere isso um incentivo para tratar o canal como uma coisa séria. Quando tiver construído um canal que valha a pena divulgar, eu falo de você.

Desafio aceito, mãe. Mas não se engane: eu odiava cada segundo de gravação.

— Acabei! — eu gritava aliviada depois de cada vídeo, a câmera enfim desligada. Era tortura, mas era trabalho. Em seguida, a edição, escrever as legendas, definir quando postar e finalmente publicar. Qualquer um que diz que fazer vídeos para a internet não é trabalho de verdade nunca fez isso.

Eu postava duas vezes por semana. E, como minha mãe, explorava meus próprios irmãos, fazendo vídeos de depilação com minhas irmãs e falando de menstruação, porque sabia que teria visualizações. A culpa me consome agora, mas na época eu só estava seguindo os passos de Ruby: isso é o que as pessoas gostam; é o que dá dinheiro. O lance pessoal.

Um dia, Ruby levou o notebook para o meu quarto, querendo me mostrar uma coisa.

— Olha isto — disse ela, animada. — Caso você já tenha se perguntado por que o YouTube é a coisa mais importante que já aconteceu com esta família.

Na tela havia uma mensagem direta de uma inscrita do *8 Passengers*. Uma mulher que disse que havia crescido em uma família complicada. Os pais brigavam constantemente, e ela sempre se sentira perdida e sozinha... até encontrar o *8 Passengers*.

— Assistir sua família é como se eu enfim tivesse encontrado o meu lugar — leu Ruby em voz alta. — Vocês são tão felizes e amáveis e acima de tudo SINCEROS. Isso me dá esperança de que talvez um dia eu possa ter a mesma coisa. Até comecei a ir à igreja por causa de vocês, e estou pensando em me batizar na SUD. Obrigada por me mostrar a luz.

O rosto de Ruby estava iluminado quando ela fechou o notebook.

— Não é incrível, Shari? Deus nos deu essa plataforma. E agora veja a diferença que estamos fazendo na vida das pessoas! Mostrando a elas o caminho!

Quando os inscritos a elogiavam pela "sinceridade", por mostrar a verdade completa da nossa vida familiar, eu via orgulho nos olhos dela. Isso lhe dava ainda mais certeza de que estava fazendo algo nobre, algo significativo. Lendo os comentários, porém, eu tinha uma opinião diferente.

> "Meus pais são divorciados e brigam muito. Quando assisto seus vídeos, sinto que sou parte da sua família."

"Sinto que cresci com vocês. Vocês são como meus irmãos. Sei tudo sobre vocês."

Esses comentários sempre me deixavam incomodada. Para mim, parecia um apego estranho, pessoas criando laços com uma família que não era delas, ao mesmo tempo inflando o ego de Ruby até proporções míticas.

"Uau, agradeço por mostrar o lado difícil de criar filhos!"

"Queria que meus pais tivessem sido como você, Ruby. Talvez eu não tivesse arranjado tanto problema na adolescência."

Por mais que nossos fãs gostassem da história que Ruby estava vendendo, eles não tinham ideia do que estavam fazendo. Empoderando-a. Alimentando seu senso de retidão e poder como uma mãe que não podia errar, e a incentivando enquanto ela se afastava cada vez mais da realidade.

★

Um dia, aos treze anos, entrei no refeitório na escola, segurando minha bandeja de almoço enquanto navegava o mar de grupinhos e círculos sociais. Fui na direção da mesinha de canto onde normalmente ficava com meus colegas ratos de biblioteca. Antes que eu chegasse lá, porém, uma voz alta cortou o ar:

— Ei, Shari, venha aqui!

Me virei, assustada, e vi uma das líderes de torcida acenando para mim na mesa dos populares. Ela estava rodeada pelo seu bando, um mar de cabelos perfeitamente penteados e etiquetas de grife. Ela nunca tinha falado comigo antes, muito menos me chamara das profundezas da terra dos nerds e me convidara a sentar com ela. Mas as coisas haviam mudado. Agora que eu era famosa na internet, tinha me tornado *tããããão* interessante para eles.

Eu sabia que o interesse súbito era tão falso quanto seus feeds de rede social perfeitamente curados. Não estavam interessados em mim, Shari, a pessoa, mas sim em Shari, a celebridade da internet, um aumento potencial para a presença deles na internet. Mesmo assim, foi tão bom ser notada e incluída ao menos uma vez, mesmo que fosse por motivos fúteis. Então me sentei com as garotas populares, sorri para as selfies inevitáveis e ri de piadas internas que não entendia direito, e fingi que tudo era perfeitamente normal.

De repente, Jake, um garoto por quem eu tinha uma paixonite secreta havia meses, se aproximou da nossa mesa. Meu coração acelerou quando ele deu seu sorriso característico.

— E aí, beleza, influenciadora? — disse ele, os olhos brilhando com interesse.

— Hum, estou ótima! — consegui dizer, meu sorriso uma mistura de animação verdadeira e equilíbrio treinado.

— Legal. Ei, você tem Snapchat?

— Não. — Dei de ombros, tentando soar indiferente.

Jake ergueu as sobrancelhas, surpreso.

— Você é tipo a mais famosa do YouTube mas não tem Snap?

— É, eu sei que é esquisito — falei, constrangida. — Minha mãe não deixa.

— Que pena. Minha mãe é chata também. Ei, talvez a gente possa sair pra falar mal das nossas mães.

— Ai, não, obrigada — falei, antes de perceber o que ele estava dizendo e corrigir rapidamente: — Quero dizer, sim, vamos sair e fazer isso!

Ele deu outro sorriso antes de se afastar.

Eu o observei ir, paralisada em uma mistura de descrença e euforia. As outras garotas na mesa também estavam atordoadas. Se o interesse de Jake vinha da minha fama no YouTube, isso era irrelevante naquele momento – eu só conseguia pensar nos olhos dele, o jeito como se fixaram em mim com curiosidade e calidez genuínas. Ele foi o primeiro garoto que me deu atenção.

Claro, havia um probleminha, um contratempo nos meus grandes planos românticos. Eu só teria permissão para sair com garotos depois dos dezesseis anos. Além disso, Jake não era muito assíduo na igreja SUD, o que eu sabia que seria um problema para os meus pais. E mais: os pais dele eram divorciados, e o pai tinha tatuagens. Mais empecilhos.

No entanto, com o sorriso de Jake ainda preso na minha mente, nada disso importava. Pela primeira vez na vida, eu ia ser rebelde.

Depois da escola, com o coração acelerado, Jake e eu trocamos telefones, minhas mãos tremendo um pouco quando digitei o meu no celular dele. Pareceu perigoso e empolgante ao mesmo tempo. Daí em diante, conversávamos por mensagem constantemente. Eu sempre conferia meu celular quando ninguém estava olhando – cada mensagem me dava um arrepio que nunca senti antes.

Baixei o Snapchat em segredo, embora minha mãe fosse ter um ataque se descobrisse. Com cada snap engraçado de Jake, cada careta hilária e meme bobo, senti que estava espiando um mundo que sempre estivera fora do meu alcance. Um mundo em que eu estava livre para ser uma adolescente normal, sem me preocupar com o humor de Ruby ou com os vlogs de família.

Estava subentendido que, até eu completar dezoito anos, teria que conseguir a aprovação de Ruby para postar qualquer coisa nas redes sociais. Isso incluía o Instagram e, por um tempo, o YouTube. (O Snapchat sempre foi expressamente proibido.) O processo de aprovação era bem rigoroso. Eu mandava fotos para ela junto com as legendas sugeridas, perguntando: "Tudo bem postar isso?". Stories eram a exceção; geralmente ela permitia que eu postasse sem supervisão. À medida que fui crescendo, desenvolvi uma ideia melhor do que seria considerado aceitável, mas a aprovação final de Ruby ainda era necessária.

Quando Ruby vetava um post, geralmente eram selfies que poderiam ser sexualizadas por terceiros. Pensando agora, eu entendo. Acho que qualquer boa mãe faria escolhas similares. Não se tratava de postar nada de fato inapropriado – eu jamais consideraria postar fotos com roupas íntimas, por exemplo. Mas lembro de uma vez que quis postar uma foto minha tentando fazer espacate no ar, com uma legenda brincando com minha falta de flexibilidade, e Ruby vetou. Se foi para me proteger ou para preservar sua boa imagem na internet, não tenho certeza. Um pouco das duas coisas, provavelmente. A linha entre preocupação genuína de mãe e gestão de marca costumava ser confusa em nossa casa.

Os corredores da nossa escola logo se tornaram um local de fofoca, todas centradas no interesse de Jake em mim. Como resultado, as mesmas garotas populares que me receberam avidamente em sua mesa no refeitório me deram as costas com uma velocidade impressionante. Em um momento eu era o bilhete de entrada delas para a fama nas redes sociais, e no seguinte eu era uma ameaça à sua hierarquia cuidadosamente mantida. Os comentários sussurrados ecoavam pelos corredores: "Por que o Jake ficaria com *ela*?". Foi engraçada a rapidez com que a amizade falsa delas desmoronou assim que me tornei uma competidora, em vez de um acessório.

As coisas se complicaram quando uma das meninas mais malvadas me mandou uma foto antiga de Jake com outra garota, como se essa parte da história pregressa de alguma forma fosse afetar meu mundo. Não pude deixar de rir do desespero da situação. Elas achavam mesmo que eu me importaria com uma foto velha?

Essas garotas, que pareciam tão intimidadoras e poderosas semanas antes, agora se revelavam pequenas e imaturas.

Em uma tarde ensolarada, me vi sentada sob um grande carvalho com Jake, a grama fazendo cócegas nas minhas pernas nuas, nossos joelhos quase se tocando enquanto conversávamos e ríamos.

— Não acredito... até que enfim estamos conversando — disse Jake, os olhos enrugando nos cantinhos quando sorriu. Senti o calor subir às minhas bochechas. Enquanto conversávamos, fiquei maravilhada por saber como era fácil. Diferente das conversas rasas e falsas que eu tinha com as outras pessoas, com Jake tudo fluía. Como se nos conhecêssemos havia anos.

De repente, o ar entre nós mudou. Jake se inclinou na minha direção, olhando para os meus lábios.

— Posso te beijar, Shari? — perguntou ele, a voz mal passando de um sussurro.

Meu coração martelava no peito. *Isto está mesmo acontecendo.* Assenti, de olhos arregalados, inclinando meu rosto para cima para encontrar o dele.

— Pode fechar os olhos — disse Jake gentilmente.

— T-tá bom — gaguejei, sentindo minhas bochechas queimarem ainda mais.

Nossos lábios se encontraram, nossos narizes batendo um pouquinho, e uma onda de eletricidade passou pelo meu corpo. Foi como se mil pequenos fogos de artifício explodissem sob minha pele, dos lábios até os dedos dos pés. Naquele momento, o mundo ao meu redor ficou para trás. Não havia canal no YouTube, não havia Ruby, não havia drama escolar – havia apenas Jake e eu, dando nosso primeiro beijo sob um antigo carvalho.

Enquanto eu caminhava para casa mais tarde, não conseguia tirar o sorriso do rosto. Eu queria entalhar cada momento na minha memória para sempre. Nunca fiquei tão feliz na vida – uma sensação que evaporou assim que passei pela porta da frente de casa.

Ruby e Kevin estavam sentados no sofá da sala, os rostos sérios, os olhares me perfurando como laser.

— Sua mãe e eu precisamos falar com você — disse Kevin, o tom sério.

O pânico percorreu meu corpo. *Eles sabem sobre Jake e eu!*

Meus pensamentos aceleraram, buscando uma explicação, uma desculpa, qualquer coisa...

— Como você ousa baixar o Snapchat sem contar pra nós? — sibilou Ruby.

Snapchat? Estão bravos por isso? Graças a Deus...

— Ah, desculpe, mãe — murmurei. — É que... todo mundo na escola usa.

Os olhos de Ruby faiscaram.

— Eu já disse que nada de rede social a não ser que eu aprove!

Abaixei a cabeça, a culpa revirando meu estômago.

— Eu não quis…

— Não quis o quê? Colocar em risco tudo que nós conquistamos? Arriscar nosso sustento? — As palavras dela eram afiadas, cortantes.

— Não, claro que não. Eu só… eu só queria me sentir como uma garota normal.

A risada de Ruby foi dura, sem humor.

— Shari, nós não somos normais. Somos figuras públicas. Tudo o que fazemos, tudo o que dizemos, influencia diretamente a nossa renda. Dá para tentar entender isso?

Enquanto ela continuava seu sermão sobre a marca e o canal "que põe comida na mesa", percebi que Ruby não mencionou nem uma vez estar preocupada com a minha segurança. Tinha a ver com controle. Com manter a imagem perfeita para seu público precioso.

— Me dá seu celular — exigiu ela, friamente. — Ficou claro que você não é madura o suficiente para lidar com a responsabilidade de ter um smartphone.

Nunca antes eu sentira tanta gratidão pelas mensagens que desapareciam no Snapchat, e por ter me livrado meticulosamente de cada conversa com Jake, sem deixar pegadas digitais que Ruby pudesse seguir.

Ela substituiu meu iPhone por um celular de flip antigo, para o caso de eu precisar fazer ligações. Era melhor ter me mandado de carroça para a escola, e eu praticamente já conseguia ouvir a gozação dos meus colegas. Então, uma noite, quando meus pais estavam fora, entrei no quarto deles, com um alvo claro: o iPhone, aprisionado no armário de Ruby. Ela o mantinha trancado, mas fazia muito tempo que eu descobrira onde ficava a chave.

Naquela noite, nas sombras do meu quarto, passei pelos stories do Snapchat de Jake, abafando as risadinhas ao ver as selfies bobas dele. Cada toque na tela era um ato de desafio, um momento roubado de normalidade no meu mundo cada vez mais controlado.

O risco? Gigantesco. Se Ruby me flagrasse, botaria a casa abaixo. Mas o coquetel emocionante de autonomia misturada com a conexão com minha paixonite era potente demais para resistir. Naqueles momentos eu enfim sentia o gosto da liberdade. E, mesmo que Ruby descobrisse e metaforicamente me esfolasse viva, ainda parecia valer a pena.

CAPÍTULO 12

acho que minha mãe não me ama

Me sentei à mesa, diário aberto diante de mim, caneta posicionada sobre a página em branco. A casa estava silenciosa, as câmeras, desligadas, e, ao menos uma vez, eu tinha um momento sozinha. Enquanto encarava a página vazia, uma onda de clareza tomou conta de mim, trazendo consigo uma ideia que pairava no fundo da minha mente por anos. As palavras pareceram se escrever sozinhas, fortes e inegáveis na página:

Acho que minha mãe não me ama.

Uma lágrima escapou, caindo na página com um respingo suave, borrando as palavras. Mas a verdade da afirmação permanecia. Eu sabia que essas palavras não vinham apenas da raiva adolescente. O sentimento parecia muito real e de alguma forma insuperável.

Por que minha mãe não me ama? era a pergunta. *Eu fiz alguma coisa para afastá-la? Eu não sorria o suficiente? Eu era sarcástica demais, inteligente demais, compenetrada demais? Será que eu, por acidente, tinha revirado os olhos para as piadas dela?* Dissequei inúmeras interações com Ruby em busca de pistas, em busca de alguma explicação lógica para me sentir tão desprezada pela mulher que me dera à luz.

Minha mente vagou para comentários que eu lera na internet a meu respeito; palavras de estranhos no YouTube que pensavam que me conheciam com base nos cortes cuidadosamente editados da minha vida.

> "Aff, a Shari é a maior puxa-saco. Está sempre dedurando os irmãos e tentando ser a favorita da Ruby. Ela é convencida demais."

Era por isso que Ruby não me amava? Por que eu parecia ser mimada e metida? Ainda que fosse isso, eu queria que esses estranhos, que viam apenas o que Ruby queria que vissem, pudessem entender que minha obediência era resultado não de adoração, mas de medo. *Ah, se eles me conhecessem de verdade*, pensei. A Shari que sonhava com uma vida longe daquele circo. Mas não, eles só viam a pequena e obediente marionete de Ruby, dançando quando ela puxava as cordas.

Pensei em todas as vezes em que tinha sorrido e concordado com as exigências de Ruby, mesmo quando cada fibra do meu ser queria dizer não. Os incontáveis momentos em que mordi a língua para não falar, engolindo meus verdadeiros sentimentos e opiniões para manter a paz e garantir que o dinheiro continuasse entrando. Nossos inscritos não entendiam como era viver sob o punho de ferro de Ruby, não sabiam das consequências de passar dos limites.

Não estou puxando o saco, estou sobrevivendo, pensei. *Tem uma diferença.*

Mas qual era o motivo para Ruby não me amar?

Revezei entre tentar entender a frieza de minha mãe comigo e os comentários do público me detonando. O resultado foi um novo sentimento. Um tipo de vazio que nunca senti antes. Eu não entendia o que era até que um dia, no oitavo ano, fiz uma matéria obrigatória sobre saúde mental na escola e aprendi os sintomas da depressão. Ali, me reconheci. Desesperança. Ódio contra si mesmo. E às vezes o desejo de simplesmente... acabar com tudo. Nunca falei com ninguém sobre esses sentimentos. Mas, agora que eu sabia que eles tinham um nome, me senti incentivada a falar em voz alta.

Logo depois da aula, mandei uma mensagem para Kevin: "Pai, estou depressiva. Não sei se quero continuar vivendo".

"Obrigado por me contar", ele respondeu imediatamente. "Vamos enfrentar isso juntos." Ele até compartilhou o link de uma palestra inspiradora que pensou que pudesse ajudar.

A resposta rápida do meu pai fez uma onda de alívio me dominar. Pela primeira vez no que pareceu uma eternidade, eu não me senti tão sozinha. Claro, uma palestra motivacional não ia consertar tudo, mas saber que ele estava ali, pronto para ouvir e ajudar... naquele momento, era tudo para mim.

No entanto, enquanto caminhava para casa depois da escola, o alívio se transformou em pavor. Meu pai contaria para Ruby. Claro que sim – eles sempre compartilhavam tudo, unidos na criação dos filhos. A ideia de encará-la, de ser obrigada a expor minha depressão sob seu escrutínio, fez meu estômago revirar. Eu não estava preparada para essa conversa. Como poderia estar quando sabia, lá no fundo, que era ela uma grande fonte da minha tristeza?

Quando cheguei, em vez de entrar, me sentei no muro lateral da casa. Por três longas horas, fiquei empoleirada ali, minha mente um mar de pensamentos, esperando Kevin chegar do trabalho.

Assim que parou com o carro na entrada, ele me viu. Com uma expressão surpresa, ele se aproximou.

— Shari, por que está sentada aqui fora?

Balancei a cabeça, as palavras presas na minha garganta, meus sentimentos emaranhados demais para expressar.

A preocupação aprofundou as rugas no rosto dele.

— Como você está se sentindo, querida?

— Estou… bem — menti, forçando um sorriso fraco.

Kevin me observou por um momento, claramente sem acreditar.

— Shari, quer conversar com alguém? Terapia, talvez?

Meu coração disparou com a sugestão, um salva-vidas.

— Sim — sussurrei, assentindo enfaticamente.

Com uma mão gentil no meu ombro, Kevin me guiou para dentro.

A conversa que se seguiu foi exatamente o que eu temia – Ruby ouviu, mas nunca entendeu de verdade, o olhar desviando com rejeição.

— Terapia? — Ela bufou, fazendo um gesto de desprezo. — Não seja ridícula. Você só precisa dormir melhor, se exercitar mais e comer direito.

Mas Kevin me surpreendeu.

— Não — disse ele firmemente. — Devemos deixá-la conversar com um terapeuta. Isso é sério, Ruby.

O rosto dela demonstrou choque e então endureceu em uma resistência teimosa. Mas Kevin foi firme, com uma determinação silenciosa no olhar que eu vira poucas vezes antes.

Me escondi no meu quarto, me encolhendo na cama e ouvindo meus pais discutirem minha saúde mental. Minha dor era real, eu sabia disso. E, ao menos uma vez, ao que parecia, pelo menos Kevin estava me vendo – me vendo pra valer. De alguma forma, perceber isso me deu esperança.

DIÁRIO

Hoje foi domingo, e mamãe está um saco o dia inteiro. Ela grita porque eu me fecho aleatoriamente e não deixo ninguém entrar. "Não sou eu que provoco sua depressão e ansiedade!", ela grita. Bem, odeio ter que te dizer, mãe, mas é você, sim. Você é a raiz de tudo. Mas eu tenho que enfrentar. E faço isso te ignorando. É mais fácil assim. Nada de crises de ansiedade. Nada de ficar com raiva. Simplesmente… é melhor me fechar. Me sinto mais em paz quando te ignoro, quando me fecho no meu próprio mundo. Não é perfeito, mas pelo menos é longe de você.

Depois de desabafar com Kevin, comecei a conversar com meu bispo, não especificamente sobre Ruby – parecia íntimo demais –, mas sobre outras coisas. Eu falava dos mesmos detalhes o tempo todo, um disco quebrado de implacável culpa e vergonha. Era como cutucar uma ferida, sem nunca deixá-la curar, buscando perdão enquanto me punia.

— Bispo, desculpe ficar te perturbando com isso — comecei, minha voz mal passando de um sussurro. — Mas não consigo parar de pensar no beijo que eu dei no Jake. Me sinto péssima. Foi intenso demais? Fico pensando nisso o tempo todo. Eu quebrei todas as minhas promessas com Deus? Isso significa que sou uma pessoa ruim?

Escondi o rosto nas mãos, ondas de vergonha e remorso tomando conta de mim.

— Shari, já conversamos sobre o Jake, lembra? Várias vezes. E vou te dizer o que disse antes: Deus conhece o seu coração. Você não deve ser tão severa consigo mesma.

— Mas — retomei, minha voz ganhando força — pensei que uma boa pessoa examinasse seus pensamentos e ações diariamente para arrancar qualquer pecado ou impureza. Não é nosso dever ser sempre vigilante, nunca se acomodar? Quando nos acomodamos é que abrimos a porta para o Diabo nos desviar!

Ele suspirou, tirando os óculos e massageando a ponte do nariz. Reconheci o gesto – ele fazia isso sempre que eu o procurava, obcecada pelos mesmos crimes, nunca satisfeita com seu perdão.

— Shari — disse ele gentilmente —, acho que falar com um terapeuta pode te ajudar.

— Minha mãe não deixa.

— Hum. Não tem problema cuidar da sua saúde mental. É óbvio que a sua escrupulosidade está te causando muito sofrimento.

— Minha mãe diz que todos os problemas podem ser resolvidos com oração, dieta e exercícios.

— Por favor, peça a ela, Shari. Lembre-se, buscar ajuda profissional não é motivo de vergonha. Você não precisa passar por isso sozinha.

Fui para casa, certa de que Ruby negaria. E o que era aquilo que ele dissera? *Escrupulosidade?* O que era isso? A palavra parecia estrangeira para mim.

Assim que cheguei em casa, liguei meu computador e digitei "escrupulosidade" na barra de pesquisa. Ali estava, na definição: o ciclo implacável de culpa e autoflagelação que havia se tornado minha companhia constante. O loop infinito de preocupação com cada erro mortal, não importando quão pequeno. A hipervigilância que transformava cada pensamento em um pecado em potencial, a exaustiva ginástica mental de tentar ser perfeita, o peso aterrador da culpa que parecia me seguir por toda parte.

Ótimo, pensei. *Não estou só depressiva... agora estou sofrendo de TOC religioso também? Por que sou tão ferrada?*

Os sites em que mergulhei pintavam uma imagem desafiadora de recuperação. Se libertar das correntes da escrupulosidade, alertavam, não era fácil. Desaprender padrões de hipervigilância e autocrítica, profundamente gravados em caminhos neurais durante anos, é um processo doloroso. É como tentar reprogramar o circuito do seu cérebro, uma conexão frágil por vez. Eu teria que me tornar uma vigilante guardiã da minha própria mente. Aprender a identificar pensamentos tóxicos antes que se enraizassem e se espalhassem como ervas daninhas.

Kevin e o meu bispo estavam certos. Eu não podia fazer isso sozinha. Eu precisava de terapia, e muito, provavelmente. Só esperava que Ruby concordasse.

CAPÍTULO 13

flagra

— Shari, me deixe fazer suas sobrancelhas — disse Ruby um dia, acenando com fitas de cera. Ela havia aprendido alguns truques de cosmetologia com as irmãs ao longo dos anos e estava sempre animada para testar suas habilidades em mim e em meus irmãos. Mas não se tratava apenas de beleza – era conteúdo, e conteúdo era dinheiro.

A essa altura, o *8 Passengers* tinha quase um milhão de inscritos. O número não era apenas uma estatística; era uma força que remodelara toda a nossa existência. Cada seguidor representava uma fração de centavo em renda de anúncios, um consumidor em potencial para o conteúdo patrocinado, uma pecinha do quebra-cabeça que transformara as dinâmicas da nossa família em um modelo de negócio lucrativo.

As implicações financeiras eram impossíveis de ignorar. Ruby e Kevin trocaram nossa velha minivan por um SUV gigante, com direito à placa "8PSNGRS" e a um adesivo do *8 Passengers* na parte de trás – um outdoor ambulante para nossa vida familiar transformada em mercadoria. Às vezes, passando pela rodovia, víamos outros motoristas acenando para nós, seus rostos iluminados com o reconhecimento. Éramos "influenciadores famosos" agora, nossas vidas diárias uma fonte de entretenimento para milhões.

Olhei, desconfiada, para as fitas de cera. Não pude deixar de imaginar: era esse um momento de possível conexão entre mãe e filha ou apenas mais uma cena da nossa eterna sitcom familiar? Os limites entre interação genuína e performance haviam se misturado tão completamente que às vezes eu não sabia se um de nós seria capaz de dizer a diferença.

— Vamos, Shari, vai ser um vídeo bacana para o canal. Te dou cem dólares...

— Tá, você pode fazer minhas sobrancelhas — falei, sentando na cadeira que ela colocara sob a luz brilhante de um *ring light*. Ruby tinha o talento de uma vendedora para fazer tudo parecer algum tipo de aventura. E cem dólares em nome da beleza estava bom para mim.

A dor não foi nada comparada com o show de horrores que testemunhei no espelho depois. Ruby arrancou metade da minha sobrancelha esquerda, deixando um afiado ângulo de noventa graus que me fazia parecer uma pessoa eternamente chocada com o próprio reflexo. Quem precisa de simetria quando pode ter a aparência do Dr. Spock?

Fiquei morta de vergonha, mas é claro que Ruby manteve a câmera ligada, dando zoom no meu rosto como se documentasse uma espécie rara de adolescente com monocelha em seu hábitat. De fato, um vídeo que valia dinheiro.

— Shari, me desculpe! — exclamou ela, a voz tremendo com o que tenho *certeza* que era remorso e não alegria mal disfarçada por ter afeito um conteúdo que valia ouro.

Dito e feito, o vídeo intitulado "SHARI, ME DESCULPE!!", com a capa me mostrando no meio do meu choro descontrolado, conseguiu centenas de milhares de visualizações. *Maravilha*, pensei. *Eu sempre quis ser famosa por conta da minha sobrancelha maluca.* Tive que usar óculos escuros enormes por algumas semanas para esconder o trabalho da minha mãe. E também não me lembro de ter visto a cor daqueles cem dólares.

Jake e eu mal nos esbarramos naquela semana. Se ele percebeu que faltava metade da minha sobrancelha, foi gentil e não comentou. Todo momento com ele parecia proibido, precioso e um pouquinho injusto. Ruby jamais permitiria. Nós dois sabíamos disso. Mesmo assim, eu aproveitava nosso tempo juntos. Meu primeiro romance, agora com cinquenta por cento menos sobrancelha.

Algumas semanas depois, fui para casa depois da escola e encontrei Ruby e Kevin me esperando, parecendo um par de estátuas decepcionadas.

— Shari — disse Ruby, a voz gelada —, precisamos conversar.

Fiquei paralisada na porta, minha mochila muito pesada nos ombros.

— Vamos tirar você da escola — anunciou ela, soltando a bomba. — No fim do semestre você vai ser transferida para a escola do Chad.

— *O quê?* — sussurrei, o choque correndo pelas minhas veias. — Mas... por quê?

— Vai ser bom, Shari — prosseguiu ela, sem deixar de me encarar. — Precisamos proteger você melhor.

— Me proteger de quê?

— A mãe do Jake me ligou ontem.

Meu estômago revirou.

— Ela disse que você está escondendo um notebook e se comunicando com ele — prosseguiu Ruby, a voz ficando cortante. — Ela me contou que vocês estão… passando tempo juntos. Há quanto tempo está escondendo isso, Shari?

— Mãe — protestei baixinho, sentindo as bochechas corarem. — Somos só amigos. Nós nem…

— Claramente — Ruby me interrompeu, as palavras afiadas o bastante para arrancar sangue —, os alunos da sua escola são uma influência ruim para você. Essa mudança não será discutida, Shari.

Encarei o carpete, lutando contra as lágrimas e a sensação de que eu estava prestes a desmaiar como uma dama vitoriana.

— Mas eu gosto da minha escola — sussurrei, odiando como a minha voz soava baixa e patética.

— Você vai gostar mais da escola nova — declarou Ruby. — As turmas são bem menores, os professores são excelentes e todos lá serão da nossa confiança.

Kevin interrompeu, enfim se lembrando de que era parte dessa equipe parental.

— Será um ambiente muito mais seguro para você, Shari — disse ele baixinho.

Uma sensação familiar de impotência tomou conta de mim. Mais uma vez, minha vida estava sendo moldada sem meu consentimento, minhas escolhas arrancadas de mim, agora em nome da "segurança".

Pedi licença e fugi para o banheiro, trancando a porta com mãos trêmulas. Meu peito apertou, cada respiração trabalhando contra um peso invisível. A sensação esmagadora era aterrorizante – como se afogar em terra firme. Eu conhecia essa visitante indesejada: uma crise de pânico. Já havia passado por isso, mas nunca tão forte assim.

Sem saber o que fazer, tirei a roupa e liguei o chuveiro. Deitei na banheira, com os joelhos encolhidos contra o peito, braços segurando com força o meu corpo como se eu pudesse manter os meus fragmentos unidos. A água descia pelo meu rosto e corpo, minha respiração esbaforida enquanto eu lutava com a subitamente complexa tarefa de inspirar e soltar o ar.

Naquele momento, com a água tamborilando na porcelana, um pensamento aterrorizante surgiu:

Quero morrer.

A ideia de não existir trouxe uma sensação perversa de alívio, mesmo enquanto a parte racional do meu cérebro lutava contra ela. A parte racional do meu cérebro resistiu.

Não, Deus te quer viva, Shari. Tudo isso deve ser parte do plano Dele.

Mas céus... devia haver algo muito, muito errado comigo para o plano de Deus doer tanto assim.

Inútil!, outra voz sibilou na minha cabeça, um sussurro de garota malvada no corredor da escola. *Você é uma filha ingrata e uma pessoa ruim! Você merece tudo isso. Você é o motivo para isso estar acontecendo. É por isso que Deus está te fazendo sofrer!*

Pressionei as mãos contra as orelhas, tentando bloquear os dardos venenosos dos meus pensamentos.

Enquanto a água esfriava e meus dentes começavam a bater, me estiquei devagar, me sentindo vazia, esvaziada de tudo exceto uma dor surda e latejante. Depois de ficar de pé com minhas pernas tão bambas quanto as de um bebê girafa, vi meu reflexo no espelho: pálido, triste e exausto.

Enquanto me enrolava na toalha, uma parte pequenina e desafiadora de mim sussurrou: *Deus te ama, Shari.*

Era um sussurro baixinho, mal dava para ouvir. Mas estava ali.

CAPÍTULO 14

coisinha dramática da mamãe

Depois do banho em meio à crise de pânico, Kevin enfim conseguiu convencer Ruby de que eu precisava de terapia. Fazia uma semana que eu estava indo, e por mais que gostasse da minha terapeuta, dra. Winters, eu sempre me esquivava da verdade, temendo que o nome de Ruby escapasse. E se, de alguma forma, ela ficasse sabendo?

— Como você está hoje, Shari? — perguntou ela quando afundei na poltrona enorme, meus dedos traçando padrões invisíveis no apoio de braço.

— Estou… bem, acho.

A dra. Winters se inclinou um pouquinho para a frente.

— Só bem?

O rosto de Ruby apareceu na minha mente. Engoli em seco.

— Estou com dificuldade para dormir — admiti. Um começo seguro.

— Pode me falar mais disso?

Encarei minhas mãos.

— É tipo… tem um peso. No meu peito. O tempo todo.

— E quando foi que você percebeu esse peso pela primeira vez?

— Não sei. Faz um tempo, acho.

A dra. Winters assentiu, anotando alguma coisa.

— Shari, lembra do que falamos? Este é um espaço seguro.

— Sim, claro.

Mesmo assim, eu tateava ao redor dos limites da dor, sem nunca tocar seu centro. Eu falava de ansiedade, de noites insones, de me sentir perdida. Mas nunca de Ruby. Nunca das câmeras. Nunca da panela de pressão que era nossa casa. O consultório da dra. Winters, com seus tons terrosos calmantes e luz suave, deveria ser um paraíso. Mesmo assim, por um longo tempo, me peguei erguendo paredes ao meu redor por instinto toda vez que ia até lá.

No entanto, pouco a pouco, comecei a me soltar. Palavras que eu nunca ousara dizer em voz alta começaram a surgir.

— Às vezes eu vejo carros passando e penso em ficar na frente... — confessei.

— Você sente que pode falar com a sua família sobre esses sentimentos? — perguntou ela baixinho.

Eu ri, um som amargo que surpreendeu até a mim.

— Não, não mesmo.

— Por quê?

Paralisei. O rosto de Ruby outra vez, ameaçador em minha mente. Balancei a cabeça.

— Eu só... não consigo.

Uma sessão se destaca claramente na minha memória. Eu enfim reunira coragem para contar à dra. Winters algo que me incomodava havia anos.

— Não gosto nem um pouco de piano — admiti, minha voz mal passando de um sussurro. — Minha mãe me faz tocar piano desde que eu tinha cinco anos, e praticar com ela na verdade é muito estressante para mim.

Com meu consentimento, a terapeuta convidou Ruby, que esperava lá fora, para a nossa sessão.

— Shari, pode dizer à sua mãe o que acabou de me dizer? — incentivou ela gentilmente.

Inspirei fundo, evitando o olhar de Ruby.

— Não quero mais fazer aulas de piano — falei, me preparando para a reação dela.

Ruby disse apenas:

— Está bem, Shari. Você não precisa tocar piano. E nunca mais precisamos falar disso.

Uma estranha mistura de alívio e inquietação tomou conta de mim. Era uma vitória enorme, mas a aquiescência calma de Ruby pareceu estranhamente vazia.

Fomos para casa em silêncio, e eu fui direto para o meu quarto, compartilhado com minha irmã mais nova. Ela começara a vir para o meu quarto de livre e espontânea vontade, pedindo para dormir comigo, o que achei fofo. Agora havia se tornado um hábito, e eu não me importava, embora significasse que eu tinha que ir dormir sem fazer barulho, pois ela se recolhia mais cedo.

Compartilhávamos minha gigante cama king-size, eu de um lado e ela do outro, e eu costumava ler para ela à noite, para ajudá-la a pegar no sono. Mas, sinceramente, talvez eu precisasse disso mais que ela. Minha irmã era meu remédio de dormir, minha querubim do sono. Com ela ao meu lado, eu sempre me sentia mais segura à noite, de alguma forma. Como se algo nela pudesse manter os demônios afastados.

Ela costumava se deitar bem antes de mim, mas naquela noite foi ela que me cobriu quando me deitei. Fiquei grata pela presença dela, aquele pequeno anjo guardião que podia fazer até as noites mais sombrias parecerem menos solitárias.

DIÁRIO

Estou me fechando cada vez mais. Não consigo evitar, embora meu silêncio incomode muito minha mãe. Ela parece pensar que, se estou quieta, estou fazendo pirraça. A verdade é que estou quieta porque com certeza me odeio, e já faz um tempo. Ela não sabe que chorei na cama por uma hora hoje. Que fico muito enojada quando me olho no espelho. Que estou me esforçando muito para aguentar. Só preciso me lembrar... meu último dia não será meu pior.

Plantei um sorriso alegre para a câmera enquanto Ruby anunciava minha transferência para a nova escola aos inscritos do *8 Passengers*. Chad, ao meu lado, estava visivelmente menos animado pelo fato de sua irmã mais velha estudar com ele. Eu praticamente conseguia sentir as ondas de ressentimento irradiando dele com a ideia de me ver invadindo seu espaço. A essa altura, ele havia aperfeiçoado a arte de revirar os olhos de maneira passivo-agressiva, e agora estava fazendo isso com precisão de especialista.

Determinada a aproveitar esse recomeço, mesmo enquanto meu coração doía com o conforto familiar da minha antiga escola, escolhi uma estratégia. Eu me ocuparia com os estudos, me perderia nas páginas de grandes livros e encontraria consolo no reino das ideias. Era um mecanismo de defesa, uma forma de construir paredes ao redor do meu coração com conhecimento e conquistas acadêmicas.

— Qual é a sua primeira aula? — Chad, agora com doze anos, me perguntou enquanto passávamos pelos corredores cheios até nossas salas.

— Inglês — respondi. — Vamos começar a ler *O Senhor dos Anéis* hoje.

Houve uma faísca de interesse no olhar de Chad antes que ele a apagasse com um sorrisinho.

— Nerd — zombou ele, embora sem maldade.

Éramos tão diferentes na superfície – enquanto eu era totalmente focada nos estudos, Chad, o atleta popular, estava construindo seu nome no campo de futebol americano, definindo vários recordes para a corrida de cem metros. A perspectiva de bolsas de estudo esportivas estava no futuro dele. Bem o oposto da sua irmã mais velha estudiosa e introspectiva, lidando com a depressão. Mesmo assim, uma conexão sempre havia zumbido entre nós, um conhecimento compartilhado sobre nossas circunstâncias absurdas que ia além das palavras.

O olhar de Chad parou em um grupo de atletas fazendo bagunça perto da fonte, a risada estrondosa deles ecoando pelas paredes de cimento. Chad e seus amigos eram os palhaços da turma, o tipo de garoto que disparava pelos corredores com "corridas Naruto" exageradas – um estilo de corrida inspirada pelo anime, com os braços esticados atrás do corpo, como se fossem perseguidos pelos fantasmas das suas notas. Sempre me vi dividida entre o constrangimento e a admiração ressentida pela habilidade de Chad de ser tão despreocupado.

— Até mais tarde, irmã — disse ele, dando um aceno casual para os amigos antes de desaparecer na multidão de corpos.

Eu o observei ir, um meio-sorriso puxando meus lábios. *Até daqui a pouco, Chad. Não deixe ninguém puxar sua cueca.*

Abri caminho pela multidão até a minha sala, me sentando bem quando o sinal soou. Enquanto nosso professor distribuía exemplares surrados de *A Sociedade do Anel,* senti uma onda de antecipação descendo pela minha espinha. Eu já vira os filmes, mas não tinha lido os livros, e havia algo no mundo de Tolkien que sempre me atraíra, mesmo quando criança.

Me concentrando nas páginas durante a aula, senti uma fagulha de empolgação pela primeira vez em muito tempo. O mundo que Tolkien criara, com sua intrincada interação entre o bem e o mal, falava comigo em um nível profundo. Em geral, no entanto, havia algo estranhamente calmante em escapar para um mundo onde até as menores e mais inofensivas criaturas podiam mudar o curso da história.

Na aula, debatemos quais personagens podiam ser lidos como figuras de Cristo; o fato de que os hobbits representavam a pureza da infância, incorporando o amor por alegrias simples da natureza, brincadeiras, comida e companheirismo; e a ideia de que era a bondade inerente deles o que permitia que carregassem o anel sem serem imediatamente corrompidos. Eu gostava principalmente do Sam, aquele hobbitzinho doce como um bolinho, uma batatinha leal, bom e puro demais para este mundo. Eu queria ter um amigo como ele.

— Então, Shari — disse o professor, olhando para mim. — O que você acha que o anel simboliza?

— Acho… — comecei, minha voz tremendo antes de encontrar sua força. — Acho que simboliza a dualidade dentro de todos nós. Nossa capacidade de fazer coisas muito boas e muito ruins.

— Que interessante, Shari. Pode elaborar?

A sala ficou silenciosa, todos os olhares em mim, a novata. As palavras saíram de mim em um jorro:

— É tipo… na sua essência, o anel é neutro, sabe? O que importa é o que escolhemos fazer com ele. — Parei, meu coração martelando no peito. — Veja como o anel corrompe o Gollum… acho que é um aviso. Tolkien está nos lembrando de nunca deixarmos nosso egoísmo nos consumir até perdermos de vista o que realmente importa.

Enquanto eu falava, a imagem de Ruby aparecia na minha mente. A maneira como as redes sociais a escravizaram. As lentes do iPhone dela vendo tudo, como Sauron, o gigante e ardente olho da ruína.

Meu professor assentiu, franzindo a testa.

— Então, Shari, se o anel representa nossa capacidade para fazer o mal, para a destruição de nós mesmos e dos outros, o que é o oposto dele?

— Amor — respondi, a palavra tendo mais peso do que pretendi. — Gentileza. O tipo de vínculo que Sam e Frodo têm, que suporta todas as dificuldades.

O tipo de amor que eu desejava, mas raramente sentia em casa.

Encarei meu livro, as bochechas corando. Me senti exposta, como se tivesse revelado coisas demais. No entanto, quando ergui o olhar, o professor estava sorrindo.

— Sim, Shari, acho que Tolkien ia gostar da sua interpretação — disse ele.

Assim que a aula acabou naquele dia, corri para casa. Minha sessão de terapia semanal com a dra. Winters era naquela noite, e eu queria desesperadamente jantar antes – sempre achei difícil expor minha alma de estômago vazio.

Eu tinha comido metade de um prato de macarrão preparado às pressas na cozinha quando Ruby apareceu, seus passos suaves no piso de linóleo. Ela se sentou ao meu lado, com um sorriso estranho nos cantinhos da boca.

— O que foi, mãe? — perguntei, meu garfo pairando no ar.

— Ótimas notícias, querida — cantarolou Ruby, a voz muito doce. — Conversei com a dra. Winters hoje, e ela acha que você está bem. Ela não quer que a gente desperdice dinheiro em sessões desnecessárias. Então não precisa comer rápido assim: não vai ter terapia hoje.

Engoli com força, tentando entender as palavras dela.

— Mãe — falei, minha voz mal passando de um sussurro —, ela acha mesmo que estou bem?

Não fazia muito tempo que eu compartilhara meus pensamentos suicidas com ela.

— Sim — disse Ruby, seus olhos iluminados com uma emoção que não entendi. — Você está bem! Está longe do Jake, não tem celular... você está bem.

— É porque eu desisti do piano, mãe? Você ficou com raiva do jeito como aconteceu? É por isso que eu não posso mais ir para a terapia?

— Nada disso. Chega de terapia... ordens médicas.

Não fazia sentido para mim. Eu precisava de mais tempo. Eu estava progredindo, me aproximando de algo que parecia a cura.

— Mãe, eu gostaria de continuar, se puder — falei, afastando minha tigela.

O sorriso de Ruby falhou por um momento.

— Me escute, Shari. A médica acha que você é uma menina bem ajustada com... como posso dizer? Uma imaginação fértil?

— Espera, ela acha que estou inventando tudo isso?

— A coisinha dramática da mamãe quer atenção — disse Ruby, bagunçando meu cabelo. Me encolhi para recuar, mas ela não pareceu perceber.

Não acreditei nela. De jeito nenhum minha terapeuta – a única pessoa em quem pensei que podia confiar – teria dito à minha mãe que eu estava forjando minhas dificuldades. No entanto, quer Ruby estivesse mentindo ou minha terapeuta tivesse me traído, o resultado era o mesmo. Meu pequeno experimento com a terapia acabara. Naquela família, a única emoção segura era não ter emoção nenhuma.

CAPÍTULO 15

um milhão de seguidores

No mesmo mês em que comecei na escola nova, setembro de 2017, Ruby alcançou um grande marco: sua base de inscritos chegou a um milhão, dois anos e meio depois do lançamento do canal. Lembro bem do dia porque eu estava de cama, lutando contra o que parecia mononucleose ou faringite, quando a familiar "voz de vlog" de Ruby ecoou através da minha porta fechada.

— Shari, querida? — chamou ela, o tom enjoativamente doce. — Está vomitando? Sua barriga dói como se estivesse nauseada?

— Sim — grunhi, minha garganta doendo como se eu tivesse engolido vidro quebrado. Eu sabia que ela estava filmando; sabia pelo tom dela. *Esqueça a canja de galinha e a compressa gelada, mãe,* pensei. *O que eu realmente preciso é de uma câmera gravando enquanto eu me acabo de vomitar no balde.*

Ouvi Ruby continuar a falar alegremente com seus inscritos, a voz tomada de animação:

— Bom dia, passageiros! Hoje é um dia feliz e louco. Em primeiro lugar, estamos quase com um milhão de inscritos. Em segundo lugar, a Shari não está se sentindo bem. Vou levá-la ao médico pra ver se é faringite.

Mais tarde naquele dia, ela se gravou resolvendo coisas na rua, o olhar disparando entre a estrada e o celular enquanto nossa contagem de inscritos aumentava até o grande número: 998K... 999K. Quando a contagem atingiu um milhão, ela encostou o carro, tomada de emoção, e falou com os inscritos triunfantemente:

— Que perfeito! Alcançar esse marco enquanto faço minhas coisinhas. É isso o que torna as mães poderosas.

Na mente dela, comprar o queijo de Chad, ir ao correio, me levar ao médico... esses eram seus superpoderes. As práticas diárias que construíram seu império. Um milhão de seguidores, adquiridos entre tarefas.

O vídeo corta para mim na emergência. Visivelmente fraca e exausta, eu tentava sorrir para a câmera. Anos de condicionamento haviam me ensinado a ser sempre agradável, sempre comportada para Ruby, não importando quão péssima me sentisse – a essa altura, acho que minha temperatura passava dos quarenta graus. Mas, para variar, Ruby não queria sorrisos.

— Você não pode sorrir quando está na emergência, Shari! — repreendeu ela, a voz uma mistura de brincadeira e comando. — É para você parecer que está no leito de morte.

Obedeci instantaneamente, fingindo morrer com um toque de teatralidade que sabia que ia agradá-la. Eu fazia o que ela queria.

Ah, e eu não estava com faringite; estava com mononucleose, a doença do beijo. Não que eu estivesse beijando muito por aí, para ser sincera. Não estava beijando ninguém na verdade, embora estivesse em algum *tipo* de romance? Com um garoto chamado Mark, que eu conhecera pouco antes de mudar de escola. Nosso "relacionamento", se é que dava para chamar assim, era um estudo sobre o constrangimento adolescente e as complexidades de crescer diante dos olhos do público.

Mark e eu começamos a nos gostar no oitavo ano, logo depois que as coisas esfriaram com Jake. Algo no beijo de Jake... foi como se um interruptor fosse acionado. Fui de nunca ter ficado com ninguém para de repente perceber: *Ai, meu Deus, isso é muito divertido.*

O período foi marcado pelo que chamo de "momentos de pegação evasiva". Não se tratava de profundas conexões emocionais ou de começar novos relacionamentos. Em vez disso, foi um momento de exploração e descoberta, tanto de mim quanto desse novo mundo de beijos que antes fora proibido. Era divertido descobrir que os garotos não tinham gosto de sapo.

Me peguei beijando quatro ou cinco garotos nessa época. Um tipo de "onda de beijos", que, para alguém que crescera em um ambiente tão restritivo, pareceu revelador, um pequeno ato de rebeldia contra as regras rígidas que governaram minha vida por tanto tempo.

A igreja SUD ensina que nossos corpos físicos são dons de Deus que devem ser tratados com respeito e gratidão, e tem a castidade como doutrina central da sua fé. O princípio abrangente é o de que as relações sexuais só devem acontecer entre um homem e uma mulher depois do casamento. Nós não devíamos nem nos deitar em cima de alguém que não fosse nosso cônjuge, e éramos incentivados a evitar "beijos intensos" antes do casamento.

Ops.

Depois de um tempo, porém, percebi a desconexão entre intimidade física e emocional. Esses encontros eram divertidos e empolgantes, mas não ofereciam a profunda conexão emocional que eu tinha com Jake. E era isso o que eu desejava. Eu queria alguém de quem gostasse pra valer, de maneira profunda. Alguém que não estivesse interessado apenas em me beijar. Sabe, uma conexão real – tipo, quando os dois tentam pegar o último pedaço de pizza ao mesmo tempo.

Foi então que Mark surgiu. Eu gostava demais dele. E ele não estava interessado em me beijar, o que ajudou a aplacar minha culpa pela onda do beijo.

Mark e eu saíamos o tempo todo, embora nunca tenhamos chegado ao ponto de falar que estávamos "namorando". E chamá-lo de namorado teria sido um exagero. Ele nunca segurava minha mão e ficava desconfortável com abraços, imagine beijar. Era mais uma "amizade estranha" que um romance, e éramos como dois pinguins desajeitados, cambaleando lado a lado, de vez em quando nos esbarrando sem nunca descobrir como nos aconchegar para nos aquecer. Claro, isso não impediu que Ruby usasse a situação para conseguir visualizações.

"A paixonite de Shari" ou "O namorado de Shari" serviam como títulos apelativos, mesmo que não se alinhassem com a realidade ou com a regra da nossa família de não ter namorado até os dezesseis anos.

De qualquer forma, nosso romance platônico adolescente era muito fofo, pensando agora. Como se fosse uma grande expectativa destinada a nada. Uma comédia romântica que esquecera o romance e duplicara a comédia.

*

Na nossa família, esquiar sempre foi o esporte de inverno favorito. Chad praticava regularmente durante os meses de inverno, passando pelos montes de neve com a facilidade de quem nascera com esquis nos pés. Kevin, que crescera praticando esporte, também ficava à vontade nas montanhas. Mas eu? Eu queria ser diferente. Escolhi o snowboard.

Nosso local favorito era Snowbasin, e também meu preferido entre os muitos resorts de ski em Utah. Da nossa casa, ficava a mais ou menos uma hora de carro, perto o suficiente para um bate-e-volta e longe o suficiente para parecer férias. Nós entrávamos no carro cedinho, a empolgação aumentando conforme serpenteávamos montanha acima.

Porém, não eram férias normais de inverno, com chalés aconchegantes e lareiras crepitantes. Nossas viagens eram mais do tipo "acordar, pegar a estrada até a montanha e voltar para casa a tempo do jantar". Mas havia algo especial nesses dias, uma sensação de aventura e liberdade que costumava faltar em nossas vidas altamente estruturadas.

Lembro da primeira vez que prendi meu snowboard no topo de uma pista real. O mundo parecia diferente lá em cima – vasto, branco e cheio de possibilidades. Enquanto eu descia desajeitadamente a encosta, caindo mais vezes do que ouso admitir, senti uma onda de independência. Sim, eu fiquei mais deitada do que em pé. Chad e Kevin passavam ao lado a toda velocidade, salpicando neve e conselhos inúteis em mim, tipo "Levante!", como se eu quisesse ser uma tartaruga de ponta-cabeça. Mas eu não me importava — aquilo era algo que eu escolhera sozinha, diferente do que o resto da família estava fazendo.

Decidi que queria fazer um vídeo inspirada por esse sentimento, para o meu canal. Dei o nome de "Shari Compete nas Olimpíadas", um esquete sobre estar nas Olimpíadas e praticar snowboard no quintal.

Me diverti muito gravando. Havia um pouco de neve no chão, mas ainda dava para ver a grama; era menos "terra nevada" e mais "boneco de neve derretendo". Kevin me ajudou, e o vídeo começa comigo perguntando a ele:

— Ei, você acha que podemos praticar snowboard hoje?

Kevin responde:

— Ah, acho que não.

Então eu digo:

— Bem, tenho uma ideia.

O vídeo me mostra vestindo todo o meu equipamento e indo lá para fora, onde vemos minha recriação feita a mão da pista olímpica de obstáculos, com o *half-pipe*, um trajeto em forma de U, feito com um cano de drenagem que encontrei.

Pulei na pista com meu snowboard, esmagando a coisa toda em mil pedacinhos. Toma essa, integridade estrutural! Também pulei no trampolim com meu snowboard, com resultados hilários. Imagine um gato em um pula-pula, só que se debatendo mais. No fim, eu tinha vários hematomas, mas ei, o showbiz é assim.

Me diverti muito editando o vídeo, adicionando um letreiro mentiroso na parte inferior que dizia: "Shari Franke de Utah. Nunca competiu antes". Bem no fim, usei o Photoshop para adicionar uma medalha de ouro ao meu peito. Foi constrangedor e mal editado, o tipo de vídeo que faz professores de filmagem acordarem suando frio, e não teve muitas visualizações, mas não me importei. Eu amava ser brincalhona, ser eu mesma. Esse vídeo foi a minha obra-prima, meu *Cidadão Kane*.

A essa altura eu tinha ficado muito boa em fazer vlogs. Tinha a assistido um monte de tutoriais no YouTube, me transformando em uma Spielberg cotidiana da vida selvagem no subúrbio. Minha arma escolhida? Uma câmera Canon G7 X, a melhor ferramenta para vloggers na época. Para fazer as gravações, eu a colocava em um tripé ou a segurava, dependendo se queria que meu vídeo parecesse profissional ou como se tivesse sido feito durante um terremoto.

Para vídeos mais formais de perguntas e respostas nos quais eu me sentava no sofá, eu tinha um *ring light*, mas não sabia bem como usar. As perguntas e respostas cobriam tópicos como rotinas escolares e curiosidades aleatórias sobre a minha vida. Meu canal era bem legal. Tipo um programa do Disney Channel, mas com luz pior e pausas mais estranhas. E meus inscritos só aumentavam, então imaginei que as pessoas gostavam dos vídeos. Até dos bobinhos.

Na manhã do meu aniversário de quinze anos, Ruby me deu de presente um tripé novo, o presente perfeito para uma criadora de conteúdo. Claro que ela me filmou abrindo o presente. Com o *8 Passengers* agora se aproximando de dois milhões de inscritos, nenhuma conquista, nenhum momento privado era poupado de virar conteúdo.

— Uau, mãe, que incrível — respondo, gratidão genuína misturada à sensação familiar da encenação. — Muito obrigada.

— De nada. — Ruby sorriu antes de se virar para a câmera. — Agora, por que a Shari precisa de um equipamento novo?

— Porque eu tenho um canal! — falei, as palavras escapando. — Comecei faz um tempo e queria que tivesse um crescimento orgânico, por isso decidimos não falar dele.

O sorriso de Ruby permaneceu fixo.

— Sim, está com quase cem mil inscritos, então deem esse apoio para ela! Ela fez tudo sozinha. Não falei nem uma vez do canal dela no Instagram nem no meu canal.

— Quer dizer que posso linkar o *8 Passengers* na minha bio? — perguntei, me sentindo como o Oliver Twist pedindo mais mingau.

— Sim! — exclamou Ruby. — Feliz aniversário, Shari.

E, bem assim, meu sonho se tornou realidade.

Eu sabia que a menção traria uma avalanche de novos inscritos, e linkar o *8 Passengers* com certeza traria uma gigantesca onda de tráfego para o meu canal. Pareceu uma conquista minha conseguir essa validação da minha mãe, embora cimentasse minha persona pública como a mini-Ruby, em vez de eu mesma.

Quando Ruby postou o vídeo, meus números receberam o aumento esperado, resultando em alguns milhares de dólares por mês. Na moeda adolescente, isso é tipo... um milhão de frappuccinos! Infelizmente eu não podia tocar nesse dinheiro ainda – minha mãe criara a conta no nome dela, já que eu ainda era menor de idade.

— Aliás — disse ela casualmente um dia, meses depois que comecei a faturar —, estou tirando dez por cento para cobrir minha taxa de gerenciamento.

Assenti, sem entender direito o conceito de "imposto materno".

— Como assim?

— Você acha mesmo que teria conseguido começar um canal no YouTube, ainda mais um canal bem-sucedido, sem a minha ajuda? Você me deve, Shari! Negócios são negócios.

Senti um nó no estômago – por um lado, minha mãe tinha razão; a influência dela com certeza fizera meu canal crescer. Por outro, parecia que ela estava lucrando com meu trabalho duro. Mas, como sempre, o que eu podia fazer? Nada.

DIÁRIO

Falei com meu professor, sr. Haymond, hoje. Perguntei como posso melhorar o relacionamento com meus pais. Ele sabe que não consigo ter conversas profundas com eles. Ele disse que cedo ou tarde vou ter que dizer à minha mãe que quero um relacionamento melhor. Ele foi gentil e compreensivo, e ouviu de verdade o que eu tinha a dizer. Agora, estou com inveja dos filhos do sr. Haymond porque queria ter um pai como ele.

Um dia, depois da aula, me vi fazendo hora na sala do sr. Haymond. Algo na conduta paciente dele me fazia sentir segura. De repente, palavras saíam da minha boca, uma torrente de dor e frustração acumulada sobre a vida com Ruby, sobre como ela era fria e malvada, como a realidade era muito diferente do que o mundo podia ver. Eu nunca fora sincera assim com ninguém quanto aos meus sentimentos em relação à minha mãe, nem mesmo com minha antiga terapeuta.

Conforme eu falava, vi a expressão do sr. Haymond passar de interesse educado a surpresa, e então a profunda preocupação.

— Shari — disse ele baixinho quando parei para respirar —, eu não fazia ideia. Isso deve ser muito difícil para você.

Essas palavras simples, esse reconhecimento, pareceu a chave para destrancar algo dentro de mim. O sr. Haymond ouviu pacientemente enquanto eu abria meu coração, assentindo para me encorajar, a testa franzida com empatia. Ele não tentou oferecer soluções rápidas nem desconsiderou meus sentimentos. Ele apenas... ouviu.

Quando saí da sala dele naquele dia, me senti mais leve do que nunca. O mundo não mudara – eu ainda voltaria para uma casa com os mesmos desafios, a mesma vida familiar cuidadosamente coreografada. Mas algo havia se transformado em mim. Eu tinha um aliado agora, um adulto confiável que sabia a verdade sobre Ruby, e que me via – a eu real, não a versão fechada demais para compartilhar seus sentimentos.

Chad, por outro lado, estava ficando mais isolado do que nunca, seu comportamento brincalhão e respondão recebendo uma resposta dura da escola. As regras eram bem severas, e ele estava com dificuldade para se manter na linha. Eram interessantes as diferenças entre nós... enquanto eu tendia a manter tudo para mim, Chad era mais como uma garrafa sacudida de Coca-Cola com Mentos, incapaz de se conter. Ele era uma força da natureza, constantemente passando dos limites.

Um dia na aula, provavelmente entediado demais, Chad decidiu que seria hilário jogar um pedaço de doce em seu amigo do outro lado da sala. Um clássico do Chad. Só que a mira dele era tão boa quanto seu julgamento. O doce voou em curva e bateu no professor. *Boom*. Primeira infração. Depois de três infrações, o aluno seria suspenso, e então expulso. Nesse campo minado com tolerância zero, Chad brincava de pular nas minas.

Foram necessários apenas mais alguns deslizes – cada um tão estúpido quanto o anterior – antes que Chad se visse do lado errado dos portões da escola, segurando os papéis da expulsão. O rosto dos meus pais quando receberam a notícia... jamais vou esquecer. Uma mistura de fúria, decepção e cansaço profundo que os fez parecer envelhecer uma década da noite para o dia.

Mas a saga não tinha acabado. Em agosto de 2018, Chad quase arruinou nossas maiores férias de família/colaboração com marca: uma viagem de carro meticulosamente planejada para o Universal Studios Hollywood, e nossa maior colaboração até então.

Nosso itinerário estava planejado com precisão militar, cada momento que valia a pena gravar programado até os milissegundos.

Me lembro muito bem de estar em nossa van quando Ruby disse que tinha um plano:

— Vamos fazer uma bagunça bem grande para demonstrar como os lenços umedecidos Wet Ones funcionam.

Ficou bem nojento – balas de goma espalhadas nas janelas, *slime* por toda parte, chocolate no rosto de todo mundo. Tudo para demonstrar como os Wet Ones eram eficientes.

As coisas estavam indo muito bem. Até Chad trazer o caos.

O parque abrira mais cedo só para nós, o que era bem importante, então podíamos gravar nosso caminho pelo parque vazio. Porém, enquanto Ruby filmava seu roteiro aprovado diante do globo icônico, Chad estava sendo, nas palavras dela, "um malcriado completo", fazendo cara de gárgula constipada e atrapalhando o conteúdo de marca e merchan cuidadosamente orquestrado dela. O sonho de Ruby do conteúdo de família perfeito estava rapidamente se transformando em um compilado de erros de gravação, então ela o baniu para o quarto de hotel enquanto o resto de nós aproveitava o parque temático.

Chad, sempre rebelde, não ia deixar o decreto de Ruby impedi-lo. Ele escapuliu do quarto, pegou um táxi, de alguma forma conseguiu entrar de novo no Universal Studios e se divertiu sozinho.

Quando voltamos ao hotel, ele tinha sumido. Por um tempo, não fazíamos ideia de onde ele estava. E isso, na opinião dos meus pais, era a gota-d'água. Na visão de Ruby e Kevin, Chad estava se tornando algum tipo de delinquente juvenil, um robô com defeito, e eles só precisavam encontrar uma forma de reprogramá-lo.

Eles já tinham considerado enviar Chad para a Academia Militar West Point e vinham arrastando o garoto de um terapeuta para o outro, desesperados por um diagnóstico, alguma etiqueta que parecesse oficial para nomear a má conduta dele. Para a decepção deles, a maioria desses profissionais disse que, aos catorze anos, Chad era jovem demais para que chegassem a um diagnóstico. Sem falar que ele costumava confundir esses pobres conselheiros. Chad sempre era a pessoa mais manipuladora no ambiente – acontece que crescer diante das câmeras é um excelente treinamento para passar a perna nas pessoas.

Pensando agora, meus pais provavelmente deveriam ter deixado Chad crescer em paz. Os adolescentes se comportam mal; essa é praticamente a definição da adolescência. Mas não, Ruby e Kevin não conseguiam imaginar uma solução tão simples. Em vez disso, se esforçaram, mais determinados do que nunca a encontrar um encantador-de-Chad, alguém agressivo o bastante para passar pelas defesas dele. Estavam na missão de encontrar a pessoa certa para desvendar o código dele e reprogramá-lo do jeito que queriam – e foi dessa forma que o monstro entrou nas nossas vidas.

Um monstro mascarado de profissional de saúde mental, armado com um sorrisinho e uma mente cheia de táticas psicológicas de guerra.

Um monstro que veria a escuridão interna da minha mãe e a cultivaria, alimentaria, até eclipsar toda a luz.

Um monstro chamado Jodi Hildebrandt.

TERCEIRA PARTE

a feiticeira

CAPÍTULO 16

serpente no jardim

Foi durante aquela viagem a Orlando que Ruby, no seu limite, buscou o conselho de uma amiga da família. A amiga se animou. "Ah, eu conheço a pessoa certa!", cantarolou, explicando que estava frequentando workshops do programa de orientação de vida de Jodi Hildebrandt, o ConneXions.

— A Jodi parece inspirar muito respeito — disse a amiga. — Talvez ela seja uma boa terapeuta para o Chad, considerando a natureza vigorosa dele?

— Jodi Hildebrandt — repetiu Ruby, testando o nome em sua língua. Soava oficial, importante. Tipo alguém que podia domar um grupo de adolescentes selvagens com um único olhar sério.

Conselheira clínica licenciada em saúde mental, Jodi construíra uma reputação na comunidade SUD de Utah como milagreira. Seu programa ConneXions prometia ajudar pessoas a superar tudo, de vício em pornografia a "pensamento distorcido", e ela pregava uma filosofia baseada em três princípios centrais: honestidade impecável, responsabilidade pessoal rigorosa e humildade vulnerável.

Intrigada pela ideia de transformar Chad de Dennis, o Pimentinha em um menino exemplar da SUD, Ruby imediatamente marcou uma chamada no Zoom para Chad e Jodi. A videochamada importante aconteceu em nosso quarto de hotel em Orlando, onde Chad estava de castigo pelo resto da viagem.

Depois da chamada inicial, Jodi conversou com Ruby, expressando confiança em sua habilidade de fazer progresso com Chad se meus pais se comprometessem que haveria telefonemas entre os dois uma vez por semana. Ah, e ela tinha outras ideias para a reabilitação imediata dele, incluindo enviá-lo para Anasazi, um programa de terapia na natureza no Arizona para adolescentes "problemáticos".

Jodi descreveu Anasazi como uma experiência transformadora, um local onde Chad podia deixar para trás seu jeito rebelde e emergir como um filho obediente e espiritualmente alinhado, como meus pais queriam. Soava como um milagre que curava tudo, prometendo consertar todos os problemas adolescentes possíveis com um pouco de ar fresco e habilidades de sobrevivência na natureza.

Ignore o dolorido investimento de 13.945 dólares por apenas quarenta e nove dias de tratamento. Meus pais, cheios de dinheiro do YouTube e cegos pelo desespero, não pensaram duas vezes. Estavam hipnotizados demais pelas promessas de Jodi e ansiosos demais por uma solução rápida para questionar se isso seria benéfico para Chad.

— Faremos o que você disser — disse Ruby, desesperada por uma solução, e animada para colaborar no Projeto Chad com essa suposta guru da autoajuda.

Pesquisei sobre Jodi na internet, e algo em sua retórica me deixou desconfortável. Até a foto dela era estranha. O olhar, sagaz e eficiente. O sorriso severo, inflexível. No entanto, em retrospecto, não era apenas a aparência física dela o que me incomodava. Era a completa ausência de qualquer energia acolhedora, a aura cálida e reconfortante que no geral se espera de alguém que supostamente dedicara a vida a ajudar pessoas a se curarem. Em vez disso, na mensagem dela e em sua aparência, ela parecia estranhamente... convencida.

Mais tarde eu investigaria a história de Jodi, grande parte detalhes que ela mesma compartilhara abertamente em diversos meios – embora seja difícil acreditar em qualquer coisa que ela diz. Ela afirma ser a sexta de sete filhos nascidos de um pai piloto de combate e uma mãe dona de casa. O lema da família era "Você é um Hildebrandt. Seja tudo ou nada". De acordo com Jodi, a mãe dela perdera um bebê, era emocionalmente distante e não passava muito tempo com ela. Jodi disse que o pai, embora também fosse emocionalmente fechado, a ensinou a trabalhar duro e a não confiar nas pessoas.

Criada no deserto, Jodi disse que descobriu que ficava mais confortável perto de animais que de humanos, ordenhando as cabras da família e aproveitando seu tempo sozinha. Pelo fato de ter crescido com pouquíssima afeição, ela admitiu que achava perturbadora a visão de carinho entre pais e filhos. Jodi tinha compartilhado publicamente histórias sobre ter sido sexualmente abusada por um vizinho de quinze anos dos dois aos cinco anos, e outra vez por um adolescente de dezesseis anos que morava com eles, quando ela estava entre os sete e os nove. Ela disse que, aos vinte e um, finalmente se abriu com um conselheiro sobre o abuso.

Em 1999, quando Jodi estava com vinte e seis anos, seu marido pediu o divórcio. Ela conseguiu a custódia total dos filhos, que tinham nove e sete anos na época, e em seus livros admitiu achar difícil lidar com crianças pequenas e cheias de energia. Ela começou sua jornada como curandeira em 2003, se tornando licenciada como conselheira clínica em saúde mental sob a Divisão de Licenciamento Profissional de Utah em junho de 2005. Guiada pela "instrução divina" e por "convites inspirados", ela desenvolveu seu programa de aconselhamento especializado, feito para fomentar aquilo que ela não tivera na infância – conexão. Daí o nome, ConneXions.

O que mais me perturbava era a rapidez com que minha mãe parecia disposta a confiar o destino de Chad a essa estranha, pronta para enviá-lo para o acampamento na natureza baseada unicamente no conselho de Jodi. Não consegui me livrar da sensação de que poderíamos estar trocando um conjunto de problemas por outro.

O dia em que Chad partiu para Anasazi estava chuvoso, o céu um cobertor cinzento pesado que combinava com o peso no meu peito. Observei enquanto ele enchia um saco de lixo com roupas, derrotado. Ele me viu e, por um segundo, tive um vislumbre do antigo Chad em seu olhar – aquela faísca travessa, aquele sorrisão. Então ele partiu, engolido pela manhã sombria.

Como sempre, Ruby e Kevin não conseguiram resistir e gravaram um vídeo explicando a decisão. Descreveram Chad como um delinquente juvenil que precisava desesperadamente de uma mudança de atitude. Kevin, estranhamente, liderou o vídeo, a voz séria enquanto explicava a situação. Eu quase conseguia ver as cordas de marionete de Ruby controlando as palavras dele.

Então Ruby ficou sob os holofotes.

— Chad precisa desenvolver muita maturidade e habilidades básicas — declarou ela. — Esta é uma chance para ele recomeçar. A ideia da terapia na natureza é que, se consegue sobreviver na natureza, junto a seus colegas e com nada além das roupas que está vestindo e alguns poucos suprimentos, não tem nada no mundo que você não consiga superar.

A animação de Ruby era quase maníaca.

— É tipo a natureza selvagem real lá — disse ela, olhos brilhando. — Tem cobras, ursos, coiotes, pumas... é muito real. Queremos que o Chad tenha experiências assim. Acho que encontrar animais selvagens vai ser bom para ele. Porque esse tipo de experiência pode ensinar o que é realmente importante. E ele vai voltar para casa e dizer: "Cara, eu sobrevivi e tinha ursos lá. Consigo fazer qualquer coisa".

Sob a frivolidade forçada dela, a mensagem estava clara: era mais um castigo, um meio de acabar com Chad e reconstruí-lo a partir da ideia deles de filho perfeito e obediente.

— Ninguém pode consertar ninguém — prosseguiu Ruby, sem perceber a ironia. — Cada um escolhe se vai fazer mudanças na sua vida. Então, acho que essa experiência vai revelar para Chad e para todos os que estão lá a essência de cada um, e eles podem aprender a ser melhores... ou simplesmente ficar na lama.

Enquanto Ruby falava abobrinha, observei Kevin, assentindo em todos os momentos certos. Mas havia algo no olhar dele... um pouco de dúvida, talvez? Mais tarde ele alegaria que discordou na época, antes de acabar cedendo. Naquele momento, no entanto, ele era o perfeito marido dando apoio, ao lado da mulher no delírio dela.

Os dias após a partida de Chad foram uma névoa de confusão e frustração. Ruby, em sua sabedoria infinita, decidiu que precisávamos de desafios diários para nos manter conectados enquanto ele estava lá, brincando de escoteiro radical. Eu me lembro de revirar os olhos para a maioria dos desafios, mas um em específico se destaca. Tínhamos que olhar para os nossos próprios olhos e escrever sobre nossa "luz" – seja lá o que isso queria dizer – e sobre como fazê-la aumentar. Entrei na onda, só para evitar discussão. Afinal de contas, discutir provavelmente me faria ser mandada para o deserto também, e eu me queimo com facilidade ao sol.

Fiquei diante do espelho do banheiro, fazendo aquele exercício ridículo. Mas, em vez de ver qualquer luz interior ou sei lá o quê, só consegui focar nas minhas imperfeições. Era como o pesadelo de um dermatologista ganhando vida. Minha pele estava seca e descamando como se eu fosse um croissant humano, havia uma espinha teimosa no meu queixo tentando formar sua própria nação soberana, e aquele pelinho grosso ao lado da minha verruga que parecia crescer da noite para o dia, não importava quantas vezes eu o arrancasse.

Eu sentia tanta saudade do meu irmão... como essas tarefas diárias idiotas iriam compensar a ausência dele, eu não sabia. Tudo parecia desequilibrado, como se fôssemos um circo com um palhaço faltando. E encarar minha zona T oleosa no espelho dificilmente ia me fazer sentir melhor.

*

Quando Chad voltou de Anasazi, três meses depois, ele falou do seu tempo na natureza como se não fosse nada de mais, como se tivesse ido fazer uma caminhada rápida em vez ficar exilado no deserto por um trimestre. Ele disse que tinha sido divertido, no fim das contas, estar na natureza com um monte de garotos. Mais liberdade do que ele tinha em casa. Nenhuma responsabilidade de gravar vlogs. Construir fogueiras. Ver cobras. Dormir sob as estrelas.

Mas meus pais não iam deixar Chad em paz ainda, não por um longo tempo. Ah, não, eles já tinham decidido contratar Jodi, por um valor bem alto, para embarcar em uma série de sessões individuais de terapia com Chad. Isso, para mim, era preocupante, talvez ainda mais que o acampamento, principalmente porque, quanto mais eu pesquisava Jodi Hildebrandt no Google, mais preocupada eu ficava. Era como entrar num buraco de coelho cheio de sinais de alerta.

Por exemplo, em 2012, um jovem se mudou para Utah com sua esposa e o bebê do casal para estudar na Universidade Brigham Young. O bispo dele recomendou que fizesse terapia com Jodi. Isso acabou sendo um erro terrível. Sem qualquer prova, Jodi acusou o cliente de ser um abusador, e violou a confidencialidade do paciente ao denunciá-lo para o escritório do código de honra da universidade como um predador sexual. Ela também o denunciou para a igreja. O resultado foi brutal. O homem foi expulso da universidade e da igreja. O casamento dele acabou – o exato motivo de ele ter procurado Jodi em busca de ajuda.

Como resultado, a licença de terapeuta de Jodi foi suspensa em 2012. Só que, para o cliente dela, o estrago já estava feito. E ali estava ela, ainda atuando, ainda exercendo influência. Era como se ela tivesse encarado a suspensão como um período sabático, como se o tivesse usado para reforçar seus métodos questionáveis.

Sentindo como se embarcasse em um trem rumo à cidade da loucura, puxei Chad para uma conversa de irmã para irmão. Nos sentamos no porão e eu desabafei.

— A Jodi não é legal — falei, sem rodeios. — Tipo, ela é louca. Você devia ver as coisas que eu achei sobre ela na internet. Ela é praticamente uma vigarista.

Chad deu de ombros, irritantemente tranquilo, como se eu tivesse dito que o leite acabou.

— Relaxa, Shari. Consigo lidar com ela. É igualzinha a todos os outros. Só preciso concordar com o que ela diz.

— Não, acho que isso é um erro enorme.

Chad ergueu a sobrancelha.

— Shari, ela é só uma senhora. Se eu não fizer terapia com ela, mamãe vai tornar minha vida pior do que já é.

— Só... tome cuidado, tá? Dizem que ela destrói famílias. Não deixe ela entrar na sua cabeça.

— Não vou deixar. Escute, eu sobrevivi ao deserto, posso sobreviver a Jodi Hildebrandt.

Chad me agradeceu pela preocupação. Então, no estilo típico de irmão mais novo, foi direto para Ruby e contou para ela o que eu tinha dito.

Alguns dias depois, Ruby me puxou de lado, de olhos furiosos.

— Como você ousa sabotar o progresso do seu irmão! — sibilou. — Ele está sendo ajudado. E, sinceramente, Shari, você precisa de ajuda também.

Eu a encarei, balançando a cabeça.

— Não preciso da ajuda da Jodi.

— Precisa sim. Você não gosta da Jodi. Qualquer um que não gosta da Jodi está escondendo alguma coisa. Significa que está se sentindo ameaçada pela verdade que ela fala.

Ruby assentiu sabiamente, como se tivesse falado uma pérola de sabedoria.

Eu não conseguia acreditar no que estava ouvindo.

— Mas, mãe, a licença dela foi suspensa. Nem os filhos falam com ela!

— Os filhos dela não aguentaram a verdade. Ela foi escolhida por Deus para ajudar as pessoas.

Os olhos de Ruby brilhavam com o fervor de uma verdadeira crente.

Ela estava totalmente convencida por Jodi.

CAPÍTULO 17

a seita da conneXions

Herdei de Kevin o meu primeiro carro, um Ford Focus 2016 branquíssimo. Toda manhã, quando eu sentava atrás do volante e ia para a escola, sentia uma pequena onda de liberdade. Com o rádio cantarolando baixinho e o mundo correndo fora das janelas, eu podia respirar, pensar e simplesmente ser eu mesma sem olhos observadores ou expectativas. Aquilo representava o primeiro gostinho verdadeiro da vida adulta, de tomar minhas próprias decisões e conduzir meu próprio caminho. Claro, esse caminho era principalmente entre nossa casa e a escola, de vez em quando desviando para o drive-thru, mas mesmo assim. Liberdade!

Como muitos aspectos da minha vida, essa recém-encontrada liberdade veio com uma ressalva. O carro continuava no nome de Kevin, um detalhe que me incomodava. Naqueles momentos silenciosos atrás do volante, eu não podia deixar de pensar: *Será que Ruby pode um dia tirar de mim esse pedacinho de independência?* A falta de uma prova legal de que o carro era mesmo meu sempre foi uma fonte de ansiedade, um lembrete de que minha autonomia ainda era muito tênue e dependia do humor imprevisível de Ruby, tão estável quanto uma torre de Jenga durante um terremoto. Com certeza houve algumas mudanças no comportamento dela agora que estava tããããão obcecada com a ConneXions.

Um dia, Ruby e Kevin foram a uma conferência da ConneXions, e, quando Kevin voltou, parecia estressado. Ele não tinha certeza se tinha gostado da comunidade e mais tarde diria que se sentiu cercado por um monte de "mulheres que odiavam homens". Mesmo assim, muitas pessoas que ele respeitava faziam parte da ConneXions a essa altura, então ele ignorou as dúvidas. Além disso, Ruby parecia tão fascinada por Jodi e pela filosofia dela que ele não ousava puxá-la para a realidade. Era mais fácil ir na onda do que arriscar se tornar o próximo alvo dos mísseis "buscadores da verdade" de Jodi.

Mas esse foi o começo do fim para eles. Ruby se tornou mais e mais envolvida com a ConneXions, mergulhando nos conceitos de Jodi de Verdade e Distorção – duas palavras que pareciam inocentes e logo se tornariam pedras no meu sapato. O programa era tão caro quanto longo. O treinamento de liderança de equipe de seis semanas, que incluía seis sessões de noventa minutos com uma "instrutora certificada da ConneXions" e acesso à sempre crescente biblioteca de mais de cem podcasts de Jodi, vinha com o valor exorbitante de 4.995 dólares por pessoa.

Para os que estavam realmente comprometidos com a filosofia de Jodi – ou talvez aqueles que ela julgava precisarem de uma "ajuda" mais intensiva –, havia o treinamento de liderança de empresa de dezoito semanas, custando 14.985 dólares. Parecia que Jodi acreditava no velho ditado: se vai depenar alguém, é melhor fazer direito.

Os frutos do trabalho dela eram evidentes em sua luxuosa casa de cinco milhões em Ivins, uma cidadezinha pitoresca quatro horas ao sul. Com piscina e um quarto do pânico, era um testemunho brilhante de quão lucrativo o ramo de "consertar" pessoas podia ser – e de quão persuasiva Jodi era em conseguir discípulos e doutriná-los.

O manual de Jodi focava o isolamento e o controle. Para aproveitarem por completo os ensinamentos dela, os alunos da ConneXions eram incentivados a se distanciar de qualquer pessoa que não vivesse a verdade de Jodi. Era como assistir a uma versão real de *Vampiros de almas*, observando o círculo de sanidade dos meus pais naufragar enquanto eles se transformavam em discípulos devotos de Jodi.

A princípio hesitei em usar a palavra "seita". Parecia extrema. Mas, conforme mergulhava em uma pesquisa casual na internet – nada remete mais a um "adolescente normal" do que procurar no Google: "Minha família está em uma seita?" –, a ConneXions atendia a todos os requisitos. Claro, não estávamos nos mudando fisicamente para algum complexo remoto ao estilo Jonestown.[1] Mas não precisávamos. Nosso dedicado enclave dentro de Utah era o ambiente perfeito para alguém como Jodi – uma comunidade pronta e isolada, ideal para a manipulação.

1. Referência ao massacre em Jonestown em 1978, que envolveu a morte de quase mil fiéis de uma seita em uma região remota na Guiana. (N.E.)

Os seguidores de Jodi eram incentivados a confessar suas "distorções" em sessões em grupo e por meio de constantes telefonemas entre si. Seu pequeno exército, informando um sobre o outro, recrutando qualquer um que desse ouvidos. A chave para a conexão, paradoxalmente, era a desconexão – se isolar de qualquer um que não falasse a linguagem de Jodi, se tornar competentemente dependente da sua nova "família ConneXions", que policiaria cada pensamento seu até que você existisse em uma colmeia de pensamento coletivo.

No coração de tudo estava Jodi, conduzindo o espetáculo com mão de ferro. Para aqueles fora do círculo próximo dela, Jodi era um pilar respeitado da sociedade, um farol de esperança para os que buscavam a cura. Por meio da pura força de sua personalidade, ela se posicionara como a maior "coach de vida", parecendo caçar pessoas da SUD que haviam começado apenas buscando ferramentas de enfrentamento, novas formas de curar e encarar o mundo. Em vez disso, elas se viram presas em um roteiro rígido e em um sistema tirânico feito para arrancar sua autonomia enquanto Jodi monetizava sua suposta cura.

A queda de Ruby para dentro do mundo de Jodi atingiu uma velocidade vertiginosa quando ela participou do treinamento de vida de seis semanas. De repente, não estava apenas tomando Kool-Aid;[2] ela mesma o preparava. Aos sábados, eu a observava assistir a cada palavra de Jodi transmitida pelo Zoom como se ela fosse Jesus. O brilho no olhar da minha mãe era cegante.

Em pouco tempo, Ruby se tornou uma coach de vida certificada da ConneXions, liderando telefonemas de apoio e grupos de mulheres. A confidencialidade entre ela e os clientes se tornou uma piada, pois ela reportava tudo semanalmente para Jodi. A irmã mais velha estava ali.

Uma noite, no jantar, minha mãe mencionou casualmente que uma mulher no grupo de apoio dela estava "traindo". O crime? Reparar que o carteiro era atraente. Na realidade distorcida da ConneXions, isso constituía infidelidade. Os ensinamentos de Jodi eram extremos: um homem casado conversando com uma colega de trabalho podia ser infiel, e olhar para pessoas atraentes na internet podia ser classificado como vício em pornografia. Apenas a pureza absoluta de pensamento era aceitável.

No mundo rígido de Jodi, a inocência era rara. Aqueles que eram considerados "distorcidos" – em geral, maridos – recebiam a instrução de

2. A expressão "beber o Kool-Aid" remete ao referido massacre de Jonestown, quando quase mil pessoas morreram após ingerir uma bebida misturada com veneno em um ritual coletivo comandado por Jim Jones, líder da seita Templo do Povo. A frase passou a ser usada para descrever uma adesão cega e perigosa a ideias ou lideranças. (N.E.)

abandonar suas famílias para trabalhar sua própria existência. Sozinhos. Jodi parecia se especializar em guiar esposas a se distanciarem dos maridos. Ou expulsá-los de casa. A linguagem da ConneXions classificava isso como "convidá-lo a ir embora", código para "vou te fazer se isolar de todos que conhece, exceto de Jodi". Surpreendentemente, os maridos costumavam entrar na onda, totalmente convencidos de que era o melhor a fazer por suas famílias. Era como observá-los pulando do penhasco.

Esse isolamento autoimposto era parte do conceito distorcido de "anéis de responsabilidade" de Jodi. Se você fosse distorcido, não teria mais nenhuma responsabilidade, exceto o autoaperfeiçoamento. Sem trabalho, sem comunidade, sem família. Só você e os ensinamentos de Jodi em um confinamento solitário e vazio, mas é preciso pagar por esse privilégio, tudo em nome da "cura".

As separações costumavam durar pelo menos seis meses – o tempo mínimo que Jodi julgava necessário para demonstrar uma mudança genuína. Sua lógica era a de que qualquer um podia fingir remorso ou fazer ajustes no curto prazo, mas sustentar a mudança por meio ano provava a transformação sincera. Os adultos eram essencialmente colocados em provação nos relacionamentos, e esperava-se que provassem seu valor para Jodi para reconquistar o privilégio de estar perto da família. A regra dos seis meses também se aplicava a crianças, e qualquer transgressão significativa podia resultar em uma sentença de meio ano com privilégios restritos, vigilância aumentada e constante pressão para demonstrar a "mudança".

É interessante comparar a abordagem glacial de Ruby na maternidade com a filosofia rígida de Jodi. As duas não são apenas similares – são simbióticas. A doutrina da ConneXions de Jodi era mais um espelho para Ruby que uma revelação, refletindo e aumentando a dura visão de mundo que ela sempre tivera.

Afinal de contas, Ruby sempre distribuíra seu amor como um avarento distribui moedas, fazendo sua afeição depender de uma demonstração prolongada de "bom" comportamento. No mundo dela, o amor não era dado – era um prêmio a ser conquistado por meio de conduta perfeita, uma cenoura pendurada fora de alcance para nos manter na linha, sempre provando nosso valor.

A ConneXions não estava apenas apresentando Ruby a uma nova forma de pensar; estava dando a ela o vocabulário e o suporte pseudocientífico para justificar o que ela sempre estivera fazendo. O sistema de Jodi havia simplesmente colocado uma etiqueta chique nessa dieta de fome emocional e lhe dado o nome de terapia. No fim das contas, a ConneXions não mudou as táticas de Ruby; apenas deu a ela um manual para refiná-las.

*

Ruby não anunciou a chegada de Jodi nem seu novo interesse na ConneXions com qualquer pompa no *8 Passengers*. Em vez disso, a mudança foi sutil, uma lenta integração de novas ideias e terminologia no conteúdo existente dela. Era como se ela estivesse testando as águas, observando a reação do público a essa nova filosofia.

Lembro de perceber a mudança na linguagem primeiro. De repente, "verdade" se tornou a palavra da moda em seus vídeos e posts no blog. Ela mencionava casualmente que tinha "encontrado um programa de autoajuda" que estava revolucionando a abordagem dela da maternidade e da vida no geral. Era apresentado como mais uma ferramenta em seu arsenal da maternidade, outro conselho que compartilhava com seus seguidores.

Ruby começou a promover eventos da ConneXions para seu público, embora não tenha revelado imediatamente a extensão do seu envolvimento. Ela mencionava conferências que aconteceriam ou encorajava os seguidores a se inscreverem para aulas gratuitas aos sábados. Era mencionado como uma oportunidade empolgante de autoaperfeiçoamento, uma chance para seu público acessar a mesma sabedoria que supostamente estava transformando nossa vida familiar. Ela mencionava isso como uma evolução, um passo natural em sua jornada de mãe e influencer. Seus seguidores, já condicionados a confiar no conselho dela, passaram a mostrar interesse nessas novas ideias, embora não pudessem saber que a ConneXions já começava a destruir nossa família.

Por exemplo, quando Jodi decidiu que Chad não estava "melhorando" rápido o suficiente, ela aconselhou meus pais a imediatamente tirá-lo da corrida e do futebol americano, acabando com o sonho adolescente dele. Para Chad, a pista e o futebol eram seu bote salva-vidas, seu bilhete para um futuro brilhante. Ele havia ganhado o primeiro lugar na corrida de cem metros do distrito, e também na corrida de duzentos metros. Treinadores falavam sobre o potencial dele, e o sonho de uma bolsa de estudos de futebol ou corrida parecia alcançável. Era mais que uma maneira de pagar pela faculdade: era a chance de Chad provar a si mesmo, de esculpir uma identidade além das limitações da disfunção da nossa família.

No entanto, com a permissão de Ruby e Kevin, a interferência de Jodi acabou com todos esses sonhos. Como Chad poderia se comprometer com a pista e o futebol quando não podia sequer ser "totalmente responsável" por si? Não, Chad seria afastado do esporte até estar "consertado". E isso significava tirar a única coisa que dava a ele propósito e alegria.

Fiquei na porta do quarto de Chad, observando-o guardar metodicamente seu equipamento de futebol americano.

— Chad — falei baixinho —, você precisa mesmo fazer isso?

Ele me encarou, os olhos vazios.

— Você sabe que sim, Shari. Mamãe e papai deixaram claro. Jodi disse...

— Quem liga para o que a Jodi disse?! — interrompi.

Chad deu um sorriso triste.

— É, bom, tente dizer isso pra mamãe e pro papai.

Falando no diabo, a voz de Ruby flutuou lá de baixo:

— Chad! Jodi no telefone. Ela quer falar com você!

Observei meu irmão murchar ainda mais. Ele se levantou, lançando um último olhar triste para seu equipamento antes de descer, como um homem condenado indo até a forca.

Isso não está certo, pensei, meu coração doendo. No mundo dos esportes competitivos, principalmente no nível do ensino médio, a hora certa é tudo. Você não pode interromper sua carreira atlética e esperar continuá-la anos depois sem qualquer consequência. Eles arruinaram as chances dele de conseguir as bolsas de estudo pelas quais ele havia se esforçado tanto, tudo em nome de... quê? Mesmo agora, tenho dificuldade em entender.

Segui Chad escada abaixo e fiquei na porta da sala de estar enquanto ele pegava o telefone das mãos de Ruby. O rosto dela estava iluminado, como se estivesse entregando a ele um presente em vez da sentença de morte dos seus sonhos.

— Oi, Jodi — disse Chad, sem emoção.

Não consegui ouvir as palavras de Jodi, mas vi o efeito delas no meu irmão. A cada momento, a luz no olhar dele diminuía ainda mais.

— É, entendi — murmurou ele. — Preciso focar em ser responsável por mim antes de poder ser responsável por um time.

Eu queria gritar: *Você não está vendo o que está fazendo com ele? Não entende o que está tirando dele?*

Naquele momento, tive vislumbres de um futuro desmoronando – Chad marcando o ponto de vitória da partida, olheiros gritando para oferecer bolsas de estudo, um caminho para longe de toda essa loucura... tudo isso arruinado.

Enquanto Chad devolvia o telefone para Ruby, Kevin deu um tapinha no ombro dele.

— É melhor assim, filho. Jodi sabe do que está falando.

CAPÍTULO 18

táticas de isolamento

Enquanto eu observava minha família, e muitas outras, sucumbir ao dogma distorcido de Jodi, não consegui deixar de imaginar: o que era a fonte do poder dessa mulher? Por que essa mulher usando seus shorts cáqui feios e camisas de manga comprida tinha tanto poder sobre as pessoas? Era a promessa da verdade absoluta? A suprema autoconfiança dela que oferecia certa ilusão de certeza em um mundo que parece estar se desfazendo? Ou era a maneira como ela permitia que as pessoas odiassem a si e ao outro?

Percebi que Ruby estava começando a dar as costas para os pais dela e seus irmãos, confrontando difíceis memórias do passado de maneiras que nunca ousara antes. Sempre a menina-modelo para "seguir em frente", ela passara a vida tapando as feridas da infância com uma camada de perfeição e telefonemas diários para sua mãe. O relacionamento dela com a mãe beirava a codependência – um fato que eu sempre achara perturbador, considerando minha própria distância emocional de Ruby.

Mas a ênfase de Jodi na ideia de "fazer um balanço e manter o trabalho interior" rachou essa máscara cuidadosamente construída.

De repente, a criança interior ferida de Ruby emergiu, crua e furiosa, se lembrando de incidentes que ela enterrara havia muito tempo, enviando ondas de choque por todo o clã Griffiths. Nenhum deles havia demonstrado interesse em se juntar à ConneXions, apesar das recomendações intensas de Ruby. Cada vez mais, no entanto, Ruby sentia que, se eles não embarcassem na ConneXions, a cura jamais seria possível.

Essa ruptura não se manifestou da noite para o dia. Levou mais ou menos dois ou três anos até Ruby romper de vez com a família. E, enquanto eu a observava deletar contato após contato do celular, não pude deixar de me perguntar: isso era cura?

Foi como se Jodi tivesse apertado um botão no cérebro de Ruby, transformando amor familiar em ódio da noite para o dia. No fundo da minha mente, um pensamento aterrorizante se enraizou: se Ruby podia cortar contato com a família Griffiths tão facilmente, o que a impediria de fazer o mesmo conosco? Será que eu acordaria um dia e me veria deletada do grupo da família?

Eu queria apoiar minha mãe, apesar das emoções complexas que cultivava por ela. Talvez fosse porque eu conseguia compreender a experiência de guardar ressentimento contra meus pais e lutar contra um trauma de infância não resolvido. Por instinto, entendi que a dor não resolvida costuma perpetuar ciclos de mágoa, passando de uma geração a outra.

Eu nunca tinha pensado nisso antes: até mesmo aqueles que apresentam uma fachada impecável para o mundo, como minha mãe, podem estar lutando contra questões bem enraizadas que permanecem ocultas. O exterior brilhante pode servir de máscara, escondendo a confusão interna e as feridas não cicatrizadas que continuam a inflamar sob a superfície.

Admitindo isso pela primeira vez, senti compaixão pela minha mãe, afinidade até, reconhecendo que a conduta aparentemente perfeita dela e a escuridão por trás podiam ter muito a ver com o passado não resolvido.

★

Uma noite, Ruby me puxou de lado depois do jantar para uma breve conversa.

— Shari, vamos te tirar da corrida para que você possa focar no que realmente importa: seu desenvolvimento pessoal — disse ela.

Fiquei atordoada. A corrida – o único esporte de que eu gostava – estava sendo tirada de mim? O que viria a seguir, eu seria impedida de respirar?

— Mas por quê? — perguntei, desesperadamente esperando que fosse uma piada muito sem graça.

— Você não se abre comigo— disse Ruby. — Há um muro entre nós. Imagine como isso vai afetar seu marido no futuro. Você acha que algum homem quer aguentar uma coisa dessas? Uma esposa fria e fechada?

— Não entendo!

— Shari, você não tem empatia. Não tem compaixão. Como sua mãe, é meu trabalho te ajudar a consertar seus defeitos antes que seja tarde demais. É por isso que seu pai e eu decidimos te dar de presente sessões particulares com a Jodi.

Meu estômago revirou. Aquela mulher teria que passar por cima do meu cadáver para chegar perto do meu cérebro! Eu preferia me lobotomizar com uma colher!

— Chad está fazendo progresso com ela — prosseguiu Ruby. — Agora é a sua vez.

Enfiei minhas unhas nas palmas das mãos, lutando para não gritar. Em vez disso, fiquei em silêncio, transformada em pedra. Talvez se eu não me mexesse eles pensariam que eu era uma estátua e me deixariam em paz.

Os olhos de Ruby faiscaram, sentindo minha raiva.

— A escolha é sua, Shari. Ou faz sessões particulares de aconselhamento com a Jodi, ou fica sem seu carro, seu celular e te tiramos da escola de vez. Você decide.

Fiquei perplexa. Eles não podiam estar falando sério. Mas bastou uma olhada para o rosto da minha mãe e eu soube que ela falava muito sério. Ela tiraria alegremente minha vida inteira dos trilhos no meu último ano do ensino médio para me forçar a fazer terapia com sua coach de vida totalmente suspeita.

Quem são essas pessoas se passando pelos meus pais?

Fugi para o meu quarto, a raiva fervendo sob a pele. Abri o notebook, meus dedos tremendo enquanto digitava "como se emancipar" na barra de pesquisa. Mas, enquanto os resultados carregavam, a realidade apareceu.

Para onde eu iria?

O que eu faria?

Quem eu seria?

As perguntas ecoavam na minha mente, cada uma um doloroso lembrete da minha posição de marionete. Aos dezessete anos, eu era uma prisioneira da circunstância – sem amigos fora da nossa comunidade, sem rede de apoio, sem rota de saída.

Eu queria poder ter saído porta afora e nunca mais voltado.

Mas a terrível verdade era que eu não tinha para onde ir.

CAPÍTULO 19

vencendo a olímpiada do auto-ódio

Na semana seguinte, tive minha primeira ligação privada com Jodi Hildebrandt. Atendi o telefone sentada no cantinho do meu armário – eu queria garantir que ninguém ouviria nada.

— Então, Shari — começou Jodi, em tom sério. — Vamos começar. Nosso objetivo com essas ligações é isolar, e por fim examinar, o pensamento distorcido que está te fazendo se comportar de maneira fria e soberba e com isso criar problemas na família. Pode me falar mais sobre isso, a partir da sua perspectiva?

— Não sei — falei, já irritada. — Eu me esforço para ser uma boa pessoa.

— Mas você *é* uma boa pessoa?

— Sim, acho que sim. Como é que a gente tem certeza disso?

Jodi deixou a pergunta no ar por um momento.

— Todo mundo pode evoluir em alguma área — disse ela por fim. — Se questionar rigorosamente é um começo saudável. Demonstra autoconsciência.

— Concordo — falei, sincera. — Na verdade, eu me questiono o tempo todo. É meio que um problema.

— Mas você está se fazendo as perguntas corretas, Shari? Acho que não; do contrário, não estaríamos aqui.

Ouvi enquanto Jodi explicava que as pessoas se envolviam no que ela chamava de "falácias lógicas", as mentiras que contamos para nós mesmos. Ela disse que eu podia estar mentindo para mim mesma sobre ser uma boa pessoa, por exemplo, porque era conveniente para a minha narrativa distorcida. Então ela explicou que é crucial, para nos aproximarmos da verdade sobre nós mesmos, identificar todas as formas pelas quais estamos em distorção. Para fazer isso, devemos embarcar em um novo modo de pensar. Um modo que envolve ser radicalmente honesto consigo mesmo e fazer um balanço pessoal rigoroso.

— Está bem — falei. — Estou aberta a fazer o balanço. Acho que o nosso tempo acabou, não?

— Sim. Antes de desligarmos, eu gostaria de falar de uma coisa, Shari. Fiquei sabendo que você disse coisas depreciativas a meu respeito.

Merda. Minhas bochechas coraram.

— Ah. Desculpe por isso.

— Não peça desculpas, seja sincera.

— Está bem, sim. Eu tinha algumas preocupações.

— Eu pedi para ser sincera, Shari. Você estava espalhando fofocas, mentiras e rumores. Considera isso um comportamento compassivo? Ou prefere acreditar cegamente em tudo o que vê na internet?

— Quero dizer, se for verdade... — comecei, sentindo que caminhava em um campo minado verbal.

— Ah, você vai aprender muito sobre a Verdade, Shari. Vai adorar. O Chad adora, e ele está muito melhor agora, não está? — disse Jodi alegremente, trocando de estratégia.

— Ele parece mais respeitoso — falei baixinho.

— E sua mãe não grita tanto quanto costumava, não é?

Era verdade. Ruby não aumentava o tom de voz tanto quanto antes desde que entrara na ConneXions.

— A pergunta é: você está disposta a fazer o mesmo trabalho, para ser uma pessoa mais feliz e realizada para a sua família e, um dia, para seu marido?

— Com certeza — falei, sentindo que acabara de assinar um contrato com o capeta. Ou, pelo menos, com o capeta que era coach de vida.

CAPÍTULO 20

roupa suja

Os telefonemas semanais com Jodi se tornaram parte da minha rotina, cada sessão durando mais ou menos cinquenta minutos, um tempo comum de sessão de terapia, pela qual ela cobrava cento e setenta e cinco dólares dos meus pais. Normalmente nossas sessões eram conversas livres, focadas em analisar meus pensamentos e experiências da semana anterior.

Ela nunca falava de si mesma. Embora tenha sido bem aberta sobre sua história em seus livros, ela sempre se mantinha reservada nas interações pessoais comigo, nunca falando nada sobre qualquer trauma do passado. Não abria espaço para perguntas sobre sua vida pessoal, e nunca me senti confortável para perguntar diretamente. O relacionamento que ela cultivava não deixava espaço para trocas pessoais; tratava-se de assegurar a dominação em silêncio enquanto ela me encorajava a me abrir sobre meus defeitos e auto-ódio, o que fiquei feliz em fazer.

Na nossa segunda ligação, Jodi ouviu atentamente enquanto eu lia minha lista de episódios de pensamento distorcido daquela semana. Eu estava bem orgulhosa do meu trabalho, na verdade. Muito bem-feito.

Segunda-feira

- *Tirei conclusões precipitadas – 3x hoje*
- *Distorci a verdade sobre aquela prova difícil sete vezes*
- *Competi com Sara e presumi que era melhor que ela em matemática*

Terça-feira

- *Tive pensamentos catastróficos sobre uma apresentação que vou fazer – 4x*
- *Generalizei demais minhas habilidades com base em uma nota baixa – 2x*
- *Levei para o lado pessoal a crítica geral do professor sobre o desempenho da turma – 3x*

Quarta-feira

- *Me envolvi em afirmações do tipo "devia ter feito tal coisa..." sobre meus hábitos de estudo – 5x*
- *Aumentei a importância de pequenas gafes sociais durante o almoço – 2x*
- *Descontei retornos positivos no rascunho da minha redação – 3x*

E assim por diante.

Jodi suspirou quando terminei, a voz pesada com a decepção:

— Claramente você tem sérios problemas com adulação.

— Não entendo — sussurrei, frustrada.

— Adulação é quando você acha que é melhor que todo mundo — disse Jodi. — Difamação é o contrário. A maioria das pessoas pende para um ou outro. Está claro para mim que você pende muito para a adulação.

— Mas eu achava que tendia a... me autodifamar?

— Mas no seu coração é o oposto, Shari.

Jodi me informou que, como dever de casa da semana seguinte, eu teria que anotar cada autoadulação que fizesse, além de todos os meus outros pensamentos distorcidos. Para meu horror, foram muitos.

Sim, a lista número dois era longa, cada ponto uma evidência maldita de que eu era, como Jodi suspeitava, uma sabichona insuportável. Puxa-saco dos professores. Esnobe com a gramática.

Segunda-feira

- *Me senti convencida quando respondi uma pergunta na sala de que ninguém mais sabia a resposta*
- *Me parabenizei em silêncio por usar "cujo" corretamente em uma sentença*
- *Me achei melhor que os outros por ler um livro "acima do meu ano"*

Terça-feira

- *Me senti superior por terminar a prova de matemática primeiro*
- *Julguei meus colegas em silêncio pelo gosto musical deles*
- *Acreditei que era mais madura que os meus colegas por gostar de documentários*

Quarta-feira

- *Me orgulhei do meu vocabulário extenso durante uma apresentação*
- *Me achei especial por entender um conceito complexo de ciências rapidamente*
- *Critiquei em silêncio os erros de gramática de terceiros em um grupo*

E assim por diante.

Eu sempre fora obcecada por me microanalisar. Então, de maneira distorcida, ser forçada a reparar ainda em outros modos possíveis de ser uma pessoa terrível era algo de que eu gostava. Em pouco tempo eu estava registrando e questionando cada palavra que saía da minha boca.

Trabalhar com Jodi era como o sonho realizado da minha menina malvada interna. Estávamos treinando para a Olímpiada do Auto-Ódio fazia um tempo, mas agora era a hora do show. E a melhor parte? Era tudo considerado uma forma saudável de construir autoconsciência. Uma busca sã por crescimento pessoal e iluminação. E assim, a cada semana, continuei a escrever, a documentar cada falha, cada erro, cada momento de possível arrogância, minha caneta uma arma voltada para dentro.

— Certo, isso está muito melhor, Shari — disse Jodi na quinta semana, os olhos analisando as páginas dos meus erros meticulosamente documentados. — Agora vou te ensinar uma técnica crucial. Uma maneira de transmutar a adulação em uma coisa útil.

— Está bem — falei, minha voz cheia de uma avidez que era surpreendente até para mim.

— Dá próxima vez que identificar adulação, Shari, eu te convido a explorar o oposto — continuou Jodi. — Pense nisso como um exercício de equilíbrio.

— Então eu devo me difamar?

— Muito bem, Shari. Então, digamos que você presume que vai tirar nota máxima em uma prova, porque, é claro, você se acha muito inteligente. Mude a linguagem na sua mente. Inverta. Pense: *Ai, meu Deus, vou falhar nessa prova porque sou uma menininha burra.*

— Como é?

— Sim, quero que você imagine como é ir mal na prova. Incorpore o sentimento pra valer.

— Hã... — Hesitei, meu estômago revirando. Ir mal na prova? Ela estava de brincadeira? Eu nunca tinha feito isso na vida. Era muito diferente de tudo o que eu conhecia.

— Shari, seja humilde. Você é bem menos inteligente do que acha que é. Agora me descreva a sensação disso. Seja sincera.

Inspirei tremulamente e tentei imaginar como seria não entender meus livros favoritos. Confusão e frustração tomaram conta de mim.

— Hã, é bem chato — sussurrei.

— Ótimo. O que mais? Como você se sente?

Pensei em tentar sobreviver no mundo, e aos humores ácidos de Ruby, sem a âncora da minha mente, da minha imaginação. Minha habilidade de compartimentar e fingir que tudo estava bem – isso tinha salvado a minha pele tantas vezes. Se eu não tivesse essa astúcia, esse entendimento ardiloso, estaria como Chad, encarando punição e repreensão a cada cinco minutos.

— Me sinto assustada — falei, minhas bochechas queimando. — Exposta.

— Aí está! — exclamou Jodi. — Você se sente *vulnerável*. Vulnerabilidade é o que Shari Franke sente quando percebe que não está certa sobre todas as coisas. E isso, minha querida, é o que chamamos de viver a Verdade.

Por mais que, na essência, eu tentasse me rebelar contra os métodos dela, minha mente não conseguia refutar a lógica. Ao dizer a mim mesma que eu era menos do que achava que era, me vi literalmente me afogando na vulnerabilidade emocional. E esse não era o objetivo daquele circo de terapia, para começo de conversa? Me desnudar até o meu âmago mais vulnerável e cru, para que minha mãe finalmente me aprovasse?

A matemática complexa de Jodi parecia fazer sentido: autodepreciação mais vulnerabilidade é igual a "verdade". E quem era eu para questionar os cálculos infalíveis dela?

— Vou dizer a Ruby que fizemos um progresso enorme hoje — disse Jodi depois. — Estou muito orgulhosa de você, Shari.

— Obrigada — respondi. — E desculpe pelas coisas que eu falei de você, Jodi. Acho que não devemos acreditar em tudo o que vemos na internet.

Ela deu uma risadinha.

— Não, não devemos — disse ela, a voz pingando com a satisfação de um predador que sabe que enfim capturou a presa.

CAPÍTULO 21

jodi mandou

Assim como Ruby, Kevin e Chad, bebi o Kool-Aid da ConneXions. Tomei litros.

Poucos meses depois do começo de minhas sessões de terapia individual com Jodi, eu era uma insuportável convertida da ConneXions, carregando cartões, obcecada por analisar cada pensamento que tinha, assim como cada pensamento que as outras pessoas tinham também. Como pode imaginar, era muito legal estar perto de mim, e toda interação se tornava uma oportunidade para eu demonstrar minha recém-encontrada "iluminação".

Ah, você acha que foi bem naquela prova? É só sua adulação falando. Vamos explorar o oposto, que tal? Qual é a sensação de falhar miseravelmente?

Eu praticamente conseguia ouvir meus amigos revirando os olhos até caírem da cabeça enquanto eu dava mais um sermão sobre os perigos do pensamento distorcido. Mas eu não conseguia evitar, não conseguia resistir à ânsia de "corrigir" as percepções falhas deles, mostrar o erro em suas condutas. Não agora que eu tinha entendido a Verdade.

Consegui afastar a maioria dos meus amigos na escola. Claro, ninguém queria estar perto de uma atiçadora moralizante de dezessete anos, uma mini-Jodi obcecada por falar de toda distorção cognitiva das pessoas. Azar o deles, né? Eles simplesmente não conseguiam lidar com meu entendimento superior da psique humana.

Ao observá-los se afastando, com suas risadas e camaradagem fácil, eu às vezes me perguntava se o preço da minha "iluminação" valia a pena. Então percebi que perder todos os amigos era apenas parte do processo. Era um teste, para verificar minha força e dedicação à Verdade. Assim como a Viúva estivera dedicada à sua fé.

Devemos estar dispostos a nos sacrificar por nossas crenças, eu pensava toda vez que perdia outro amigo. *Enfim, ao contrário de mim, todos eles vão para o inferno.*

E assim eu seguia, de cabeça erguida, minha mente fervendo com os ensinamentos de Jodi. Eu era uma guerreira pronta para conquistar o mundo, um pensamento distorcido por vez. Eu não precisava da validação de ninguém. Tinha a aprovação de Jodi, o que significava que tinha a de Ruby, e isso era tudo o que importava.

*

Um dia, uma amiga próxima e eu estávamos sentadas nos bancos velhos de madeira fora da escola, o sol escaldante em nossas cabeças, quando ela se virou para mim, a voz abaixando para um sussurro conspiratório.

— Shari, beijei três meninos no fim de semana, contei para a Sarah e ela praticamente me chamou de piranha — disse ela, culpada. — O que você acha?

Não conseguia acreditar que minha amiga desde o nono ano esperava que eu tivesse empatia. Como membro da igreja SUD, tendo jurado castidade antes do casamento, ela estava se arriscando. *Ela está* totalmente *condenada*, pensei.

— E que motivo você teve para beijar todas essas pessoas? — perguntei friamente.

Ela me olhou como se chifres tivessem crescido da minha cabeça.

— *Motivo?* Hã, eles eram bonitos? Por que precisa ter um motivo especial? — A voz dela aumentava a cada palavra, atraindo olhares curiosos dos estudantes que passavam.

Dei a ela o meu melhor olhar da ConneXions, uma mistura perfeita de condescendência e pena, e pousei uma mão empática no seu ombro, como se fosse uma sábia concedendo minhas ideias profundas a uma humilde camponesa.

— Como sua amiga, tenho que perguntar: o que um beijo realmente significa para você? A qual parte do seu ego está servindo quando escolhe compartilhar a si mesma dessa maneira?

Ela se desvencilhou da minha mão, semicerrando os olhos.

— Shari, por que está me interrogando?

— Só estou curiosa.

— Está me julgando! Está sendo muito maldosa! Pensei que fosse minha amiga! Você não lembra de quando saía por aí beijando garotos?

— O crescimento verdadeiro vem de confrontar nossos defeitos mais profundos. Está disposta a trabalhar nisso?

— Ah, *sai fora*, Shari! Eu nem te *conheço* mais!

Com lágrimas descendo pelas bochechas, ela se levantou e saiu pisando duro. Um pouquinho de remorso se agitou dentro de mim, uma vozinha sussurrando que talvez, só talvez, eu tivesse passado dos limites. Mas essa voz foi rapidamente afogada pelo rugido ensurdecedor da minha arrogância, minha convicção absoluta de que eu, a Sábia Shari, estava apenas tentando guiar essa pobre e doce ovelhinha para longe da Distorção e em direção à Verdade.

Acho que ela só não está pronta, pensei. *Ela vai me agradecer depois.*

Ela não agradeceu. Na verdade, ela nunca mais falou comigo.

Nem os professores estavam livres do meu julgamento. Na aula de inglês, decidi detonar o livro que estávamos lendo, *The Chosen,* de Chaim Potok, uma história comovente e bem escrita sobre a amizade entre dois garotos judeus crescendo no Brooklyn no fim da Segunda Guerra Mundial. Pessoalmente, me sentia pronta para um texto mais desafiador, algo que testasse meu verdadeiro intelecto superior.

— Isto aqui é meio infantil; acho que devíamos ler coisas mais difíceis — anunciei para o professor no começo da aula. *Contemplem, mortais. Shari está falando.*

Meu professor ergueu a sobrancelha.

— Acho que você vai descobrir que o livro tem muito a oferecer, Shari. Foi indicado para alguns prêmios bem importantes. É um texto muito respeitado, não é um livro infantil de jeito nenhum.

A resposta gentil dele cutucou minha consciência, e me perguntei se talvez eu estava sendo uma babaca pretensiosa. Mas o que é que ele sabia? Eu estava aprendendo a desfazer a Distorção. Prêmios? Respeito? Isso eram simplesmente construções sociais feitas para nos manter longe da Verdade!

— O que foi, Shari? — disse o professor, como se lesse meus pensamentos. — Vamos, diga o que está pensando.

— Acho que você está pensando com a emoção, deixando seus sentimentos positivos sobre *The Chosen* nublarem seu julgamento quanto à adequação dele para a aula — falei. — Só porque você pessoalmente o acha tocante e bem escrito não significa que é a escolha ideal de um ponto de vista educacional objetivo. Você está adorando o "deveria" sem avaliar racionalmente se atende mesmo às necessidades dos alunos, o que significa que seu processo de pensamento está distorcido por crenças não analisadas e uma visão muito aduladora dos méritos do livro para esse objetivo específico.

Boom. Pronto, falei. Shari: 1; Professor: 0.

Ele me perguntou se eu tinha acabado, o que, é claro, eu não tinha. *Acabado? Eu estava apenas começando.*

Meus colegas não conseguiam acreditar na minha palestra, seus rostos uma mistura de confusão e irritação. Eu conseguia sentir seus apelos silenciosos para que eu calasse a boca e os deixasse aprender em paz. Meu professor, por sorte, pareceu achar tudo muito engraçado.

— Já considerou estudar Direito, Shari? — Ele riu antes de nos dizer para abrir na página 52.

— Na verdade, sim — murmurei, passando a página irritada, minhas bochechas queimando com uma mistura de constrangimento e autossatisfação. Que estranho, ser alguém que sempre se sentiu tão tímida, mas agora compelida a gritar a plenos pulmões que ela era a única que realmente entendia o mundo.

Quando contei a Ruby sobre os incidentes na escola, ela ficou emocionada.

— Uau, isso foi tão verdadeiro e amoroso da sua parte, revelar isso para sua amiga promíscua! — disse ela, orgulhosa.

— Então não acha que foi ruim eu perguntar quais foram os motivos dela?

— Não, foi uma boa pergunta, Shari. E como ela respondeu?

— Bem, ela ficou meio chateada.

— Você entende que isso é um reflexo da distorção dela? Ela não estava confortável com suas perguntas, embora você estivesse apenas revelando a Verdade. Minha doce Shari! Você é tão corajosa e inteligente!

Eu não era corajosa nem inteligente. Só estava surfando na onda do meu fervor hipócrita pela ConneXions. É essa a sensação de estar em uma seita como a ConneXions. Como se você fosse especial, e ninguém mais entendesse o seu conhecimento especial. É viciante. Meus olhos estavam afiados e minha língua mais afiada ainda enquanto eu buscava cada alma imperfeita e cheia de distorção que cruzava o meu caminho. Em outras palavras, eu era uma rabugenta maldosa e julgadora – mas não conseguia perceber. E não me importava se perdesse cada amigo que tinha, se isso significasse que eu ia ouvir elogios da boca da minha mãe.

Estou tão orgulhosa da mulher que você está se tornando, dizia ela, as palavras me inflando como um balão.

Eu bebia essa nova aprovação, conquistada à base de muito trabalho, como uma flor se virando para o sol. A vida inteira, tudo o que eu sempre quisera era ser vista e realmente apreciada pela minha mãe. Tendo os ensinamentos de Jodi como guia, parecia que agora eu estava aprendendo a acessar aquele amor e aceitação que ansiava havia tanto tempo.

Finalmente, Ruby gostava de mim – em alguns dias, quase parecia que éramos amigas.

CAPÍTULO 22

deixe o circo pegar fogo

Em 2019, graças ao sucesso contínuo do canal – dois milhões e meio de inscritos e contando! –, Ruby e Kevin compraram uma nova casa em Springville, só a um quarteirão da primeira casa do *8 Passengers*, mas bem distante do nosso começo modesto.

Essa nova casa era uma estrutura ampla de três andares com um quintal incrível cheio de árvores, perfeito para o entretenimento (olá, jacuzzi!). Com sete quartos e seis banheiros – bem, cinco completos e um lavabo –, era espaço mais que suficiente para nossa família e nosso novo e adorável filhote de cavapoo,[3] Dwight, que adotamos depois que Nolly faleceu.

Todas as meninas tinham quartos no andar de cima. A suíte master de Ruby e Kevin ocupava o andar principal, uma zona de proteção entre os dois níveis separados por gênero. Os meninos, Chad e meu irmão mais novo, haviam reivindicado o porão como seu domínio. Tinha banheiro, mesa de sinuca, mesa de pebolim e até uma cozinha completa. (Embora Ruby tivesse rapidamente a designado para despensa de criodessecação.)

Os dois grandes criodessecadores de Ruby ficavam sempre ligados, sibilando vinte e quatro horas por dia e preservando tudo, de sobras de comida a itens comprados na promoção. Nada escapava de cair lá – carne que sobrava, vegetais que estavam em promoção no mercado, refeições inteiras que seriam processadas e guardadas para alguma futura crise que existia apenas na imaginação de Ruby. Ela chegou a tentar criodessecar verduras, moendo-as até formar um pó que pudesse ser reconstituído mais tarde.

3. Cavapoo é o nome que recebe o cachorro gerado pelo cruzamento de cavalier king charles spaniel com poodle. (N.E.)

Apesar da grandiosidade, a casa parecia estranhamente estéril. Espaçosa mas confinante, moderna mas sem alma. Uma casa feita para exibir, não para morar. A obsessão de Ruby pelo minimalismo pronto para ser filmado significava que nossas paredes permaneciam nuas, exceto por uma foto ou outra. A luz na nossa casa era igual à de uma clínica – fileiras de intensas lâmpadas brancas de estúdio em vez de luzes aconchegantes e amareladas. Fazia tudo parecer limpo e antigo, mas faltava aconchego. Como todo o resto em nossas vidas, era feito para a câmera, não para o conforto. Nem tínhamos permissão para decorar nossos quartos ou pendurar pôsteres – Ruby temia que a fita arrancasse a tinta ou que pregos danificassem as paredes. Aquilo parecia mais um showroom do que um lar.

No andar superior, meu quarto tinha vista para o quintal, um pedaço de natureza emoldurado por duas janelas. Dali, a visão era uma tapeçaria de flora. Densos arbustos de sabugueiro ladeavam o riacho no fundo do jardim, as folhas farfalhando ao vento, criando uma cortina natural que em parte obscurecia os campos ao longe. Em dias sem nuvens, eu conseguia ter um vislumbre dos cavalos dos vizinhos pastando lá no fundo.

Por meses depois da mudança, dormi em um colchão no chão, coberto por um edredom do qual mal me lembro agora. Acho que era listrado, azul e branco, mas os detalhes se apagaram com o tempo. É engraçado como uma parte tão significativa da minha vida diária se tornou tão confuso em minha memória. E, para ser sincera, eu não adorava ter meu próprio quarto – sentia falta de compartilhá-lo com minha irmã mais nova, cuja energia alegre sempre me ajudava com meus pensamentos sombrios.

À noite, eu sempre deixava minha janela aberta, permitindo que o murmúrio suave do riacho me envolvesse. Os sons reconfortantes das folhas farfalhando e da água pingando aos poucos acalmavam minha mente até eu pegar no sono. De manhã, eu acordava com os olhos coçando e o nariz entupido, cortesia dos sabugueiros no quintal. Mas eu aceitava esses pequenos desconfortos. Naquela casa – um monumento à perfeição artificial –, a natureza fornecia minha única fonte de autenticidade e calidez. Aquelas janelas abertas se tornaram meu bote salva-vidas, um portal para um mundo que ainda parecia real e vivo, diferente do vazio estéril que me cercava dentro de casa.

*

No dia 3 de março de 2020, no meu aniversário de dezessete anos, Ruby enfim permitiu que eu pintasse as paredes do meu quarto. Escolhi um padrão geométrico triangular azul e verde, uma pequena rebelião contra o branco puro que dominava nossa casa. Pareceu um ar fresco, um pedacinho da minha expressão pessoal em nosso mundo tão controlado. Mas o respiro durou pouco – apenas dez dias depois, o mundo parou de repente quando a covid-19 se espalhou pela nação. Se a vida parecia sufocante antes, estava prestes a se tornar realmente insuportável.

Enquanto a pandemia se estabelecia, Ruby continuou a postar no *8 Passengers*, mas o comportamento dela mudou. O canal que ela dera o sangue para construir do zero agora parecia menos atraente do que o empreendimento da ConneXions de Jodi.

— Isso vai ser bem grande — Ruby dizia sobre a ConneXions, com o mesmo fervor que um dia reservara para nosso canal no YouTube. — Jodi está mudando vidas. Está me mudando.

Era verdade... ela tinha mudado. Não gritava mais. Parecia mais calma, mais controlada. Não perdia mais a paciência com as menores infrações ou desentendimentos. Mas outra coisa tomara o lugar. Algo pior. As punições de Ruby passaram a ser mais psicológicas, mais focadas em nossas emoções e mentes do que em nossos corpos.

Os castigos em si passaram a ter uma qualidade mais elaborada, quase teatral. Em vez de consequências rápidas e diretas – um peteleco nos lábios, um tapa na bochecha –, Ruby começou a inventar lições complexas feitas para nos ensinar empatia, responsabilidade ou fosse lá qual virtude ela achava que nos faltava. Isso costumava envolver grandes gestos ou períodos prolongados de privação, todos feitos para nos fazer "sentir" o peso das nossas transgressões.

Maio de 2020. Em um vídeo intitulado "O que não contamos a vocês", Chad jogou a bomba que logo detonaria a imagem cuidadosamente construída da nossa família. Ele mencionou, casualmente, que estava dormindo em um pufe no chão do porão. Por sete. Meses. Inteiros. Seguindo um conselho de Jodi, Ruby havia tirado o privilégio de Chad ter um quarto como punição por continuar a ser respondão. As opções dele? Uma cama retrátil, um colchão inflável ou... qualquer coisa. O "qualquer coisa" se tornou um pufe no porão.

Sete meses – *duzentas e dez noites*. Em um pufe.

Ruby não viu nada de mais nisso. Chad agiu como se não se importasse. Era uma aula magna de supressão emocional, uma habilidade que todos nós fomos forçados a aperfeiçoar. Quando ele deixou escapulir durante a filmagem um comentário sobre o lugar onde dormia, fez isso tão casualmente que duvido que Ruby tenha reparado.

Mas o novo editor de Ruby reparou, e ele fez a revelação de Chad ser o foco do vídeo, pensando erroneamente que seria um conteúdo interessante. Ruby não hesitou em postar. Por que hesitaria? Jodi estivera incentivando a confiança equivocada dela, convencendo-a de que as filosofias "únicas" de maternidade dela não eram apenas aceitáveis, mas admiráveis.

Enquanto a barra de upload chegava aos cem por cento, Ruby se recostou na cadeira, satisfeita. Na cabeça dela, ela não era mais apenas uma mãe. Era uma mensageira da Verdade, uma mãe revolucionária. Ruby, na onda da positividade tóxica de Jodi, estava prestes a mostrar (orgulhosamente) a desumanização do seu filho diante de milhões. Até mesmo Dwight, nosso cachorro, tinha uma cama mais confortável.

A internet surtou.

O rosto de Ruby empalideceu enquanto passava pelos comentários. Youtubers e tiktokers a acusavam de abuso infantil.

— Mas… mas está tudo errado! Eles não entendem!

— Ruby, talvez você deva tirar o vídeo do ar — aconselhou Kevin. — Para não perdermos inscritos.

— Não! — exclamou Ruby. — A Jodi diz que devemos permanecer firmes na nossa Verdade. Não podemos deixar os haters vencerem!

Aquele único vídeo queimou o canal do *8 Passengers* no YouTube da noite para o dia e custou à nossa família noventa por cento da nossa renda. Centenas de milhares cancelaram sua inscrição, e marcas, antes ansiosas para se associarem com nossa incrível imagem familiar, correram para se distanciar. Da noite para o dia, passamos de uma positiva família de influenciadores para párias nas redes sociais.

Ruby pareceu estranhamente desafiadora com relação à queda do seu canal.

— Faz anos que as pessoas perguntam como criei filhos tão bem-comportados — declarou ela, de queixo erguido. — Agora elas sabem. Se não conseguem lidar com a verdade, problema delas.

As preocupações financeiras, que já haviam sido o pilar da tomada de decisão da nossa família, agora pareciam secundárias. Foi como se a aprovação de Jodi tivesse se tornado a única moeda que importava. Na minha mente, Ruby não tinha apenas sofrido lavagem cerebral; tinha se tornado a filha devota de uma figura materna que parecia exigir nada menos que obediência total.

Quanto a mim, eu estava secretamente satisfeita com nossa nova posição de odiados no YouTube. Isso significava que enfim teríamos nossas vidas de volta? Será que eu podia mesmo comer uma refeição sem que fosse transmitida para milhões? Por outro lado, observar nosso ganha-pão ir por água abaixo não era exatamente motivo de celebração.

Quanto a Chad, bem, ele parecia quase se divertir com a situação toda. A vingança é doce.

⋆

Ruby manteve o canal no ar, um fantasma do que um dia havia sido, postando só de vez em quando. Em sua grande maioria, no entanto, as pessoas estavam assistindo ao *8 Passengers* com ódio (o que ainda enchia nossos bolsos), voltando nos vídeos antigos, repassando cinco anos das nossas vidas com pente-fino, em busca de mais evidências da crueldade de Ruby.

Alguns vídeos se tornaram infames: Ruby ameaçando decapitar os ursinhos de pelúcia da minha irmã mais nova; uma punição "olho por olho" depois que ela estragou alguma coisa. Lembro desse dia, do horror nos olhos da minha irmãzinha, a determinação sarcástica na voz de Ruby.

O pensamento de Ruby parecia ser "você assassinou a posse de outra pessoa, então como se sentiria se assassinássemos a sua?". A abordagem dela, com a intenção de ensinar consequências, desconsiderava por completo a capacidade emocional de uma criança. Para uma menina de cinco anos, um ursinho de pelúcia é mais que um brinquedo, é uma fonte de conforto, um amigo leal, um mecanismo de apoio crucial para navegar o gigantesco e assustador mundo em que vive. Ameaçar guilhotinar um amigo amado não era apenas uma punição; era terrorismo emocional. Agora, anos depois, milhares de estranhos estavam revisitando aquele momento.

Ruby postou um vlog em que se gabava de não levar a lancheira até a escola para minha irmã mais nova, que esquecera a dela naquele dia. Ruby explicou que a professora havia ligado para dizer que estava desconfortável com minha irmã com fome e queria que Ruby levasse o lanche.

— Falei para a professora: minha filha é responsável por preparar a própria lancheira de manhã — disse Ruby no vídeo. — O resultado natural de esquecer seu lanche é ficar com fome.

Ruby prosseguiu dizendo que esperava que ninguém dividisse o lanche com sua filha naquele dia; ela ficaria com fome para aprender a lição. Ruby tentou se defender depois, dizendo que a escola ficava a quarenta e cinco minutos de carro da nossa casa, e que faltavam apenas duas horas de aula naquele dia. Mas isso não adiantou em nada para acalmar as massas; tudo o que elas ouviram foi o ódio frio de Ruby para sua filha faminta.

Espectadores raivosos não deixavam apenas comentários maldosos – eles foram atrás do que restava da renda da nossa família. Bombardearam a Universidade Brigham Young com ligações e e-mails, exigindo que demitissem meu pai do seu trabalho como professor. Alguém até começou um abaixo-assinado no Change.org acusando meus pais de abuso. Simples assim, Ruby e Kevin estavam cancelados. A verdade estava lá fora, repetida inúmeras vezes em vídeos de reação e canais de comentários.

Ruby e Kevin enviaram notificações extrajudiciais para criadores de conteúdo que ousaram chamá-la de abusiva. Estavam desesperados para silenciar a crítica, para enfiar o gênio de volta na garrafa. As coisas ficaram sérias quando o Serviço de Proteção Infantil apareceu na nossa casa. Não encontraram nenhuma evidência de abuso contra as crianças. Mas o estrago estava feito. Não havia como voltar para nossa imagem perfeita na internet. Nunca mais.

Observando tudo aquilo acontecer, fiquei dividida. Parte de mim estava feliz por as pessoas enfim verem o que eu sabia havia anos. Mas eu também estava preocupada com a humilhação pública, que faria Ruby dobrar seus métodos rígidos. Será que a atenção que tentava nos ajudar ia acabar deixando as coisas piores?

Enquanto a retaliação se intensificava, a raiva de Ruby crescia, alimentada por uma mistura de presunção e vitimismo. Na cabeça dela, ela não era uma figura controversa sendo responsabilizada; era uma mártir, crucificada por sua dedicação constante ao amor duro.

Sou Mãe. Sei o que é melhor.

O clamor público, que tinha a intenção de despertar minha mãe, a levava a um delírio cada vez maior, e, em vez de reconhecer seus erros, Ruby se aprofundou no espaço seguro da filosofia envenenada de Jodi.

A ConneXions tornou-se seu bunker, uma fortaleza contra o ataque da condenação pública, enquanto Jodi desempenhava seu papel com precisão calculada. Nunca questionando, sempre apoiando, oferecendo conforto ao ego ferido de Ruby. Ela validava cada ação, cada decisão de Ruby, e a encorajava a seguir em frente. Que se danasse o *8 Passengers*. Por que não se concentrar na Sala de Aula da ConneXions? O lugar onde ela poderia de fato realizar a vontade de Deus e compartilhar a verdade sobre a maternidade divina, com Jodi ao seu lado?

CAPÍTULO 23

dronezinho obediente

O verão passava. Ruby, contando com o vigor aprovado por Jodi, declarou que nossos programas de TV preferidos estavam banidos — chega de *Bob Esponja* e *Simpsons*. Além disso, seria um verão "sem eletrônicos". Lá se iam nossos iPods – nosso portal para música, aplicativos e jogos –, trancados em um cofre no armário de Ruby.

Eu não me importei tanto – sempre gostei mais de ler, mas me lembro da mistura de descrença e resignação no rosto de todos quando Ruby pegou nossos aparelhos, nossa conexão com o mundo exterior, um gostinho de normalidade em nossa casa.

Aquele verão se estendeu diante de nós, parecendo infinito sem nossas distrações digitais de sempre. Comecei a fazer crochê e ensinei para minhas irmãs. Mas Chad estava furioso. Como Ruby ousava pegar o precioso Xbox dele? Com a determinação de um ladrão mestre e dando passinhos de gato, ele encontrava formas de invadir a área proibida, liberando o Xbox para sessões de jogatina clandestinas no meio da noite, tentando febrilmente subir de nível antes que a casa acordasse.

Chad ainda fazia terapia com Jodi – mas tinha aprendido a ir na onda, a concordar com tudo o que ela dizia, enquanto vivia de acordo com suas próprias regras. Eu, por outro lado, seguia fielmente as regras da ConneXions, quase viciada em minhas sessões semanais de autoflagelação com Jodi.

— Esta semana, tive pensamentos extremos sete vezes — reportei para Jodi orgulhosamente. — E me peguei contando histórias para mim mesma cinco vezes.

— Você ainda não entendeu, Shari! — Jodi se irritou. — Isso vai além de simplesmente registrar pensamentos como um dronezinho obediente.

— Desculpe — murmurei, minha voz mal passando de um sussurro, minhas bochechas queimando de vergonha.

— Pare de se desculpar! Viu? É justamente disso que estou falando, Shari! — exclamou ela, o tom de voz aumentando.

Fiquei completamente perdida. *O que ela quer de mim? Por que não consigo acertar nunca?*

— Olha, é bem mais fácil apontar a distorção das outras pessoas do que confrontar as suas, certo? Se você quiser crescer de verdade, deve estar disposta a olhar para as partes feias da sua psique.

Em nome da clareza, perguntei a ela exatamente que feiura eu não estava vendo.

— Viu como está focada em conseguir minha aprovação? — disse ela. — Você ainda está se adulando, Shari, ainda precisa ouvir que é a melhor, a mais inteligente. Suas áreas de fraqueza são compaixão e empatia. Mas tudo o que parece fazer, mesmo agora, é buscar maneiras de inflar seu próprio ego.

A frustração se acumulou dentro de mim. Eu estivera tentando tanto, fazendo tanta introspecção dolorosa, me esforçando muito para corrigir o pensamento distorcido das pessoas – eu provavelmente perdera mais amigos no mês anterior do que a maioria das pessoas perde na vida –, e ainda não estava acertando. Ainda era uma tremenda aduladora egoísta. Um lixo de pessoa vivendo em completa distorção.

Naquela noite, me sentei à mesa, a luz suave do abajur iluminando as páginas do meu diário enquanto eu abria o coração, minha caneta riscando furiosamente o papel.

DIÁRIO

Jodi acha que estou contando demais com a validação externa. Ela disse que eu sou um dronezinho obediente focado em conseguir a aprovação dela e de Ruby. Depois disse que eu não estou entendendo compaixão e empatia. Foi horrível. Não quero ser uma pessoa fria, que é como ela me descreveu.

Na semana seguinte, meu coração martelava nos ouvidos enquanto eu confessava para Jodi o quanto as palavras dela tinham me afetado.

— Jodi — falei, minha voz estremecendo um pouco —, eu só queria dizer o quanto me magoou quando você disse que sou um dronezinho obediente. Mas você tem razão, e sou muito grata pela sua sinceridade. Ouvir a Verdade é a única forma de fazermos mudanças.

— Nunca falei nada disso, Shari — respondeu ela calmamente.

— Como é?

— Eu não falo assim. Você deve ter interpretado mal o que eu quis dizer e depois se lembrou disso como um fato.

— Ah, está bem — falei. Tentáculos de dúvida se enrolavam na minha mente, mas Jodi parecia ter tanta certeza, tanta confiança no que estava dizendo. Achei que devia ter alucinado a conversa toda.

Depois da sessão, dei uma olhada no meu diário, passando as páginas até o que eu escrevera logo depois da sessão da semana anterior. Só para conferir. E ali estava, sem rodeios.

Dronezinho obediente
Sem empatia
Não estou entendendo

Encarei as palavras, um sentimento ruim no meu estômago. Pensamentos como aranhazinhas começaram a subir pela minha espinha. Quantas vezes antes ela havia distorcido minhas próprias memórias contra mim?

Depois disso, me tornei hipervigilante, menos focada em encontrar evidências da minha própria mente distorcida do que em monitorar a dela. Me concentrei nas maneiras pelas quais ela não jogava de acordo com suas próprias regras. Virou um jogo, identificar as inconsistências, apontando-as dissimuladamente para ela, e inocentemente denunciar suas próprias mentiras.

Durante uma sessão, Jodi mencionou que uma amiga da família tinha vindo visitá-la e trouxera seus filhos pequenos. Depois, ela comentou que o controle remoto das suas cortinas havia sumido.

— Tenho certeza que aquelas crianças pegaram o controle, só para me irritar — disse ela.

— Como você sabe que eles pegaram o controle? — perguntei tranquilamente.

— Eu sei que pegaram.

— Isso não é uma presunção? Uma daquelas histórias que contamos para nós mesmos sem fatos?

Senti uma onda de adrenalina quando usei a própria linguagem de Jodi para corrigi-la.

— Presunções são diferentes quando você tem evidências, Shari — disse ela. — A evidência é o fato de que aquelas crianças têm como padrão serem pestinhas vingativas.

O controle apareceu debaixo do sofá de Jodi uma semana depois.

A gota-d'água para mim foi quando ela começou a falar que os bebês são distorcidos. Aqueles pacotinhos inocentes de alegria, com seus cabelos macios e olhos grandes e cheios de confiança. Segundo Jodi, eles são manipuladores que se sentem no direito de ter a mãe cuidando deles ao menor choramingo.

— O problema com a sociedade hoje é que nós mimamos as crianças — ela me falou. — Damos a elas tudo o que querem, e depois nos perguntamos por que crescem e se tornam egoístas e preguiçosas.

— Mas são bebês, Jodi. Eles choram quando precisam de alguma coisa.

O olhar de Jodi brilhou com algo sombrio e perturbador.

— Shari. Você acha que um bebê não sabe manipular? Não sabe conseguir o que quer?

Engoli com força, minha boca de repente seca.

— Acho que um bebê chora porque precisa de comida, conforto ou...

Jodi gesticulou, dispensando minhas palavras.

— Um bebê chora porque é mimado e sabe que alguém vai vir correndo porque acredita que o mundo gira ao redor dele e das suas necessidades. A não ser que você o eduque para não ser folgado, vai estar reforçando esse comportamento. É nossa obrigação, como mães e mulheres, quebrar o ciclo de manipulação, ensinar às crianças desde cedo que precisam merecer suas bênçãos. Só então podemos esperar conseguir criar uma sociedade sem distorções.

A bile subiu à minha garganta. *Quem é esse monstro?*

Na minha mente, vi um bebê sem receber o conforto e o amor de que precisa tão desesperadamente. Um bebê deixado pela mãe para "se esgoelar", seu choro preso no vazio de um quarto escuro. Aquele bebê era eu.

O fogo se acendeu no meu peito e, enquanto crescia, queimou a névoa. Os grilhões invisíveis que me prendiam a Jodi se desintegraram e viraram cinzas. Eu não ia mais deixá-la envenenar minha mente.

Era como se eu estivesse prendendo a respiração e, agora, pudesse enfim soltar o ar. Prometi a mim mesma, então, inequívoca e definitivamente, que nunca mais confiaria em uma única palavra que saísse da boca daquela mulher.

Enquanto eu enfim começava a me libertar do poder de Jodi sobre mim, passei a fazer perguntas. Como eu, e tantos outros, estivemos tão vulneráveis a sermos manipulados por alguém como Jodi? A ênfase na obediência com a qual eu crescera criara uma mentalidade de "siga o líder" que tornava fácil demais cair nas garras de alguém como ela, que alegava ter conhecimento especial e a habilidade de nos guiar para a retidão? O fato de ela ter conseguido convencer minha família e eu tão facilmente da sua suposta autoridade espiritual era preocupante.

Dizem que as seitas caçam os vulneráveis, os perdidos, os derrotados – mas acontece que também podem capturar qualquer um que seja apenas um ser humano em busca de significado. Ou pessoas que estão em um momento de transição na vida – jovens adultos chegando à maioridade, por exemplo.

Inteligência não é defesa – meu próprio pai, professor, foi chocantemente rápido em abandonar o próprio julgamento em favor do dela. Nossa dedicação ao pensamento crítico e análise de ideias complexas era exatamente o que Jodi usava contra nós. Ela virava nossas mentes inquisidoras para nós, usando nossa própria lógica e pensamentos para nos conduzir por um caminho de dúvida e autoengano. Mas era tudo mentira, uma ilusão cuidadosamente elaborada para nos manter presos e obedientes.

Para Ruby, o apelo de Jodi tinha mais a ver com subir de posição e conseguir poder dentro do sistema da ConneXions, para que um dia ela pudesse ter glória ali. Ela sempre quisera liderar, e o sistema da ConneXions, com sua hierarquia rígida e passos definidos até a iluminação, oferecia a ela um tentador caminho para o poder. Ruby imaginava um futuro onde ela, como Jodi, estaria no topo, aproveitando a adoração dos seguidores e tendo a autoridade que ela ansiava tão profundamente.

Mas claro que isso jamais aconteceria. Jodi, a grande manipuladora, não tinha intenção de um dia compartilhar o trono. O sistema que ela construíra era feito com um único propósito: se manter firme no topo, cercada por devotos acólitos que nunca chegariam ao nível dela. Jodi segurava o poder com força, seu controle sobre os seguidores inabalável. Ela havia cultivado em Ruby e nos outros uma necessidade desesperada de aprovação, uma fome insaciável por iluminação que apenas Jodi podia satisfazer. Era uma armadilha brilhantemente construída, e Ruby havia entrado direto nela, arrastando nossa família junto.

CAPÍTULO 24

o demônio no meu quarto

A paranoia de Jodi sobre sua posição na liderança da ConneXions era palpável. Em um movimento que revelava tanto sua ganância quanto medo, Jodi exigiu que todos os coaches de vida certificados assinassem um novo contrato: ninguém podia usar seus "ensinamentos" ou "materiais" como coaches de vida independentes a não ser que pagassem a ela uma parte dos seus ganhos.

Foi um divisor de águas. A maioria dos seguidores de Jodi, enfim confrontados com a realidade da sua infinita ganância, ficaram chocados com essas exigências, vendo o contrato pelo que era – uma tentativa desesperada de manter o controle e de monetizar cada aspecto das suas habilidades pelas quais lutaram tanto. Uma por uma, as pessoas começaram a sair da ConneXions, escolhendo a liberdade em vez das exigências cada vez mais malucas de Jodi.

Mas não todas as pessoas.

Minha mãe, em sua devoção cega por Jodi e pelos ensinamentos dela, assinou o contrato sem hesitar, disposta a cimentar sua posição como discípula mais leal de Jodi.

Claro, a narrativa dentro da bolha da ConneXions era bem diferente da realidade. Diziam que Jodi tinha "demitido" todos os coaches desobedientes porque eles eram "distorcidos" demais para entender de verdade e implementar seus ensinamentos. Era um clássico exemplo das técnicas de *gaslighting*[4] de Jodi, reescrevendo a história para se fazer de vítima e única juíza da Verdade.

4. *Gaslighting* é uma forma de manipulação psicológica na qual o abusador usa mentiras e distorções para fazer a vítima duvidar da sua realidade, da sua percepção e até mesmo das suas lembranças. (N.E.)

Enquanto eu entendia a verdadeira história – que aqueles coaches tinham pulado fora quando viram quem Jodi realmente era –, senti uma mistura de admiração pela coragem deles e frustração profunda e irritante com meus pais. Por que eles não conseguiam ver o que era tão óbvio para os outros? Eu me vi desejando desesperadamente que eles fizessem o mesmo, que se afastassem.

Mas eles não se afastaram. Permaneceram leais a Jodi e, por extensão, à realidade distorcida que haviam construído. O comprometimento deles com esse caminho destrutivo agitou algo em mim – uma necessidade de afirmar minha própria identidade, de lutar contra o controle sufocante que tomava conta de todos os aspectos das nossas vidas.

Minha rebelião começou pequena, de maneiras que podem parecer inconsequentes para quem está de fora, mas que pareciam monumentais para mim na época. Um desses pequenos atos de desafio foi minha amizade com Derek. Começou de maneira inocente, acho. Uma amizade que se transformou em outra… coisa.

Derek era muito envolvido com a igreja, um homem de família e dono de terras de quase cinquenta anos. Em maio de 2021, assim que me formei no ensino médio, ele me pediu ajuda com estratégia de redes sociais para sua empresa, me oferecendo um bico para ajudá-lo a fazer vídeos para o YouTube. Como eu tinha acabado de fazer dezoito anos, significava muito para mim que um adulto respeitado como ele tivesse me escolhido e reconhecido minhas habilidades e talentos. Depois da minha primeira reunião com Derek, ele não conseguia parar de me elogiar.

— Preciso dizer, Shari, você me impressiona muito — disse ele uma vez. — O jeito como você pensa, como vê o mundo… é revigorante. Você é muito madura.

— Ah, sou supernormal — falei, constrangida.

Derek deu uma risadinha, balançando a cabeça.

— Não, Shari. Você é tudo menos isso.

Ele me pediu para falar de mim e da minha família. Parecia muito curioso, realmente interessado em me conhecer melhor.

— Minha família… para dizer o mínimo, não nos damos bem — falei, encolhendo os ombros, e ele pareceu surpreso.

— Me conte mais — disse ele.

Lembrei de que o sr. Haymond tinha sido uma fonte positiva de apoio paternal para mim, então decidi me abrir. Só um pouquinho.

— Minha mãe está muito envolvida com um grupo chamado ConneXions, já ouviu falar?

— Ah, conheço Jodi Hildebrandt, ela era minha vizinha — disse ele. — E deixe eu te falar: não gostavam muito dela.

— É?

— Não, nem um pouquinho. Pessoalmente, eu não a suporto.

Ouvindo isso de Derek, eu soube ali que ele era alguém em quem eu podia confiar, alguém com quem eu podia falar sobre o que estava acontecendo em casa.

Um amigo.

Derek e eu criamos uma rotina, nos encontrando no escritório dele uma vez por semana para trabalhar nos projetos da rede social. Eu me sentia muito segura com esse cara normal de meia-idade com uma família feliz e uma esposa gentil com quem ele estava havia anos. Embora às vezes ele dissesse coisas que pareciam um pouco estranhas, observações que eram quase um flerte. Tipo, elogiando minha aparência de maneira um pouco entusiasmada demais ou deixando o olhar em mim um segundo a mais do que deveria. Toda vez que ele fazia um desses comentários, eu sentia uma pontada de incômodo. Mas tentei ignorar, me lembrando da excelente reputação dele. Quando enfim reuni coragem para pedir que ele parasse de elogiar minha beleza, ele se desculpou muito, quase em excesso. Me garantiu que não se repetiria.

Ele começou a fazer pequenas coisas, gestos gentis que me fizeram sentir vista, cuidada. Uma entrega de comida quando eu estava tendo um dia difícil, comprinhas quando eu precisava de algo. Até quando eu não precisava. Um dia, ele me disse, a voz baixa e intensa: "Sou o único que se importa de verdade com você, Shari. Você sabe disso, não sabe?". Toda vez que ele me mandava presentes, eu me sentia um pouco culpada, pressionada de alguma forma. Aquele homem estava demonstrando tanta gentileza comigo, mas, por algum motivo, eu não tinha certeza se gostava.

Um dia, por acidente, eu o chamei de "pai", e essa foi a primeira vez que vi Derek irritado.

— Acho que somos mais que isso, não? — disse ele, a expressão tempestuosa.

— Eu não quis te ofender. Por favor, não fique bravo.

Quando enfim contei a Ruby que estava trabalhando com ele, ela teve um chilique e me proibiu de vê-lo.

— Tenho uma sensação muito ruim sobre esse cara — disse ela. — Jodi e eu não achamos apropriado você trabalhar com ele sozinha assim. Diga a ele que vai parar.

— Está bem, não vou mais falar com Derek — menti.

Eu estava cansada de me dizerem o que fazer. Tinha dezoito anos, idade suficiente para tomar minhas próprias decisões. Além disso, eu sabia por que não gostavam dele – porque Derek tinha sido vizinho de Jodi e provavelmente sabia demais. Era *por isso* que Jodi não o queria na minha vida. Bem, adivinha, Jodi não mandava mais em mim, e dali a pouco tempo Ruby também não mandaria, porque eu ia para a faculdade no outono, o que significava que eu era adulta agora e não respondia a mais ninguém, exceto a Deus.

Então, continuei a trabalhar com Derek, escondido de todo mundo. E, apesar do segredo, ter o apoio constante dele e alguém com quem contar me deu uma sensação gratificante e empoderadora. Deus sabe que eu estava prestes a precisar disso mais do que nunca.

QUARTA PARTE

humanidade atacada por demônios

CAPÍTULO 25

nona passageira

Mais ou menos duas semanas antes do meu semestre de caloura começar, o celular tocou enquanto eu caçava materiais para a faculdade de última hora. O nome de Ruby piscou na tela. A voz dela falhava com uma energia agitada.

— Jodi não está bem — disse ela em um jorro, pulando qualquer cumprimento. — Ela está sendo bombardeada pelo inimigo. A alma dela está sob ataque do próprio satã, Shari! Ele está tentando silenciar a verdade ela. Então... ela vai morar com a gente. Vamos ajudá-la a melhorar.

Quase deixei o celular cair.

— Espere. *O quê?*

A guru maluca da minha mãe estava em uma batalha contra o mal, e a solução dela era ficar na nossa casa?

— Sim, ela vai ficar no seu quarto — prosseguiu Ruby, como se fosse a coisa mais natural do mundo. — É o maior quarto de vocês, e você vai para a faculdade daqui a pouco mesmo. Preciso que venha para casa agora e o desocupe. Tipo agora, Shari. Ela vai chegar hoje à tarde.

De acordo com a explicação sem fôlego de Ruby, Jodi estava atormentada por pesadelos, visões e crises incapacitantes de ansiedade; sintomas claros de forças sombrias buscando destruir os justos. Jodi, escolhida pelos demônios para a destruição, precisava de proteção urgente.

E Ruby decidira que nós seríamos essa proteção.

— Aliás, não podemos conversar mais com Paige nem com aquela família — disse Ruby, num tom amargo.

Paige, amiga da nossa família, tinha sido uma das maiores apoiadoras de Jodi e uma das suas mais antigas coaches de vida. Isto é, até desistir.

— O quê? Eu gosto da Paige — protestei baixinho. — Ela é legal.

— Bem, Jodi estava ficando na casa da Paige, e agora ela está de conluio com satã — retrucou minha mãe, como se estivesse discutindo quem cometera uma gafe em vez de quem estava reunindo forças com o governante do inferno. — Ponto-final. Agora venha logo desocupar o seu quarto; Jodi chega hoje à tarde. Graças a Deus, ela vai ficar com a gente agora. Vamos cuidar bem dela.

Dirigi para casa, minha mente acelerada. Será que eu era a única pessoa ainda sã naquele circo? Meu quarto ficaria para uma mulher que batalhava com demônios, minha mãe havia nomeado nossa família como seguranças espirituais, e eu devia embarcar nessa, juntar minhas coisas e evacuar meu quarto para abrir espaço para a nossa profeta louca?

Fui para casa, subi as escadas até o quarto e comecei a enfiar minhas coisas em sacolas. Eu não conseguia acreditar que a batalha épica de Jodi por redenção aconteceria ali, no meu santuário adolescente, entre ursinhos de pelúcia. Olhando por sobre meu ombro a cada poucos minutos, eu meio que esperava ver Jodi ali, seus olhos pretos e sem alma, a boca distorcida em um sorriso demoníaco. Meus pesadelos de infância ganhando vida.

Controle-se, Shari, pensei, mesmo enquanto meu coração martelava no peito. *Jodi é só uma pessoa – uma pessoa superproblemática, sim, mas ainda é uma pessoa. Se ela está sofrendo, então provavelmente devemos ajudá-la.*

Desci a escada devagar, carregando minhas sacolas. Quando cheguei lá embaixo, ouvi a porta da frente se abrir. E ali estava ela – Jodi na entrada com seu short cáqui, os olhos queimando com uma intensidade febril, o cabelo uma bagunça, como uma eremita do Antigo Testamento que estivera caminhando pelo deserto.

— Oi, Shari! — cumprimentou ela, a voz estranhamente rouca. — Obrigada por me oferecer seu quarto como uma boa samaritana. Eu agradeço.

— Oi, Jodi — falei alegremente, forçando um sorriso amigável. — O quarto é todo seu. Hã... melhoras!

Vi Jodi passar por mim, indo até o meu quarto como uma general, e senti um arrepio nos ossos. Aquilo não era só uma inconveniência temporária – era o começo de uma ocupação.

CAPÍTULO 26

em espírito e verdade

DIÁRIO

O espírito da casa está estranho com a Jodi aqui. Alguma coisa que não sabemos está acontecendo entre ela e meus pais, e a coisa toda é supersecreta. Vou passar o maior tempo possível fora de casa.

Aquelas semanas depois que Jodi se mudou foram uma confusão total – um borrão bizarro e caótico, no qual cada novo dia parecia ainda mais estranho que o anterior. Jodi havia se mudado para o meu quarto e, uma vez instalada, nunca mais foi embora, permanecendo ali como um cheiro ruim, enquanto eu era relegada ao sofá na sala, um refúgio em minha própria casa.

Graças a Deus por Derek – a única pessoa em quem eu podia confiar na época. Ele me incentivou a ficar o mais calma possível, me lembrando de que dali semanas eu seria um pássaro livre, uma mulher independente, sozinha na faculdade, longe de Ruby e Jodi.

Mesmo sabendo que eu mudaria em breve, não era fácil estar naquela casa. Jodi estava em um local sombrio mentalmente. Noite após noite, ela caía em misteriosos transes – não exatamente convulsões, não exatamente sono, mas algo sinistramente entre as duas coisas. Ruby e Kevin, de repente abraçando um nível de misticismo que eu nunca vira antes, conduziam o que chamavam de "intervenções espirituais" para ela; sessões silenciosas e intensas que deviam curá-la.

Ruby logo decidiu que era melhor ficar com Jodi, para que a amiga não tivesse que sofrer os demoníacos terrores noturnos sozinha. Não me lembro de ela ter tido essa empatia comigo quando tive problemas similares, na infância. Mas acho que eram situações diferentes.

Ao que parecia, Jodi tinha visões incrivelmente detalhadas. Em algumas, ela via Ruby caminhando sobre as águas com Jesus. Em outras, ela se via montando em um leão gigantesco chamado Charles, passando pelos portões do céu – Charles desde então ganhou uma espécie de seguidores de seita no Reddit, entre aqueles que acompanham a história da minha família.

Todas essas visões fantásticas foram meticulosamente registradas em um pesado volume de couro ao qual Jodi se referia como "Papéis Escritos". Em seu delírio, ela acreditava que esses rabiscos um dia seriam elevados ao status de escritura sagrada, pessoalmente validados pelo próprio Deus.

Eu me sentia impotente observando tudo acontecer. Meu pai, que parecia um espectro de quem fora um dia, não fazia nada para interromper aquela coisa. Eu queria intervir, chacoalhá-lo até que acordasse, mas não sabia como. Eu desejava muito que meu pai tivesse coragem, que entrasse em cena e fosse o protetor que deveria ser. Que nos protegesse, de alguma forma, e convencesse Ruby de que Jodi precisava do tipo de cuidado que simplesmente não tínhamos como fornecer.

No fim das contas, ele nem chegou a tentar.

Enquanto isso, Jodi e Ruby subiam para seu santuário no segundo andar, raramente saindo, exceto para as ocasionais peregrinações para comprar sorvete na Dairy Queen. A alimentação delas era o pesadelo de um cardiologista – um fornecimento constante de açúcar, gordura saturada e comidas fritas, mergulhadas na única contribuição de Jodi em nossa casa: litros de molho ranch.

Pam, a mais antiga e mais querida amiga de Jodi, do alto escalão da ConneXions, sempre aparecia com um fardo de refrigerante e um olá alto que me fazia ranger os dentes. As três – Ruby, Jodi e Pam – se enfurnavam no meu quarto por horas a fio. Iam andar de barco no lago Havasu no Arizona por uma semana e faziam "viagens para comprinhas" no México, voltando com sacolas cheias de pílulas. Quando questionada, Ruby alegava que era tudo parte do grande plano delas de estocar antibióticos para o fim dos tempos. Era como se elas formassem seu próprio e exclusivo Coletivo do Apocalipse, e o resto de nós com certeza não estava na lista.

Elas, como muitos preparadores do dia do Juízo Final na igreja SUD, eram obcecadas por um livro chamado *Visions of Glory* [Visões da Glória, em tradução literal], publicado em 2012. O livro, que não é endossado pela cúpula da igreja SUD, era uma loucura, com experiências de quase morte, visões apocalípticas e profecias do Juízo Final. Ele se tornou a base de muitas fantasias dos preparadores da SUD, alimentando seus medos e justificando sua preparação extrema.

O conteúdo do livro ia de encontros espirituais no estilo new age a descrições gráficas de desastres que aconteceriam a qualquer momento – invasões estrangeiras, pragas virais, gigantescos terremotos devastando todo o país, incluindo nossa própria região. Era tudo muito louco e, aparentemente, bem convincente para Ruby, Jodi e Pam.

Por mais estranho que pareça, acho que nunca vi Ruby mais feliz do que quando Jodi estava morando conosco, batalhando contra entidades e montando em Charles, o Leão. Ela parecia brilhar. Sempre tinha reclamado da falta de amizades próximas femininas, sobre a solidão da maternidade. Mas agora? Agora ela encontrara suas amigas. Jodi e Pam se tornaram parceiras para o que desse e viesse, seu grupinho, suas irmãs de alma. Elas eram as três mosqueteiras do apocalipse, prontas para seguir uma à outra literalmente até o fim da terra – ou pelo menos até a farmácia mexicana mais próxima para comprar mais antibióticos.

Enquanto Ruby, Jodi e Pam estreitavam o vínculo, criando laços a portas fechadas e compartilhando conversas sussurradas, Kevin se viu cada vez mais do lado de fora, espiando para dentro. Disseram a ele que estava proibido de subir. Ele podia sair de casa quando quisesse, mas não podia voltar sem a permissão de Ruby. Até mesmo acessar a cozinha para comer precisava da aprovação dela. E Ruby ditava quando e se eles tinham permissão para se comunicar. Novas regras da casa, inspiradas por Jodi.

Ruby chegou a tentar transferir o controle da marca *8 Passengers* no YouTube para Jodi. Quando nosso empresário de longa data, Larry, expressou preocupação com o plano dela, Ruby dispensou os avisos, alegando que não se tratava de dinheiro, mas sim de "fazer o trabalho de Deus". Assim, eles romperam relações. Ruby se isolava de qualquer um que pudesse questionar suas decisões cada vez mais erráticas.

Relegada ao sofá na sala, me vi lutando contra diversas emoções: frustração, confusão e uma sensação crescente de estar fora de lugar. Aquilo não era invasão de privacidade pura e simples; era uma mudança fundamental na dinâmica da nossa família. Eu me acostumara com Ruby ultrapassando os limites ao longo dos anos, mas isso, convidar Jodi Hildebrandt para remodelar toda a nossa casa, parecia um ponto sem volta.

— Shari, não seja cega — dizia Ruby toda vez que eu questionava timidamente se Jodi estava se sentindo bem o bastante para voltar para casa. — Jodi é um ser poderoso, e é por isso que está sob ataque espiritual. O mínimo que você pode fazer é dividir seu espaço com ela enquanto lutamos. Você não consegue pensar além do seu nariz por um momento, pensar no bem de todos?

Ruby impôs uma ordem de silêncio a toda a família, insistindo que a presença de Jodi fosse mantida em segredo, como se estivéssemos abrigando uma fugitiva. Lá estávamos nós, Ruby e Jodi pregando a verdade em seus vídeos da ConneXions enquanto escondíamos a reviravolta mais escandalosa de todas.

Para conseguir manter essa farsa, eram necessários muitos truques. Jodi ainda conduzia as reuniões via Zoom da ConneXions de dentro da nossa casa, tendo Ruby como assistente e coach sênior fitness emocional. Elas abriam seus notebooks em quartos separados, o fundo borrado para manter a ilusão da distância. Uma aula magna em enganação digital.

Quando decidi gravar um vídeo para o meu próprio canal – que eu mantinha apesar da queda do *8 Passengers* –, tive que usar o quarto compartilhado de minhas irmãs, já que meu próprio quarto era agora um santuário da Verdade da Dairy Queen. Não falei nada sobre Jodi, mas, antes que eu pudesse subir o vídeo, Ruby entrou como um falcão.

— Preciso assistir ao vídeo antes de você postar — disse ela, semicerrando os olhos.

— Está tudo bem, eu só falei de me preparar para a faculdade e da lista das coisas que vou colocar na mala.

— Não interessa, preciso revisar todo o conteúdo gravado nesta casa. Não podemos arriscar que a voz de Jodi vaze no fundo.

Tenho certeza que Jodi estava por trás desse apagão de informações. Por mais afetada que estivesse, ela ainda tinha uma prudência estratégica. Mudar-se para a casa de uma cliente/aluna porque estava sofrendo de problemas mentais/ataque demoníaco não era o que ela queria divulgar publicamente, então ela precisava garantir que ainda projetava poder e força, mesmo enquanto seu mundo desmoronava. Para Jodi, a aparência era tudo. Outra coisa que ela e Ruby tinham em comum.

*

— Essa situação em casa não é saudável para você, é? — disse Derek uma tarde, quando fui trabalhar no escritório dele principalmente porque queria ficar longe de casa.

Balancei a cabeça, sentindo meus olhos arderem com lágrimas.

— Não — sussurrei. — Não é.

Durante aquelas duas semanas, Derek reparou que eu estava muito estressada – ele era intuitivo a esse ponto, e sempre parecia se interessar por mim e pela maneira como eu me sentia. Eu desabafava, e ele sempre me ouvia, pacientemente, permitindo que eu compartilhasse a dor e a confusão da minha família sem me julgar.

Derek me observou com atenção.

— Deve ser solitário ter que passar por tudo isso sozinha… — A voz dele era suave, o olhar cheio de preocupação.

Dei de ombros, cutucando um fio solto na minha manga.

— Estou acostumada.

— Eu queria que você tivesse mais apoio, Shari. Todo mundo precisa de alguém com quem contar.

Ergui o olhar, surpresa pela emoção na voz dele.

— Nunca tive isso, para ser sincera.

— Bem, agora você tem.

Derek sorriu, a mão roçando na minha quando ele a esticou para pegar sua xícara de café.

Passei grande parte do dia no escritório de Derek, e o sol estava se pondo quando cheguei em casa – estranhamente silenciosa. Ao menos uma vez, não havia ninguém lá. Aproveitando a chance, fui para o meu quarto, pensando em aproveitar a situação para pegar alguns livros.

Abri a porta e olhei ao redor, confusa. O quarto estava banhado pelo brilho suave de velas. O ar estava pesado com essência de lavanda e baunilha emanando de óleos de massagem na mesinha. Rapidamente, peguei o que precisava e dei o fora, sentindo que havia entrado na suíte de lua de mel de alguém. Só faltavam as pétalas de rosas na cama.

Naquela noite, não consegui dormir. Talvez fosse o fato de que o sofá estava machucando minhas costas, ou talvez a sensação de ter visto algo que não devia ter visto. Fiquei revirando ali, os pensamentos se agitando. Deviam ser cinco da manhã quando ouvi o rangido de passos lá em cima. Abri um olho, bem a tempo de ver Ruby na ponta dos pés, saindo do meu quarto, o cabelo bagunçado, as bochechas coradas e o robe amarrado às pressas, voltando para o quarto que compartilhava com meu pai. Um estranho sorriso no rosto. Ela parecia… travessa.

Que diabos estava acontecendo?

Por que Ruby estava fugindo no meio da noite como uma adolescente tentando não ser pega pelos pais? O que eu tinha visto no meu quarto eram mesmo velas de massagem? Como é que aquilo podia estar acontecendo, com todos nós em casa?

Naquele momento, senti uma compaixão profunda pelo meu pai, que havia sido um homem orgulhoso e racional e agora parecia ignorar por completo o que acontecia diante dos seus olhos.

Era ao mesmo tempo fascinante e aterrorizante. Duas mulheres que pregavam a "Verdade" enquanto viviam mentiras. Que condenavam sexualidades plurais publicamente em seus vídeos da ConneXions, enquanto agiam na surdina. No meu quarto. Na minha cama, provavelmente.

No dia seguinte, saí de casa o mais cedo possível e dirigi a esmo indo a locais aleatórios. Eu não conseguia suportar estar em casa, não com todos aqueles pensamentos na minha cabeça. No shopping, esbarrei em alguns vizinhos que eu sabia serem gays, e, sem entregar muito, perguntei casualmente o que achavam de Jodi Hildebrandt, a coach de vida, e se tinham ouvido falar dela.

— Ai, meu Deus, aquela mulher *tem* que sair do armário — disse um deles, arqueando a sobrancelha.

Meu outro amigo assentiu, adicionando que por vezes as pessoas mais homofóbicas são aquelas que escondem algo sobre si mesmas.

Eu sei que a minha comunidade não vai estar exatamente liderando a parada gay quando se trata de aceitar pessoas LGBTQIA+. Muitos dos mais velhos ainda se assustam com a mera menção a isso. Mas os tempos estão mudando, e a geração mais nova (inclusive eu) vê as coisas um pouco diferente.

Pessoalmente, gosto de lembrar que Jesus nos ensinou a amar a todos.

Tem uma história de que sempre me lembrava durante esse tempo. A história de Jesus conversando com a mulher samaritana no poço. Ela era uma rejeitada, uma pecadora, que fora rechaçada pela sociedade. Mas Jesus olhou para ela, Seus olhos cheios de compaixão, de compreensão. Ele falou com ela não com condenação, mas com amor.

— Você deve adorar em espírito e verdade — Jesus disse a ela, e essas palavras sempre ficaram comigo. Desde que Jodi se mudara para nossa casa, eu as ouvia mais alto do que nunca, repetindo na minha mente.

Em espírito e verdade.

Em espírito e verdade.

Em espírito e verdade.

"Verdade" era uma palavra que Jodi e Ruby brandiam como uma espada. Mas essa história me lembrava que a verdade sempre deve estar conectada ao espírito, à essência do divino. As pessoas agradecem a Deus o tempo todo, mas elas vivem de acordo com os ensinamentos dEle? Suas palavras podem honrar a Deus, mas suas ações se alinham com o que diz a Bíblia?

Em espírito e verdade.

Verdade *verdadeira* não é apenas citar as Escrituras enquanto se comporta exatamente da forma que quer quando acha que ninguém está vendo. Isso é o oposto da verdade.

Me perguntei: como eu teria me sentido se Ruby e Jodi tivessem abraçado a honestidade, praticado a autenticidade do que pregavam, e contado para mim e para o resto da família sobre o que de fato estava acontecendo entre elas? E a resposta foi sim, teria doído. Mas eu teria apoiado as duas. Teria sido melhor do que viver... *daquele jeito.* Naquela casa de mentiras na qual eu não suportava mais entrar.

CAPÍTULO 27

sujo. vergonhoso. arruinado.

Duas semanas depois que Jodi se mudou para nossa casa, comecei a faculdade, o que significava que enfim eu podia escapar. Ah, a alegria que senti por fugir da ferida purulenta que era aquela casa.

A Universidade Brigham Young – a faculdade SUD onde eu me graduaria em ciências políticas – era perto, dez minutos de carro pela via expressa 89 North. Mesmo assim, parecia a um milhão de quilômetros de distância. Não havia mais sorrisos falsos e risada ensaiada para aplacar minha mãe e o demônio na minha cama. Agora, era só eu. Shari e seus livros. Liberdade. Que delícia de sensação!

Ruby e Kevin me levaram para o dormitório da faculdade e me ajudaram com a mudança – tudo gravado e mais tarde postado no *8 Passengers*, ao qual Ruby ainda se agarrava como se a vida dependesse disso. Ali, observando Ruby, cheia de sorriso falsos e abraços lacrimosos, fingindo amor maternal por mim na frente da câmera, me enchi de uma raiva tão intensa que quase desmaiei. Como ela podia fingir ser a mãe perfeita dando adeus à filha mais velha quando eu sabia que ela só se importava com o monstro no meu quarto?

Enquanto meus pais partiam, fiquei ali, acenando, enraizada no lugar. Eu tinha ansiado por aquele momento de liberdade, e agora que havia chegado eu me sentia… estranha.

Voltei para o dormitório, cada passo ecoando no corredor pouco familiar. O espaço parecia cavernoso, meus parcos pertences diminuídos pelo vazio do lado intocado da minha colega de quarto. O silêncio pressionava de todos os lados. Pela primeira vez na vida, eu estava realmente sozinha. Nada de risada de irmãos para pontuar o silêncio. Nada de rotinas familiares para me adequar.

De repente, uma mensagem iluminou meu celular.

"Como vai seu primeiro dia de liberdade, Shari?"

Era Derek, na hora certa.

"Quer vir ao escritório mais tarde, quando tiver se acomodado? Tenho alguns presentes. Lembra daquela jaqueta da North Face que você disse que queria?"

"Uau! Obrigada! Até mais tarde."

Não lembro do caminho até o prédio dele. Só lembro do meu coração acelerado, de como minha pele parecia apertada, como se pudesse se abrir a qualquer momento. Eu não sabia por que estava tão nervosa. Pensando agora, talvez fosse minha intuição tentando me dizer algo, me fazer dar meia-volta, voltar para meu dormitório na faculdade e nunca mais falar com aquele homem de meia-idade.

Mas não fiz isso, e, quando cheguei, estava arfando, minha visão ficando turva.

— Shari? O que foi? — Eu o ouvi dizer quando cheguei na porta.

— Não consigo… — Engasguei, meu peito tremendo. — Não consigo respirar. Acho que estou tendo uma crise de pânico.

Derek me guiou para o sofá, as mãos gentis nos meus ombros. Tentei me concentrar na voz dele, no ritmo constante das suas palavras, mas o pânico aumentava como uma onda, ameaçando me levar.

— Shari, me escute — disse ele, a voz invadindo a estática na minha mente. — Acho que um contato pele a pele vai te ajudar a se acalmar. Posso tirar sua blusa?

Paralisei, minha mente se afastando. *Não*, pensei, *não, não, não.* Mas minha boca não funcionava, as palavras presas na minha garganta. Balancei a cabeça, tentando afastá-lo, mas ele era mais forte que eu, seu aperto de ferro ao redor dos meus pulsos.

— Confie em mim — murmurou ele, seu hálito quente contra a minha orelha. — Só me deixe te ajudar, Shari.

Então as mãos dele estavam em mim, ríspidas e insistentes, puxando minha blusa para cima, expondo meu sutiã, minha pele. Me contorci, lutei, mas foi inútil. Ele era maior que eu, mais forte, e, quanto mais eu lutava, mais impotente me sentia.

— Viu? — disse ele. — Não é tão ruim. Agora relaxe para mim. Seja uma boa menina.

As mãos dele percorreram minhas costas, minha barriga, serpentearam para segurar meus seios através do tecido fino do sutiã. Me senti ficando dormente, senti minha mente se separar do corpo, flutuando até que eu visse a cena de cima. Uma garota em um sofá. Um homem em cima dela, as mãos possessivas, gananciosas. Era a primeira vez que alguém me tocava assim. Não podia ser eu. Não podia estar acontecendo. Não comigo.

— Está melhor, não está? — perguntou ele, e eu me ouvi dizer sim, ouvi minha voz, pequena e distante, concordando com ele.

Não sei como voltei para o dormitório naquela noite. Só sei que, quando enfim caí na cama, não consegui me mexer. Não consegui pensar. Não consegui sentir.

Fiquei deitada ali por horas, encarando o teto enquanto o mundo seguia ao meu redor. Ouvi as risadas, as conversas dos meus colegas através das paredes. Mas eu estava separada, excluída.

Pequei, pensei. *Arruinei tudo.* Parecia uma punição, um acerto de contas divino por todas as formas pelas quais eu havia falhado, todas as maneiras pelas quais eu tinha errado.

Na minha mente, a paralisia, a incapacidade de me mexer, era um sinal de Deus, uma punição pelas minhas transgressões. *Isso é o Espírito dizendo que preciso me arrepender,* pensei.

Quando enfim consegui me arrastar para fora da cama, mexer no celular com dedos dormentes, vi as chamadas perdidas, as mensagens de Derek.

"Onde você está?", ele exigia saber. "Por que não está respondendo? Está tudo bem?"

Encarei a tela, meu coração acelerado, minha mente descontrolada.

Ele está preocupado, pensei, cheia de culpa. *Eu devia voltar para ele, para que ele não fique mais chateado.*

Com dedos trêmulos, digitei uma resposta.

"Estou bem. E você?"

A resposta foi instantânea.

"Você está conversando com algum garoto?"

Franzi a testa, confusa.

"Não", respondi.

"Ótimo", foi a resposta.

"Obrigada", digitei, sem saber o que mais dizer.

Caí de novo na cama, fechei os olhos e tentei evocar a imagem da samaritana junto ao poço, a rejeitada, a pecadora a quem foi oferecida água, uma chance de redenção. Mas não consegui encontrá-la. Eu só conseguia ver o meu próprio rosto, sob a luz áspera do julgamento. Sujo. Vergonhoso. Arruinado.

Será que sou assim agora?, pensei, com uma dor surda no peito. *Será que vou ser só isso?*

CAPÍTULO 28

grata

A vida na faculdade me apresentou à experiência peculiar de ter uma colega de quarto que não era minha irmã. Dizer que éramos uma dupla estranha era o mínimo. Eu era a típica madrugadora, recebendo o amanhecer com entusiasmo, enquanto ela era uma coruja de proporções olímpicas. Nossos horários eram tão diferentes que eu costumava me deitar bem quando ela estava se maquiando para sair.

E eu com certeza nunca consegui contar a ela o que estava acontecendo com Derek, e quão possessivo ele se tornou desde... o que aconteceu no primeiro dia de aula.

Eu fingia que nunca tinha acontecido.

Eu estava com um colega aproveitando um raro momento de normalidade na fábrica de laticínios do campus quando meu celular vibrou. O nome de Derek apareceu na tela, e eu senti um nó familiar se formar no meu estômago. A mensagem era inocente o bastante, perguntando onde eu estava, mas, quando respondi com sinceridade, ele não gostou.

"Ah, você está com um rapaz? Você não liga mais para mim. Isso não é muito legal."

Encarei as palavras, uma mistura de confusão e culpa tomando conta de mim. Eu estava fazendo algo errado por simplesmente passar tempo com outra pessoa?

Logicamente, eu sabia que devia manter distância de Derek, principalmente depois do que tinha acontecido. Mas havia uma parte traidora de mim que se agarrou à atenção que ele me deu, preenchendo um vazio que eu não sabia que existia. Meu próprio pai tinha se tornado um fantasma na nossa família, mais presente em sua ausência que na realidade. Em comparação, o foco intenso de Derek em mim me fazia sentir... validada, mesmo que viesse com encargos.

Talvez, pensei, tentando racionalizar, não houvesse problema em manter Derek como amigo. Afinal de contas, ele gostava de mim, tinha me notado. Em um mundo no qual eu por vezes me sentia invisível, isso não valia alguma coisa?

*

Mais ou menos na metade do primeiro semestre, fui para casa, em parte porque precisava pegar um livro, e em parte porque estava com saudade dos meus irmãos.

Entrei pela porta da frente, hesitando antes de chamar:

— Olá?

Ouvi Ruby e Jodi no meu quarto, conversando e rindo.

Kevin apareceu, vindo do quintal.

— Oi, querida — disse ele. — Você está em casa. Que bom te ver.

Eu queria poder falar com ele, contar o que estava acontecendo com Derek. Em vez disso, me mexi desconfortável sob o olhar triste e apático.

— Bem, só vim dizer um oi pra todo mundo — falei.

— Que bom.

— Ah, e preciso pegar uma coisa no meu quarto.

— Isso não vai ser possível — disse ele, com mais firmeza que o necessário.

— Por que não?

— Jodi e Ruby estão lá. Estão ocupadas.

Ocupadas com o quê?, pensei. *Trançando o cabelo uma da outra? Lutando contra demônios? Debatendo os méritos da manteiga de amendoim em comparação com a massa de biscoito de chocolate da Dairy Queen? Qual opção, pai?*

— Se você tem que ir lá, precisa mandar mensagem para sua mãe primeiro para conseguir permissão — disse ele. — Então ela vai te dizer o momento conveniente para pegar seu livro.

— Pai, sério? Por que eu preciso marcar hora para visitar meu próprio quarto?

— Porque as coisas são assim agora, Shari — disse ele tristemente.

Era difícil acreditar que essa era a mesma pessoa que costumava me deliciar com fatos divertidos de geologia, sessões improvisadas de jazz ao piano e um entusiasmo juvenil por pedras. A mente pode erodir rapidamente, se desgastar pelo tempo, se transformando em uma expansão vazia, sem características. Eu odiava vê-lo assim.

Foi um alívio quando, depois de mandar mensagem para Ruby e receber cinco minutos para pegar meu livro, eu pude abraçar meus irmãos e voltar rapidamente para a faculdade, longe do meu pai tristonho e daquela casa, onde nada mais fazia sentido.

★

Faltavam semanas para o Dia de Ação de Graças. Passaríamos o feriado com nossos avós, como era de costume? Ou seria diferente naquele ano, em função da nossa nova convidada?

Nos primeiros anos, nossos Dias de Ação de Graças tinham seguido um padrão previsível, alternando anualmente entre os pais de Kevin e os de Ruby. Eram eventos grandes e agitados, com cada lado da família trazendo seu próprio sabor único para a celebração.

Na casa dos pais de Kevin, a quantidade de pessoas era demais. Com todos os irmãos dele, seus cônjuges, filhos e até mesmo filhos dos filhos, passávamos facilmente de mais de cinquenta pessoas apertadas na casa. Era caótico, mas o tipo de caos que vem com calidez e risadas. O lado ruim? Como mencionei, meus avós não eram muito de cozinhar, então costumávamos acabar com pratos comprados no supermercado, que deixavam muito a desejar.

Mesmo assim, a alegria da conexão familiar sempre superou as decepções culinárias.

As reuniões da família de Ruby eram menores, mas igualmente alegres. Com mais ou menos dez adultos e umas vinte crianças, era um caos mais gerenciável. Ali, a cozinha era a estrela do show – pratos caseiros que enchiam a casa com aromas de dar água na boca e nos deixavam em um agradável coma alimentício no fim da noite.

Assim que entrei no ensino médio, nossas tradições de Dia de Ação de Graças começaram a mudar. A rusga entre Ruby e os pais significava que aquele lado da família não era mais uma opção. Os pais de Kevin, em idade avançada, achavam cada vez mais difícil receber tanta gente. Nossas celebrações se tornaram menores, mais íntimas.

No ano anterior, tivemos um dos meus Dias de Ação de Graças preferidos – só nós oito, em nossa casa. Kevin, que tinha recentemente começado a produzir carne defumada, preparou um peru maravilhoso. Os pãezinhos de Ruby encheram a casa de um aroma reconfortante de massa caseira. Fiquei responsável pelo purê de batata, determinada a deixá-lo cremoso e sem caroços.

A contribuição de Chad foi… inesquecível. Ele decidiu fazer uma panela gigante de *queso*, um molho feito de queijo derretido e pimenta, o que pareceu uma ótima ideia até que solidificasse em um tijolo dentro de minutos depois de servido. Nós caçoamos dele sem parar, mas havia afeição genuína em nossa risada. Se tornou um daqueles adorados momentos em família aos quais eu me apegaria.

Eu queria que pudéssemos repetir o ano anterior. Mas com Jodi ali... sabia que seria improvável. Eu a imaginei na cabeceira da nossa mesa de jantar, nossa vampira psíquica residente, se empanturrando de peru e da força vital de minha família, minha mãe ao lado dela, meu pai cutucando o purê de batata em seu prato em silêncio enquanto meus irmãos e eu trocávamos olhares desconfortáveis.

— Oi, Shari, só quero te dizer que este ano vamos passar o Dia de Ação de Graças na casa da Jodi — informou Ruby por telefone.

— Não! — exclamei.

Eu poderia encarar o feriado em nossa casa com a Jodi, mas preferia arrancar meus olhos com uma colher a pisar na casa dela. Nem pensar. Convite recusado. Devolva ao remetente. Cada célula do meu corpo me dizia para ficar longe.

Um silêncio constrangedor se seguiu enquanto a indignação de Ruby roncava como uma motosserra.

— Você disse *não*?

— Hã, infelizmente não vou conseguir ir, mãe. Agradeço o convite.

Eu quase conseguia ver as engrenagens girando na cabeça de Ruby enquanto ela processava o fato de que sua filha mais velha a desafiava. *Erro 404, filha obediente não encontrada.*

— Desculpe, mãe, é que são quatro horas de carro até a casa da Jodi e tenho muito dever de casa para fazer neste final de semana.

Uma pausa enquanto Ruby decidia o tamanho da raiva.

— Seus irmãos vão ficar decepcionados — disse ela, e percebi que ela não incluiu a si mesma nesse sentimento. Mas eu não me importava. Sinceramente, preferia passar o feriado comendo macarrão instantâneo sozinha.

No fim das contas, acabei indo para a casa dos pais de Kevin, perto de Ogden, e assistindo ao *The Andy Griffith Show* na TV enquanto comia guloseimas do supermercado e macarrão com queijo da Stouffer's.

Peguei o que restou da minha comida, meus olhos disparando pela porta do porão.

— Vô — falei, deixando minha tigela de lado —, posso ver fotos antigas da família? Aquelas que você guarda no porão?

O olhar do meu avô se iluminou.

— Claro, Shari! Fico feliz em pegá-las.

Enquanto ele se levantava, minha avó chamou:

— Não fique lá embaixo muito tempo. Vou colocar a torta no micro-ondas.

Meu avô trouxe uma pasta e a colocou na mesinha, gesticulando para que eu me sentasse. Enquanto ele a abria, vi o olhar sério de um homem com olhos penetrantes.

— Quem é esse? — perguntei, um pouco incomodada com o olhar intenso do cara na foto.

— É o seu tataravô — disse meu avô orgulhosamente. — Ele era órfão, veio da Alemanha com dezoito anos, pouco antes que os nazistas tomassem conta. Chegou em Nova York com a irmã, foram direto para Salt Lake City encontrar uma esposa para ele e se acomodarem. Ele foi o primeiro da nossa família a ser batizado na igreja.

Me inclinei à frente, analisando a foto.

— Por que ele não está sorrindo?

Meu avô deu uma risadinha.

— As pessoas não sorriam para fotos na época. Era necessário um longo tempo de exposição.

O olhar dele suavizou ao pousar em mim.

— Shari, por que você não quis passar o Dia de Ação de Graças com sua família este ano?

Mordi o lábio, pensando com cuidado nas minhas palavras:

— Porque eu queria estar aqui com vocês.

Meu avô franziu a testa.

— Shari, está tudo bem em casa? Tudo bem mesmo?

— Sim, vô. Está tudo bem. Sério — menti. — Eu só... não vejo você e a vovó tanto quanto gostaria. Só isso.

Meu avô analisou meu rosto por um longo momento e eu prendi a respiração, temendo que ele visse além da minha máscara. Por fim, ele assentiu, parecendo satisfeito com a resposta.

— Bem, nós sempre ficamos felizes em ter você aqui, querida — disse ele, dando um tapinha na minha mão. — Quando quiser visitar, nossa porta está aberta.

Engoli em seco, lutando contra a súbita vontade de chorar.

— Obrigada, vô. Isso significa muito para mim.

Parte de mim queria ter tido coragem de contar a verdade para ele. Mas por enquanto, pelo menos, eu podia fingir que estava tudo normal, que eu era apenas uma neta aproveitando seu tempo com os avós em uma tarde aconchegante de Dia de Ação de Graças.

E, por isso, fiquei grata de verdade.

CAPÍTULO 29

natal infernal

Posso ter escapado do Dia de Ação de Graças com Ruby e Jodi, mas não estava salva ainda – o Natal estava chegando, o que significava duas semanas inteiras dormindo no sofá, minha mãe e Jodi agindo como colegiais cheias de risadinhas com suéteres natalinos combinando, alternando entre gravar seus vídeos moralizantes e odiosos da ConneXions no meu quarto diante do pequeno mural que eu pintara e visitas à Dairy Queen.

No dia em que o semestre acabou, apareci na casa; Chad me recebeu na porta com um olhar empático e um sussurro.

— Oi, mana. Bem-vinda ao inferno.

A atmosfera da casa estava, de alguma forma, mais estranha do que eu me lembrava.

Meu pai derrotado estava agora dormindo sozinho na cama do casal, com Ruby e Jodi permanentemente instaladas no meu quarto.

Ruby, por outro lado, estava cheia da alegria natalina, me abraçando e dizendo estar animada por me ter em casa, insistindo que ela e Jodi levassem eu e minhas duas irmãs mais velhas para jantar fora, em uma noite das garotas.

— Jodi quer muito se sentir mais próxima de você — disse Ruby, sorrindo de uma forma que me deixou desconfortável.

— Claro — falei. — Que horas vamos jantar?

— Vamos sair às sete. Está bem?

As sete horas chegaram, e nem sinal de Ruby ou Jodi – eu conseguia ouvi-las rindo no meu quarto. Enquanto isso, eu estava morrendo de fome. Imaginando que os planos para o jantar tinham sido cancelados, fiz espaguete para mim e meus irmãos e me sentei no sofá, colocando *A Ordem da Fênix* na TV.

Mais ou menos às oito, Ruby e Jodi apareceram, arrumadas.

— Pronto, meninas, estamos prontas! — disse Ruby alegremente.

— Já comemos — falei do sofá, meus olhos grudados nos bruxos batalhando na tela.

— Como é? Você disse que ia sair com a gente! — Ruby estava incandescente de raiva.

Olhei para ela.

— Bem, mãe, um dos princípios da Verdade não é ser pontual? — falei friamente.

Touché.

— Shari, se algum dia você prestou atenção nas suas sessões com Jodi, sabe que outro princípio importante é ser *flexível* nos seus relacionamentos!

— Por isso eu fiz o jantar esta noite. Muito flexível.

Vi o choque no olhar da minha mãe por eu ousar responder dessa maneira, diante de Jodi, ainda por cima.

— Coitado do seu futuro marido, Shari. Fico com pena dele. Boa sorte para encontrar um homem que queira uma esposa egoísta como você.

Lá estava ela outra vez, brandindo meu suposto defeito como uma arma. Qualquer erro estético, qualquer sinal de individualidade, qualquer vislumbre de rebeldia costumava ser recebido com o mesmo refrão aterrador: *como é que um homem vai querer se casar com uma moça como você?*

Olhei para o meu pai, que estava passando, murmurando algo sobre velas de ignição – como se Ruby, com seu próprio casamento em ruínas, fosse o grande exemplo da felicidade marital. Eu sabia que as provocações dela de "solteirice" não passavam de flechas envenenadas, feitas para assassinar meu senso de valor e me manter pequena e obediente. E eu não me importava mais.

Ruby, sentindo que seus insultos de sempre não tinham o efeito desejado, mudou de tática:

— Devo lembrá-la que você é apenas uma convidada aqui, Shari. Esta casa não é sua. É minha. E, sinceramente, não quero você nela se vai ficar falando comigo assim.

— *Então me desconvide!* — falei, minha voz afiada. — Estou falando sério, mãe. Basta falar e eu saio por aquela porta. Vai te poupar do trabalho de aguentar o Natal com sua filha inflexível.

Me levantei, mais do que pronta para pegar minhas coisas e ir embora, mas Ruby, como sempre, não ia me deixar ter a última palavra.

— *Não aguento esse abuso!* — choramingou ela, a voz tão aguda que podia estilhaçar as janelas. Ela correu para a porta, Jodi indo atrás.

Fiquei ali, presa entre riso e lágrimas. O absurdo de tudo – minha mãe se fazendo de vítima enquanto era a algoz. Como sempre.

Ruby e Jodi foram jantar sozinhas, sem nenhuma de nós. Minhas irmãs e eu acabamos de ver o filme e, sinceramente, fiquei muito satisfeita de tê-las só para mim sem a energia negativa de Ruby e Jodi na casa.

Depois que as crianças foram se deitar, decidi esperar que minha mãe e Jodi voltassem. Melhor encarar o problema o quanto antes. Talvez tentar fazer as pazes – afinal de contas, passaríamos o feriado juntas.

Perto da meia-noite, Ruby e Jodi entraram na casa, as duas chorando descontroladamente.

— O que foi? — arfei, alarmada de verdade. — Aconteceu alguma coisa?

Jodi me encarou com olhos lacrimosos e vermelhos, choramingando.

— Você brigar com a sua mãe… me lembrou da minha filha. Ela me *deixou*! Não existe dor maior que ser abandonada, Shari! Você não pode fazer isso com a Ruby! Ela te ama mais que qualquer coisa no mundo!

As palavras dela tiveram efeito.

Imaginei como seria realmente abandonar Ruby, apesar de toda a mágoa que ela havia causado em mim. Será que a dor que ela me infligia diariamente seria menor que a agonia de nunca mais vê-la? E como Ruby se sentiria se eu a cortasse para sempre?

De repente, percebi que estava chorando também.

— Eu sinto muito, mãe — sussurrei, lágrimas descendo pelas minhas bochechas. — Eu não quis te magoar. Nunca mais falo com você daquele jeito.

Elas me pegaram em um abraço sufocante.

— Estamos *tão* felizes por você estar em casa, Shari! — sussurrou Ruby, e eu percebi que parecia errado ser abraçada pelas duas.

CAPÍTULO 30

crianças não têm direito a uma infância mágica

Alguns dias antes do Natal, os adultos nos reuniram na sala de estar. Ruby e Jodi, falando com nós quatro, os mais velhos, relegaram meus dois irmãos mais novos a um canto.

— Vocês precisam saber de uma coisa — começou Ruby, o tom preocupantemente calmo. — Seus irmãos mais novos não receberão presentes este ano.

— Estamos ensinando eles a não serem egoístas e mimados — adicionou Jodi, seu rosto uma máscara de presunção. Meu pai, sempre um apoiador silencioso, assentiu.

Olhei para meus irmãos mais novos. Suas expressões eram imagens de tristeza e confusão. O Natal deveria ser mágico para as crianças – uma época para se sentirem amadas e celebradas. Essa punição parecia cruel e vingativa.

— Além disso — prosseguiu Jodi, a voz endurecendo —, eles devem pedir permissão antes de falar com qualquer um de vocês. Se interromperem, vocês devem reprimi-los. Isso não é negociável. Temos que formar uma frente unida para corrigir o comportamento deles.

— Se eles não vão ganhar presentes, nenhum de nós deveria ganhar — interrompi, minha voz trêmula de raiva. — Não é certo abrirmos presentes enquanto eles ficam só olhando.

Jodi semicerrou os olhos.

— Shari, seu desconforto demonstra que está tendo dificuldade com as consequências das ações deles — disse ela, seu tom pingando condescendência.

— Sim, estou — admiti firmemente.

— Quer que seus irmãos continuem sendo mimados? Entende o sofrimento que isso causará na vida deles?

Como sempre, Jodi tinha um jeito de me fazer sentir estar sempre errada.

Alguns dias depois, na manhã de Natal, os oito passageiros + 1 se reuniram ao redor da árvore de Natal para abrir os presentes. Os presentes sob a árvore pareciam poucos naquele ano. E todos sabíamos por quê.

— Agora, gente, abram seus presentes e, fazendo isso, deem aos pequenos o presente dessa preciosa e linda lição que os servirá por anos — incentivou Ruby.

Sendo a irmã mais velha, cada fibra do meu ser começou a gritar para proteger meus irmãos. Mas ali, diminuída pela fronte de autoridade adulta de Jodi e Ruby, me senti microscópica. Impotente. Inútil.

Abrimos nossos presentes de Natal enquanto meus irmãos mais novos observavam, de olhos arregalados e em silêncio. Quando acabou a farra de papel de presente rasgado, a voz doce de Jodi cortou o ar:

— Limpem isto — ela ordenou a eles.

Enquanto eles reuniam a bagunça em silêncio, Jodi começou um sermão, o rosto brilhando de satisfação.

— Crianças *não* têm direito a uma infância mágica — disse ela, cada palavra pingando com doçura venenosa. — Vocês não podem simplesmente *esperar* receber amor e presentes. Muitos não têm nada.

Uma fúria incandescente ferveu dentro de mim, buscando uma saída desesperadamente. Como eu havia deixado chegar a esse ponto? Eu deveria ser o anjo da guarda deles, sua fortaleza. Em vez disso, eu era uma espectadora silenciosa – tão ruim quanto meu pai, mudo e assentindo.

A voz da Viúva de Nauvoo ecoou na minha mente: "Queime tudo, Shari". Eu sabia que queria fazer isso, de alguma forma. Sempre senti um crachá de "Protetora" preso na minha alma, uma responsabilidade que tentei cumprir desesperadamente. Mas como eu poderia ser o porto seguro deles quando estava me afogando na mesma tempestade?

Pouco depois do Ano-Novo, fugi de volta para a faculdade, a culpa de sobrevivente pesando no meu peito. Enquanto desfazia minha mala no quarto, a verdade me atingiu: eu havia abandonado meus irmãos no apocalipse emocional. Me jogaram uma boia salva-vidas, enquanto aqueles que precisavam mais de mim permaneciam em águas perigosas.

Nadei na culpa por mais ou menos uma semana, até que uma mensagem de Kevin anunciou uma nova esperança:

"Jodi está se sentindo melhor. Ela vai voltar para Ivins."

Hesitei antes de digitar:

"Como minha mãe está?"

"Triste que Jodi vai embora, queria que ela ficasse. Mas Jodi disse que está na hora de voltar para casa."

Consegui imaginar a reação de Ruby – a máscara de amiga apoiadora desmoronando para revelar a necessidade desesperada embaixo. Jodi tinha sido a salvação tóxica dela, seu espelho distorcido de validação. Agora, com quatro horas de deserto entre elas, o que preencheria esse vazio?

Um arrepio percorreu meu corpo quando percebi qual era a provável resposta: nós. Sua prole. Ela descontaria seus sentimentos em nós, como sempre. Com base na maneira como ela se comportara no Natal, bêbada pelo empoderamento de Jodi, imaginei que as coisas iriam piorar. Me preocupei com os pequenos, que não tinham como revidar.

Mesmo assim, brilhou uma fagulha de esperança. Talvez, quem sabe, essa separação forçasse uma mudança muito necessária. Com Kevin ali para cuidar dos pequenos, talvez Ruby passasse mais tempo em Ivins com Jodi, nos dando um espaço crucial para respirar.

De qualquer forma, a partida de Jodi poderia ser a melhor coisa que já aconteceu. Eu com certeza iria mais para casa, para estar lá pelos meus irmãos, ainda que significasse me sufocar sob a presença de Ruby. E em casa talvez eu conseguisse me afastar de Derek.

As coisas pioraram, fisicamente. Ele disse que estava me educando para o casamento. Me mostrando coisas que eu precisaria fazer para agradar meu futuro marido.

— Nunca até o fim — ele insistia, como se esse limite tornasse suas ações nobres. Mas ele insistia em praticar todo o resto que dizia que eu teria que fazer na condição de esposa, se quisesse manter meu marido feliz.

— Seu marido vai ficar muito decepcionado na sua noite de núpcias se você ficar desconfortável assim em ser tocada — dizia ele. — Viu como você se encolhe quando faço isso? Você não quer ficar desse jeito na frente do seu marido, quer?

— Não, você tem razão — eu dizia, me convencendo de que era algum tipo de terapia de exposição para me ajudar a superar minhas questões e ser uma esposa melhor.

Eu fingia que não estava acontecendo. Mantive meus sentimentos escondidos, bem lá dentro. Aos poucos, porém, percebi que as cores do meu mundo estavam se tornando cinzentas. A depressão tomou conta de mim mais uma vez, e de repente eu não ligava para mais nada – além de fazer minha lição de casa e garantir que Derek não estivesse chateado comigo.

"Como está o seu dia?"

"O que você está fazendo?"

"Com quem você está?"

"Oi?"

"Saudade."

Todo dia, as mensagens dele vinham em uma onda constante, a cada quinze minutos, como um reloginho.

— Quero garantir que você esteja segura, Shari — dizia ele. — Talvez você possa compartilhar sua localização comigo, só por segurança. Eu sei que você está sozinha.

Eu não estava sozinha. Tinha amigos, e Kevin estava no campus na maioria dos dias. Mas eu estava tão faminta por qualquer pedacinho de atenção paternal, qualquer sinal de que alguém se importava mesmo comigo, que concordei em compartilhar minha localização do iPhone com ele sem pensar duas vezes. Em pouco tempo, Derek estava monitorando cada movimento meu, me perturbando por conta de qualquer desvio ou parada. Festas? Esqueça. Rapazes? De jeito nenhum. Um único momento de paz? Totalmente fora de questão.

As mensagens dele assumiram um novo tom, cheias de saudade e desejo. Ler aquelas palavras me fazia querer vomitar. Também me forçavam a encarar a realidade do interesse dele. Mesmo assim eu arranjava desculpas, permanecia em negação. Não conseguia cortar o laço. Por um lado, a atenção dele me deixava profundamente desconfortável. Por outro, era a única forma de apoio que eu tinha em meu mundo tumultuado. A contradição me dividia, me deixando paralisada e sem conseguir agir.

— Ele é a única proteção que eu tenho — eu repetia como um mantra, mesmo enquanto uma parte de mim gritava que essa "proteção" vinha com um preço terrível. — Sem ele... eu ficaria sozinha pra valer.

A verdade pairava nas extremidades da minha consciência, aterrorizada demais para reconhecê-la. Cortar o contato com Derek significava encarar um mundo em que eu não teria aliados. E eu também permanecia no limbo, presa entre o nojo e a necessidade desesperada, sem conseguir me libertar.

À medida que Derek aumentava seu controle sobre mim, me senti me fechando cada vez mais. Fiquei arisca, reservada. Parei de ir ao refeitório, morrendo de medo de encontrar alguém que fizesse perguntas que eu não poderia responder. Parei de conversar com meus colegas de dormitório, saí dos clubes, qualquer sinal de vida social morrendo. Olheiras escuras surgiram sob meus olhos e eu me transformei em um fantasma, pálida e de olhos ocos, dando um pulo toda vez que meu celular vibrava.

Às vezes meus dedos pairavam sobre a tela do celular, sabendo o que eu precisava dizer...

"Derek, desculpe, não posso mais fazer isso. Não sou sua boneca. Não sou seu animal de estimação, não sou seu brinquedo, seu nada. Sou minha e de mais ninguém."

E então eu deletava tudo, cada palavra. Era mais fácil permanecer em silêncio e cooperar do que dizer algo que o chateasse.

CAPÍTULO 31

poço envenenado

Um dia, enquanto Derek e eu estávamos no escritório dele, com as cortinas fechadas, tentei calmamente confrontá-lo e falar da nossa situação. Foi necessária toda a minha coragem.

— Não sei se isso está certo, Derek — falei devagar, meu coração acelerado. — Eu não deveria estar aqui, não é? Não desse jeito. E se alguém descobrir? Seria terrível para todo mundo.

Ele se recostou na cadeira de couro, absolutamente tranquilo.

— Shari, você se preocupa demais. Aos olhos de Deus, não estamos fazendo nada de errado. E isso é tudo o que importa.

Puxei a barra da minha saia, meu estômago revirando.

— Mas como você pode ter tanta certeza?

— Shari, sou presbítero no Sacerdócio de Melquisedeque. Sou responsável pelo bem-estar espiritual e temporal dos homens no meu quórum. Você acha mesmo que eu faria algo para atrapalhar meu chamado?

Verdade, ele era um homem de Deus, um membro valioso. De repente me senti muito mal.

— Ah, querida, você está tão pálida — disse ele, dando um tapinha na minha mão. — Pare com esses pensamentos negativos. É sua ansiedade fazendo você pensar demais.

Ele continuou pressionando, falando coisas e mais coisas que passavam dos limites. Eu não tinha esses sentimentos por ele, não era atraída por ele e não o queria daquele jeito. Mas estava viciada demais nas migalhas de validação que ele me dava, o pouco apoio que jogava para mim quando se tratava da minha família. Ele era o único que sabia como eu era ferrada, o único a dizer que eu não era louca, que não estava inventando tudo.

Eu precisava daquela tábua de salvação, um pouquinho de carinho em um mundo que parecia duro e implacável.

Mas era confuso. Enlouquecedor. Minha mente racional sabia que eu estava fazendo algo errado, enquanto minha mente traumatizada me convencia a permanecer quieta e obedecer.

Não sei por que achei que Ruby poderia me ajudar, mas um dia, em um momento de desespero, tomei coragem para mandar uma mensagem para ela. Acho que em um nível profundo e primitivo eu precisava da minha mãe, e isso veio na forma de um apelo por atenção. Eu queria que ela entendesse que eu ainda precisava dela. Então, despejei todos os meus sentimentos.

"Mãe, sinto que você não se importa comigo", escrevi. "Você nunca atende quando eu ligo, mas sei que está sempre falando com a Jodi. Me sinto ignorada. Sinto que você não me ama."

Enviei e imediatamente senti que tinha assinado minha sentença de morte. *O que eu fui fazer?*, pensei, meu estômago revirando enquanto antecipava a resposta de Ruby. Ela nunca respondia com gentileza às exigências de atenção. Afeição tinha que ser conquistada, e sempre nos termos dela.

Ela demorou para responder. Foi uma tortura. Por vinte e quatro horas, fiquei deitada na cama, meu corpo paralisado, cada notificação no meu celular enviando choques de medo pelas minhas veias.

No dia seguinte, Ruby decidiu me agraciar com uma resposta.

"Senti muita agressão na sua mensagem. Muito ressentimento. Vou te convidar a me convidar a falar disso com você. Pessoalmente."

Então fiz isso. Convidei-a para conversar pessoalmente, e ela aceitou meu convite, me pedindo para encontrar com ela e Kevin para jantar em um restaurante.

Fiquei sentada lá, espetando minha batata frita no prato, Ruby tomando as rédeas da conversa, como sempre.

— Você foi muito egoísta em me escrever aquela mensagem — disse ela, balançando a cabeça.

Suspirei e me encolhi mais em mim mesma, sem dizer nada.

Ruby me deu um olhar penetrante.

— Por que você me mandou aquela mensagem, Shari?

Me remexi no assento, a raiva de repente queimando no peito.

— Sinceramente? Estava esperando que você me ouvisse ao menos uma vez.

— E o que é que não estou ouvindo?

— Este jantar era para falar do fato de que eu sinto que não tenho importância. Como se meus sentimentos não valessem nada.

Ruby me olhou feio.

— Shari, preciso que você examine de verdade os seus motivos. Pois parece que está escondendo alguma coisa.

E estava. Mas não podia contar a ela sobre Derek, podia? Eu precisava ouvir, de alguma forma, que ela se importava comigo. Só que isso não era uma possibilidade.

Quando a sobremesa chegou, eu estava derrotada. Chorando sobre o bolo de chocolate. Me desculpando por ser egoísta a ponto de fazê-los passar por isso.

— Obrigada por me permitir espelhar a Verdade para você, Shari — disse Ruby, me dando um tapinha na mão enquanto o garçom deixava a conta. — E, já que você é adulta agora, gostaríamos de convidá-la a pagar o jantar.

Assenti humildemente e peguei minha carteira, observando oitenta dólares desaparecerem da minha conta, mais rápido que minha vontade de viver.

*

Por dias após aquele jantar desastroso, fiquei deitada na cama, catatônica. Cada pensamento que surgia na minha cabeça era tomado de paranoia e dúvida.

Sou eu?

É a Jodi?

É Deus?

Isso é só minha ansiedade falando?

Me vi questionando minha própria sanidade com força, me perguntando o que era real e o que não era.

Não consegui me obrigar a ir para a aula. Meu corpo reagia com sintomas físicos que eu não podia ignorar.

O que aconteceria se eu realmente confrontasse minha mãe?, me perguntei, o estômago revirando de medo. Só que eu sabia a resposta. Ruby tinha o poder de virar meus irmãos contra mim, me afastar das únicas pessoas do mundo que também entendiam a insanidade da nossa criação. E ela faria isso sem pensar duas vezes.

Como seria minha vida sem minha família?, me perguntei, o coração doendo. De imediato, soube que preferia aguentar essa depressão aterradora pelo resto da vida a arriscar perdê-los por completo.

E, esse tempo todo, lá estava Derek, sussurrando no meu ouvido:

Eu sei que os seus pais são complicados, diria ele. *Eu sei que tudo isso é errado. Me deixe te ajudar.*

Ele me entendeu quando nos conhecemos – ele sabia que eu havia sido educada para obedecer, para nunca reclamar. E, como eu tinha deixado ele se aproximar, porque tinha contado tudo para ele sobre os jogos mentais e dominação que se fingiam de amor na minha família, ele sabia como me manipular.

Meu corpo, meu espaço, meu próprio ser... nada disso era meu. Então, quando Derek começou a brincar comigo, começou a me tratar como sua propriedade pessoal... fugi para dentro da minha cabeça. Voltei a dar aquele sorrisão que já me fizera passar por tanta coisa.

Que ironia – enquanto tudo isso estava acontecendo, eu estudava "abuso de poder" nas aulas. Aprendendo sobre as dinâmicas da coerção, sobre as formas pelas quais os abusadores aliciam e manipulam as vítimas. Contudo, enquanto eu intelectualizava esses conceitos, mesmo enquanto escrevia artigos e participava de discussões sobre a natureza traiçoeira do abuso, eu não conseguia aplicar o conhecimento na minha própria vida. Meu cérebro não me permitia ir até esse ponto.

Lá no fundo, porém, acho que eu sabia o que Derek era. Ele era só mais um deles. Do mesmo modo que Ruby e Jodi – ele era mais um adulto venenoso na minha vida, sugando o tutano dos meus ossos.

CAPÍTULO 32

sementes de cura

Era um daqueles dias perfeitos do começo do verão – o tipo que parece um tapa na cara quando sua vida está desmoronando.

— Shari, acho que você precisa de terapia — disse meu bispo, me observando encarar o nada.

— Ah, com certeza — falei. — Já fiz e achei legal. Mas a Ruby não deixa. Estou no plano de saúde da família. Ela não vai permitir.

— Bem, a igreja pode cuidar disso — disse ele. — Vamos pagar o que você precisar, sem problemas.

Cumprindo a palavra, a igreja cobriu os custos da minha terapia e medicação sem nunca envolver minha família. Tiraram um peso dos meus ombros.

Eu me sentei na poltrona acolchoada no escritório da minha nova terapeuta; o couro frio contra minha pele. O nome da terapeuta era Dana, eu estava gostando do atendimento dela.

— Então, Shari — disse ela, a voz gentil. — Quais são suas expectativas com a terapia? Você tem alguma preocupação específica?

Puxei um fio solto na almofada, evitando o olhar dela.

— Bem. As coisas em casa... não vão bem.

Me obriguei a me abrir mais, lembrando de como tinha sido fechada da última vez, com a dra. Winters.

Dana se inclinou à frente, assentindo.

— Como assim, Shari? O que está acontecendo?

Inspirei fundo, tentando acalmar meu coração acelerado.

— É a minha mãe. Ela é muito intensa. Controladora. Acho que ela não gosta muito de mim.

Dana assentiu, a caneta posicionada sobre o caderno.

— Pode me dar um exemplo de quando a sua mãe te fez sentir assim?

Bufei, balançando a cabeça.

— Por onde é que eu começo? — As palavras vieram de uma vez, um jorro que não consegui interromper.

Contei a ela sobre o piano, sobre ser tirada da escola, sobre ser forçada a ser filmada o tempo todo, até mesmo quando eu me sentia doente e cansada. Contei sobre Jodi morar com a gente e meu pai se fechando. Contei a ela que nossa casa não parecia mais um lar.

O olhar de Dana se suavizou e ela largou a caneta.

— Uau, isso parece muito difícil, Shari. É muita coisa para qualquer pessoa lidar.

Senti as lágrimas arderem nos cantos dos meus olhos, e pisquei para afastá-las.

— Eu só... não sei por quanto tempo mais eu aguento.

— Shari, quero que você saiba que o que sua mãe está fazendo, o jeito como ela trata você e seus irmãos... não é correto. É abuso emocional.

Abuso?

Imaginei Ruby rindo de nós se estivesse ali. *Não seja tão dramática, Shari.* Mas era Dana quem estava dizendo. Uma psicóloga de verdade. E eu sabia que ela tinha razão. Fazia tempo que eu sabia.

— Obrigada — sussurrei. — Ela sempre me fez sentir que eu estava sendo sensível demais, egoísta demais. Minha última terapeuta achou que eu estivesse inventando tudo.

Dana ergueu a sobrancelha.

— Sua mãe te disse isso?

Assenti.

— Você não é fraca, Shari. E o fato de estar aqui, de estar buscando ajuda e apoio... é uma amostra da sua força.

Senti que estava despertando de um sonho longo e confuso. A névoa estava se dissipando, e em seu lugar uma brilhante e cegante verdade: não era eu. Nunca tinha sido eu. A disfunção, o caos... tudo era Ruby. Sempre foi.

Na segurança do consultório de Dana, cercada pela luz suave e pelo aroma reconfortante de chá de camomila, eu me vi na beirada da sinceridade. Parte de mim ansiava por se livrar do peso, expor as complexidades do meu relacionamento com Derek. Mas eu não podia ainda.

Quando Dana perguntou gentilmente sobre minha vida pessoal, querendo saber se eu estava envolvida com alguém, senti o aperto familiar no meu peito. Minhas palmas das mãos ficaram suadas, e me remexi desconfortavelmente na poltrona, que de repente parecia apertada demais.

— Bem... — comecei, minha voz mal passando de um sussurro. — Tem um amigo. Ele é mais velho que eu, mas não é como você está pensando. Ele é mais uma figura paterna, na verdade. — As palavras soaram vazias, uma meia-verdade que nem começava a capturar a complexidade dos meus sentimentos por Derek.

Dana inclinou a cabeça, olhos curiosos observando meu rosto. Eu quase podia ver as engrenagens girando na mente dela, captando os sutis sinais que eu dava sem querer.

— Figura paterna? — repetiu ela, arqueando as sobrancelhas um pouco. — Pode me falar mais disso?

Forcei um sorriso, ordenando que minhas feições permanecessem neutras.

— Não tem muito o que dizer — falei, minha voz mais firme do que eu me sentia. — Ele é só uma pessoa com quem eu posso conversar, alguém que entende o que estou passando com a minha família.

Enquanto eu falava, percebi quão verdadeiras eram aquelas palavras, mesmo que não contassem a história toda.

Senti o ceticismo de Dana, as perguntas não feitas pairando no ar entre nós. Mas tenho que reconhecer que Dana não me pressionou. Em vez disso, conduziu nossa conversa de volta a um território familiar – estratégias para lidar com o comportamento da minha mãe e com o drama familiar atual.

Conforme a sessão chegava ao fim e eu me preparava para deixar o santuário do consultório de Dana, senti uma mistura de alívio e culpa. Alívio por ter conseguido guardar meu segredo e culpa por não ter sido totalmente honesta com a única pessoa que estava tentando me ajudar.

Mas eu não estava pronta para examinar esse aspecto tão de perto, para submetê-lo à luz dura da terapia, para entender por que aquilo estava acontecendo comigo.

Talvez um dia eu entendesse. Só não sabia quando.

CAPÍTULO 33

marionetes e titereiros

Em junho de 2022, entre meu primeiro e o segundo ano da faculdade, os Franke se reuniram para nossa sessão fotográfica de praxe; a última vez em que nós oito estaríamos no mesmo lugar, como família.

Quando chegamos à pequena clareira que dava vista para o vale, a paisagem era de tirar o fôlego. Flores silvestres pontilhavam a encosta com uma profusão de cores. A luz era dourada e suave, do tipo com que os fotógrafos sonham. Deveria ter sido perfeita.

O olhar de Ruby disparava pela clareira, afiado e assertivo. Quando pousou em Dwight, nosso cavapoo de três anos, ela franziu os lábios de desgosto. Ele estava sentado aos pés de Kevin, com a língua para fora e feliz, o rabinho batendo no chão em um ritmo constante, sem saber do estalo de raiva no ar.

— Não quero ele nas minhas fotos — disse Ruby. — Ele não faz parte da família; é um cachorro.

Senti uma onda quente de raiva. Dwight *fazia* parte da nossa família, uma fonte constante de amor e conforto em uma casa na qual faltavam ambas as coisas. Como ela podia dizer que ele não pertencia àquele momento?

Mas os filhos protestaram. Todos queríamos Dwight ali. Talvez fosse o calor, ou a pressão do olhar curioso do fotógrafo, ou talvez alguma partezinha dela tenha reconhecido a necessidade de preservar pelo menos a ilusão da unidade – mas Ruby cedeu. Dwight estaria nas fotos.

Nos posicionamos para a câmera da maneira de sempre. Dwight se aninhou no centro das nossas poses duras e desconfortáveis. Enquanto a câmera clicava, me senti desprendida, como se assistisse à cena de fora do corpo.

O sorriso de Ruby era fixo e brusco, os olhos duros. A expressão de Kevin era distante e fechada. E o resto de nós usava expressões pintadas como máscaras. Os sorrisos eram amplos demais, os olhos brilhantes em excesso. Quando o fotógrafo tentou incentivar Kevin e Ruby a darem um beijo, ela se recusou logo de cara e se afastou dele como se fosse um estranho.

O resultado são as fotos de família mais desconfortáveis da história das fotos de família. Photoshop nenhum poderia consertar. Até Dwight parecia um pouco estranho, como se sentisse a tensão irradiando de nós em ondas. Ele conhecia um navio afundando quando via um.

No caminho para casa, meu olhar esbarrou no de Chad pelo retrovisor. Acho que nós dois sentíamos a mudança prestes a acontecer sob nossos pés, o edifício cuidadosamente construído da nossa vida familiar prestes a desmoronar sobre nós.

*

Pouco depois do ensaio fotográfico, Kevin e Ruby se prepararam para nossa viagem de verão anual até as montanhas Wasatch, a uma hora de carro. Essa escapada deveria ser uma experiência de conexão em família, mas, naquele ano, eles decidiram deixar Chad e os dois filhos mais novos para trás, considerando-os "egoístas" demais para ir. Porque nada traduz melhor a "conexão em família" do que excluir metade dela.

Eles me convidaram, mas não aceitei por conta das aulas. Kevin então mandou mensagem no nosso grupo da família – incluindo Ruby e Chad e eu – perguntando se eu podia cuidar dos pequenos enquanto eles viajavam. Concordei sem hesitar, mas perguntei se ele podia pagar minha gasolina, já que eu estaria dirigindo do campus para casa e vice-versa diariamente, e tinha pouco dinheiro. Kevin concordou.

Enquanto eles estavam nas montanhas, Kevin convidou Chad e eu para fazemos uma visita de um dia. Pensei que fosse um gesto gentil.

"Sim, a gente adoraria", respondi. "A propósito, vocês ainda estão dispostos a ajudar com a gasolina?"

A resposta de Kevin foi rápida e fria:

"Não, Shari. Você tem dinheiro mais que suficiente para a gasolina e nós já nos oferecemos para comprar seu almoço. Se alguém te convida para alguma coisa, é insolente e mal-educado pedir que paguem pela sua gasolina."

A súbita mudança no tom dele me chocou. Em um momento eu era uma adulta responsável que podia cuidar das crianças; no seguinte, eu era uma filha ingrata tendo a orelha puxada por meu comportamento "insolente".

Fiquei tão confusa.

"Beleza", escrevi. "É que, quando me pediu há meses para ficar com as crianças, você concordou em pagar a gasolina."

"Shari, espero que você veja a diferença entre esses dois pedidos. São muito diferentes. Por favor, não torne o dinheiro o seu deus. Ficar obcecada por dinheiro e correr atrás dele vai destruir todos os lindos relacionamentos da sua vida. Isso é verdade para todo mundo."

Hã?

Kevin nunca, jamais tinha falado assim comigo. Mas soava *exatamente* como algo que Ruby diria. Tinha as digitais dela por toda parte, sua mistura característica de retórica hipócrita e crítica ao estilo da ConneXions. Vindo do meu pai, porém, foi como uma facada no coração.

Talvez seja só um lapso momentâneo, pensei, mesmo enquanto a dúvida tomava conta da minha mente. Porque a alternativa – a ideia de que meu pai tinha mesmo se perdido, de que a pessoa que eu amava havia sido completamente apagada e reescrita à imagem e semelhança de Ruby – era devastadora demais para imaginar.

Tentei amenizar a situação.

"Ótimo conselho. Tenho tentado economizar, então isso foi só uma coisa em que eu reparei. Mas fico feliz em gastar dinheiro para passar tempo com meus irmãos e construir relações familiares."

Então Ruby entrou na conversa:

"Shari, estou bem preocupada com você. Não está vendo que o que seu pai te ofereceu não foi um conselho? Ele te deu um retorno sobre sua apresentação. Oferecemos isso porque te amamos. Em vez de evitar o retorno, seria melhor se pensasse com cuidado e perguntasse caso não entendesse."

"Tá", respondi, sem saber o que mais dizer.

Meus dedos pairavam sobre o celular. Eu queria escrever algo que pudesse alcançar o pai que eu conhecia. Mas, depois de uma agonia de vários minutos, não consegui pensar em nada.

Quem é você, Kevin, e o que fez com o meu pai?

Kevin tinha tanta autonomia quanto uma porta em um furacão. Cada pensamento e ação dele eram ditados pelos caprichos das suas mestras desequilibradas, Ruby e Jodi. A fundação fora construída havia muito tempo, as sementes da dúvida e da obediência plantadas bem fundo. Assim como acontecera comigo. A única diferença era que eu tinha escapado. Anos de subserviência a Ruby haviam enfraquecido a psique de Kevin, e agora ele era uma presa fácil, um alvo fácil.

Com precisão meticulosa, Jodi havia terminado o trabalho, desmantelando os últimos resquícios da independência de Kevin, removendo camada após camada até que nada restasse além de uma marionete dócil aguardando seu comando.

Com todas as suas peças no lugar, Jodi estava pronta para fazer seu movimento final. Eliminar Kevin por completo.

CAPÍTULO 34
pai de mentira

Como um membro de alta posição da ConneXions, Kevin tinha o dever de fazer confissões semanais para Jodi, cada ligação uma dissecação cruel da sua psique, cutucando a carcaça do que restava do seu autovalor. Semelhante ao que minhas sessões com Jodi tinham sido.

Um incidente inocente da minha infância se tornou uma grande arma no arsenal de Jodi. Eu tinha cinco anos e Ruby havia preparado frango ao molho Alfredo para o jantar. Eu tinha desenvolvido um ódio intenso por frango ao molho Alfredo e passei a refeição toda me escondendo sob a mesa da cozinha, me negando a dar uma mordida sequer.

No fim do jantar, Kevin me deu uma tigela de sorvete. Ele a deslizou para debaixo da mesa, como se fôssemos agentes secretos em uma missão. Era uma coisa tão pequena, mas significou tudo para mim. Meu pai, meu herói, garantindo que eu não fosse dormir de barriga vazia.

Essa memória sempre me fez sorrir. Até ele contar isso para Jodi.

Agora aquela tigela de sorvete era uma das muitas provas no caso contra o caráter de Kevin.

— Viu como você estava sendo soberbo naquele momento? — disse ela a Kevin. — Dando a ela o sorvete, minando a autoridade de Ruby como mãe?

Junto a isso, havia a terrível evidência da sua "luxúria" em reparar em uma mulher atraente na academia (sem nem falar com ela, só reparar), e o crime imperdoável de falar com uma colega de trabalho. Aquele antigo ato de gentileza era agora prova da "extrema distorção" dele.

Jodi via sexo por toda parte, em toda interação, em cada olhar, em cada pensamento passageiro. Na mente dela, o mundo era um antro de luxúria e distorção, um mar revolto de desejo, uma Sodoma e Gomorra do século

XXI com apenas a versão distorcida da "Verdade" dela oferecendo qualquer salvação.

Uma parte de mim tinha pena dela — uma mulher profundamente danificada, reprimida, que se odiava, presa em um ambiente no qual se via incentivada a esconder sua verdadeira natureza. Cercada de mulheres que não podia ter – mulheres casadas com homens dos quais ela se ressentia –, em sua mente só havia um caminho para a justiça: acabar com os doadores de esperma e libertar as mulheres.

No matriarcado distorcido que Jodi havia orquestrado, os pensamentos mais secretos de Kevin eram uma arma a ser usada contra ele. Com precisão cruel, Jodi extrairia cada vergonha secreta, cada dúvida escondida e as voltaria contra ele para servir ao seu verdadeiro objetivo – ter Ruby para si, sabendo muito bem que o espírito derrotado de Kevin não tinha mais forças para lutar.

As acusações ficaram ainda mais sombrias quando Jodi distorceu a felicidade que ele sentia ao abraçar as filhas em algo sinistro e perverso. Ela encheu a mente dele com dúvidas e auto-ódio, fazendo-o questionar cada interação, cada demonstração de afeto.

— Consegue ver como era perverso abraçar suas filhas? Você gostava, não gostava? — perguntava Jodi.

Só consigo imaginar o horror e o nojo que encheram a mente de Kevin. A vergonha, o medo, a ideia terrível de que talvez ele não fosse uma pessoa com quem seus filhos estariam seguros.

Era tudo mentira, é claro. Mas esse tipo de acusação sexual era a tática preferida de Jodi, a opção nuclear dela no jogo da guerra psicológica. Ela a usara várias vezes para despedaçar famílias, plantando sementes de dúvida e tecendo narrativas falsas de pensamentos incestuosos, infidelidade ou vício em pornografia.

Quando essas acusações eram feitas, o suposto agressor estava acabado; era questão de tempo até que fosse "convidado a se retirar".

*

Os Haymond tinham sido uma presença constante na minha vida desde o ensino médio, quando o sr. Haymond, meu professor, se tornou o primeiro adulto com o qual me senti segura para falar sobre o comportamento de Ruby. Enquanto aquele verão de 2022 se desenrolava, o sr. Haymond e sua esposa perceberam que as coisas tinham se tornado disfuncionais na nossa casa. Um dia, a sra. Haymond colocou uma chave novinha e brilhante na palma da minha mão.

— Shari, querida — disse ela, os olhos cheios de carinho e preocupação —, você é sempre bem-vinda aqui, a qualquer momento. Nossa casa é sua.

Por isso, em uma noite abafada no meio do verão em julho de 2022, me vi dirigindo para a casa deles. Eu tinha escolhido ficar na faculdade naquelas férias de verão, relutante em voltar para casa, mas naquela noite em específico eu não conseguia encarar a solidão do meu dormitório também. Quase sem pensar direito, eu sabia onde queria estar.

Os Haymond não conheciam bem meus pais. Eles tinham participado brevemente de uma das aulas de Jodi quando entrei na faculdade, mas rapidamente acharam a ConneXions "burrice" e saíram depois de algumas semanas. Ironicamente, essa breve exposição se tornou valiosa, dando a eles entendimento suficiente do mundo no qual eu estava presa sem serem puxados para sua órbita.

A filha deles, com idade próxima à minha, tinha se tornado uma irmã para mim. Passávamos horas assistindo a filmes antigos, a *Os Pioneiros* e musicais de Deanna Durbin em preto e branco dos anos 1940.

A casa deles, sempre cheia de risadas e carinho, tinha se tornado meu paraíso seguro, um lugar onde eu podia respirar livremente e ser eu mesma.

Fui até a porta da frente dos Haymond e entrei, só então percebendo que não havia ninguém em casa, só os cães. *Certo, eles mencionaram que iam ao teatro*, me lembrei.

Me sentei no aconchegante sofá da sala de estar, pensando em assistir TV por um tempo. Bem quando estendi a mão para o controle, meu celular vibrou, o nome de Kevin piscando na tela. Atendi.

— Oi, pai.

— Está sozinha? — perguntou ele, a voz séria.

— Sim, por quê? — respondi, o nervosismo subindo pela minha espinha.

— Sua mãe e eu precisamos falar com você — disse ele. Ouvi o eco fraco que me disse que eu estava no autofalante, embora Ruby permanecesse em silêncio.

Minha mente se agitou, imediatamente pensando no pior dos cenários. *Eles sabem sobre Derek?*

— Shari, eu… não sei como dizer isso.

Segurei o celular com mais força, minhas palmas suando.

— Diga logo, pai. Por favor.

— Sua mãe me convidou a sair de casa para que eu possa melhorar — disse ele, a voz falhando. — Eu volto quando estiver melhor, e então poderemos ser uma família feliz de novo. Vou embora por pelo menos um ano.

As palavras me atingiram como um soco. *Um ano?*

Lágrimas desciam pelo meu rosto quando solucei:

— Você vai sair de casa, deixar as crianças?

Kevin suspirou pesadamente.

— Sim, vou sair e levar o Chad comigo. O Chad também é egoísta, e acho que as pessoas egoístas devem ficar juntas. Não quero que você fique como eu, Shari — prosseguiu ele. — Talvez essa possa ser uma experiência de aprendizado para você.

Experiência de aprendizado? Ele está falando sério?, pensei, minha mente agitada.

Então Kevin jogou outra bomba: ele não se comunicaria com os outros filhos. Só comigo.

Nada disso fazia sentido.

— Como você está se sentindo com tudo isso, Shari? — perguntou ele, a voz sem emoção.

— Confusa — falei. — Muito, muito confusa.

— Entendo. Mas esse não é o fim da nossa família… é o começo.

O *começo*. A palavra ecoou na minha mente, vazia e sem significado.

Quando os Haymond enfim voltaram para casa, me encontraram encolhida em posição fetal no sofá, meu corpo tomado por soluços que pareciam vir de um lugar bem fundo em mim. Eles não fizeram perguntas, só me ajudaram a ir para o quarto de hóspedes e me disseram que eu estava segura.

Na manhã seguinte, acordei com a vibração do meu celular – desta vez uma longa mensagem de Kevin.

"Shari, as coisas mudaram, e Chad e eu pedimos que você não entre em contato com nenhum de nós até estarmos prontos para falar com você. Por favor, não entre em contato comigo. Não seja egoísta quanto a isso, e não fique ressentida. Use esse tempo para se aproximar da sua mãe e dos seus irmãos."

Li a mensagem uma, duas, três vezes, cada palavra cortando mais fundo que da vez anterior. A vontade de jogar o celular contra a parede foi quase demais. *Não seja egoísta? Não fique ressentida?*

Ele estava rompendo comigo e usando essa desculpa esfarrapada. Como ele esperava que eu aceitasse sem questionar, sem nenhuma explicação?

O quarto de hóspedes dos Haymond se tornou meu casulo. Horas viraram dias enquanto eu ficava deitada ali, minha mente um labirinto de perguntas sem resposta e teorias pela metade. Mas não havia lógica a ser encontrada, nenhum significado oculto para descobrir. Eu só sabia que isso era coisa da Jodi.

Fui à terapia hoje e contei tudo. Estou com tanta raiva do meu pai por não se defender e por abandonar a família. E estou furiosa com minha mãe e Jodi por acabarem com a nossa família. Sinto que uma parte de mim morreu e nunca vou recuperá-la. Não sei como vou me reerguer ou perdoá-los. Não sei como ajudar meus irmãos. Não sei nem como me ajudar.

Uma semana se passou em meio a uma névoa de tristeza e confusão até que Ruby finalmente entrou em contato. A mensagem dela apareceu no meu celular: "Como você está lidando com tudo isso?".

Fiquei surpresa por ela me procurar, considerando o status do nosso relacionamento. Parte de mim estava aliviada por ela não ter entrado em contato antes; eu tinha precisado de tempo para processar. Mesmo assim, a preocupação atrasada dela pareceu vazia.

"Está sendo muito difícil. Estou muito triste."

A resposta dela foi tão reconfortante quanto um balde de gelo.

"Sim, tem sido muito difícil. Espero que todos nós possamos usar isso como oportunidade para nos tornarmos mais humildes, principalmente você."

Mais humilde? Ela estava falando sério?

Não consegui me fazer dar uma resposta. Joguei o celular de lado, enterrando meu rosto no travesseiro e chorando até minha garganta ficar dolorida.

Alguns dias depois, Ruby sugeriu que nos encontrássemos para o almoço, para "falar da situação".

O que mais há para falar?, pensei amargamente. *Você expulsou meu pai porque está obcecada pela Jodi. Agora o resto de nós precisa pegar os caquinhos.*

Reunindo cada grama de coragem que eu tinha, recusei o convite.

"Como assim você não quer me encontrar?", escreveu ela.

"Tem sido um período difícil para mim. Só estou disponível para mensagens agora."

"Minha preocupação é que mandar mensagem abre muito espaço para má interpretação."

Parei de responder, sem conseguir lidar mais.

Enquanto os dias se transformavam em semanas, me vi refletindo a respeito do papel de Kevin em tudo isso. Ele estava longe da perfeição. Ao longo dos anos, ele tivera sua cota de erros, permitindo o comportamento tóxico de Ruby e não fazendo nada enquanto ela surtava com todo mundo. Ele era o servo fiel dela, atendendo todos os pedidos, não importando quão irracionais fossem. Mas Kevin nunca tinha sido um homem egoísta. Na verdade, a maior fraqueza dele era seu altruísmo – ele cedia e cedia até não restar nada. Agora, ele tinha ido para o exílio de livre e espontânea vontade, cortando todo o contato conosco, seus filhos, para agradar a esposa e nos proteger do monstro cruel que Jodi o fizera acreditar ser.

Ele disse que seria temporário, um ano para se concentrar no crescimento pessoal antes de voltar para a família. Mas eu sabia que Ruby jamais o receberia de volta, não importando quanto tempo se passasse. Era passagem só de ida. Era permanente.

Até hoje, é um milagre para mim que ele tenha conseguido sobreviver à angústia do exílio sem acabar com tudo. Tive um pensamento arrepiante então: talvez fosse isso o que Jodi e Ruby queriam. Talvez esperassem que ele simplesmente… desaparecesse. Para sempre.

CAPÍTULO 35

cesta

Enquanto o verão se transformava em outono, me vi encarando um novo capítulo da minha vida: o segundo ano da faculdade. A relativa segurança da vida no dormitório acabara, substituída pela possibilidade intimidante de viver fora do campus. Me mudei para um apartamento apertado com duas garotas, colegas que eu conhecera no campus, nós três espremidas em dois quartos como sardinhas na lata.

O estresse da mudança, aumentado pelo drama atual da família, me deixou me sentindo exposta e vulnerável. Mas nada poderia ter me preparado para o choque que me esperava no nosso novo banheiro. O que eu inicialmente havia confundido com uma aplicação incorreta de massa corrida nas paredes acabou sendo mofo, rastejando pelas superfícies como uma invasão alienígena e levando minha ansiedade ao limite.

Com o pânico crescendo no peito, fiz o impensável: liguei para Ruby. Enquanto o telefone tocava, percebi quão desesperada eu devia estar para recorrer a ela.

— Mãe — falei de uma vez, minha voz falhando. — Não posso morar aqui. Vou morrer por causa do mofo! — As palavras saíram em uma torrente, parte um apelo por ajuda, parte exagero infantil nascido do medo e do estresse.

Não sei o que eu esperava. Conforto, talvez. Talvez até que ela se oferecesse para vir e me ajudar com a bagunça. O que recebi no lugar foi pura Ruby: nenhuma consideração, apenas uma lista clínica de dicas de limpeza dita em seu tom sabichão.

— Agora que você tem dezoito anos — concluiu ela, a voz sem qualquer afeto maternal — está na hora de se virar sozinha.

E eu tentei, o melhor que podia, fazer justamente isso, junto às minhas duas colegas de quarto, cada uma de nós batalhando contra nossos demônios em nosso apartamento apertado e mofado.

Uma tinha vinte e seis anos, deprimida por ainda estar presa em um campus que já havia superado havia tempos. A outra era um pilar de fé andante e falante, vivendo seus princípios SUD com uma intensidade tão alegre e inabalável que até eu – que conhecia bem os valores conservadores – fiquei impressionada com a maneira como ela corria para pegar o controle remoto e acelerar as cenas de beijos nos filmes.

Éramos uma irmandadezinha estressada, muito diferente uma das outras, mas encontrei muito conforto em não estar sozinha, um tipo estranho de consolo na companhia daquelas jovens.

Compartilhei fragmentos da minha história com elas – elas sabiam que eu não estava falando com Ruby, por exemplo. Mas a história completa do drama da minha família permaneceu trancada, pesada demais para compartilhar.

Elas não sabiam sobre as mensagens não respondidas que eu enviava para o meu pai, cada uma delas um apelo desesperado por algum sinal de que ele ainda se importava, de que eu não estava morta para ele.

Derek? Esse era um segredo que eu mantinha bem escondido. Já podia imaginá-las arregalando os olhos, franzindo os lábios em uma desaprovação mal disfarçada se soubessem. Contar a elas – ou a qualquer pessoa, na verdade – levaria a um julgamento para o qual eu não estava preparada.

Eu nem conseguia encontrar as palavras para explicar para minhas colegas o que estava acontecendo com Chad, que, eu descobrira por meio de um trabalho de detetive envolvendo vizinhos empáticos, não estava vivendo com Kevin, como me contaram. Em vez disso, ele estava sozinho, brincando de casinha com um monte de colegas em um complexo de apartamentos em Provo, praticamente na esquina de onde eu morava.

Quando descobri, meu cérebro quase entrou em curto-circuito. Uma necessidade urgente de encontrá-lo, de falar com ele, tomou conta de mim. Se ele estava morando sozinho, isso queria dizer que também não estava falando com Ruby e Kevin? E, ainda mais importante, ele estava bem?

Pensei muito, tentando lembrar de alguém que tivesse informações sobre o verdadeiro endereço de Chad. Lembrei que um dos nossos vizinhos tinha várias casas de aluguel em Provo, e algo me disse que talvez ele tivesse ajudado Chad a conseguir o apartamento.

Mandei uma mensagem para ele.

"Por acaso você sabe onde o Chad está morando?", perguntei. "Se souber, pode, POR FAVOR, me contar? É urgente!"

A resposta dele foi frustrantemente discreta.

"Posso confirmar que ele está morando em uma das minhas propriedades", escreveu ele, seu tom enlouquecedoramente neutro. "Mas temo que não posso dar a você o número exato do apartamento. Acordo de confidencialidade, entende?"

Então, do nada, recebi uma mensagem de um número desconhecido.

"Prédio 6, apartamento 38."

Até hoje, não faço ideia de quem me mandou essa mensagem.

Vasculhei a cozinha, enchendo uma sacola com as comidinhas de conforto do Chad: Doritos, Oreos e aqueles biscoitos de queijo bizarros que ele devorava aos montes. Aninhada entre os salgadinhos, coloquei uma carta que escrevi de todo o meu coração: falando do meu amor por ele, meus medos sobre a implosão da nossa família e minha promessa inabalável de apoiá-lo como irmã mais velha e amiga. Com essa tábua de salvação pronta, entrei no carro e corri para o apartamento dele.

Programei minha visita para quando achei que ele estaria fora, esperando deixar a cesta e a carta sem interceptá-lo. O plano era dar a ele espaço para processar tudo em seu próprio tempo.

No entanto, quando bati na porta do apartamento 38, um dos colegas de Chad abriu a porta, revelando meu irmão na cozinha atrás. Meu coração disparou com a visão desse rosto familiar – o mesmo sorriso que iluminara tantos dos meus dias, os olhos que brilharam com travessura durante incontáveis piadas compartilhadas. O olhar dele, arregalado de surpresa, encontrou o meu enquanto ele se aproximava devagar da porta.

— Shari? — disse ele, em voz baixa. — O que você está fazendo aqui? Como me encontrou?

Engoli em seco com força, de repente me sentindo uma intrusa.

— Podemos conversar? Por favor? — falei, minha voz estremecendo um pouco.

Por um momento, pensei que ele fosse bater a porta na minha cara, me mandar dar o fora. Em vez disso, ele saiu para o corredor e me olhou com cuidado.

— Eu estava com saudade, Chad — falei, segurando as lágrimas.

— O que tem na sacola? — perguntou ele, a voz sem humor.

— Comida! — falei, alegria falsa na minha voz. — Sabe, para o poço sem fundo que você chama de estômago. Aqui.

Ele balançou a cabeça, recusando a sacola.

— Estou bem, Shari. Por que você veio aqui?

Eu conseguia sentir a tensão irradiando dele, suspeita e raiva fervendo pouco abaixo da superfície do seu exterior cuidadosamente controlado. *Que mentiras usaram para colocá-lo contra mim?*, pensei, meu coração doendo no peito.

Respirei fundo, tentando organizar meus pensamentos. Então as palavras que eu estivera segurando por tanto tempo saíram de uma vez:

— Estou aqui porque a nossa família está desmoronando! Porque a nossa mãe é *abusiva*, Chad!

Chad arregalou os olhos, passando por seu rosto uma fagulha de algo… Reconhecimento? Negação?

— Shari, para com isso…

Prossegui, desesperada para fazê-lo entender:

— Papai foi embora, o jeito como estão isolando ele, isolando a gente… você sabe, lá no fundo, que tem alguma coisa muito errada nisso.

Chad cruzou os braços sobre o peito, retesando a mandíbula com força. O gesto era tão familiar, lembrava tanto a nossa mãe, que fez meu coração doer.

— Não tem nada de errado, tirando o fato que alguns de nós precisam trabalhar nas nossas responsabilidades.

Estendi a mão, deixando-a pairar a centímetros do braço dele.

— Chad, por favor. Só me ouça.

Ele deu um pulo como se meu toque queimasse, seus olhos faiscando com uma mistura de raiva e algo que parecia muito com medo.

— Estou tentando te proteger — sussurrei. — Você não consegue ver que a nossa mãe e a Jodi são perigosas?

Chad riu.

— *Proteger?* Estou bem, Shari. Tenho dois empregos; estou pagando minhas contas. — O olhar dele me analisou, crítico e frio. — Você deveria se preocupar consigo mesma.

— Por que você é tão leal com ela, depois de tudo o que ela fez com você?

— Ela é nossa mãe, Shari.

Abri a boca para responder, mas Chad ergueu a mão, me interrompendo.

— É melhor você ir embora — disse ele, a voz baixa e definitiva.

E, com isso, ele se virou e desapareceu de volta no apartamento, batendo a porta atrás de si.

Fiquei ali, encarando a porta fechada, segurando com força a cesta que eu trouxera, tentando organizar meus pensamentos. Eu me sentia tão drenada, e a esperança que eu experimentara horas antes havia desaparecido. Apesar da minha alegria em ver Chad, a frieza no olhar dele era devastadora. Estava dolorosamente claro que toda a minha família me dera as costas. Eu queria gritar, bater na porta até meus punhos sangrarem para fazê-lo ouvir. Meu peito apertou, cada respiração uma luta contra o nó crescente do pânico. Eu precisava sair dali. Precisava me deitar.

Enquanto eu voltava para o apartamento, meu celular vibrou – uma longa mensagem de texto de Ruby. Chad deve ter contado a ela que eu o encontrara. Ela distorceu minhas ações, pintando minhas tentativas de proteger Chad como um ataque malicioso. O fato de eu a ter chamado de "abusiva" pareceu tê-la afetado.

Shari.

Faz um tempo que você está me enganando. Agora faz sentido por que você não quis falar comigo... você não conseguia lidar com a duplicidade! Está claro para mim que você não tem interesse em fazer parte da nossa família e que escolheu se desconectar quando agiu pelas nossas costas e tentou magoar outros membros da nossa família.

Sinto uma grande dor pelas suas escolhas. Vou honrar sua escolha de desconexão. Desconexão significa que você não está mais interessada em estar perto de mim e da família. Você não tem o direito de se desconectar emocionalmente e sair inventando coisas sobre a sua mãe... e depois ter os benefícios da conexão familiar e financeira que eu forneço.

Fiquei sabendo que você me chamou de "abusiva". Uau, Shari, essa insinuação é muito pesada. É doloroso você usar essa palavra sabendo a dor que essa mentira causou.

Esta é a minha forma de ser muito amorosa e convidar você a ver a realidade na qual está. Você não pode usar a mim ou a qualquer membro da minha família. Quando estiver disposta a ser humilde e a reconhecer sua agressão e mentira, estarei aberta para conversar.

Vou mantê-la nas minhas orações. Você parece ser uma alma bem perdida. Nem sequer sabe onde o inimigo está. Sua arrogância te impediu de ouvir os meus avisos.

Com amor,
Ruby

Joguei o celular sobre a cama, a tela ainda acesa com as palavras de Ruby. Minhas mãos tremiam quando abri as gavetas, pegando punhados de roupa e as enfiando em uma mala de viagem. Eu não podia mais ficar ali, sabendo que Chad estava tão perto e, ao mesmo tempo, tão longe. E Ruby… suas palavras ecoavam na minha cabeça, pingando uma crueldade que parecia ter crescido, se é que isso era possível.

Enquanto pendurava a bolsa no ombro, me vi no espelho. A mulher que me encarava parecia perdida, vazia. Mal a reconheci. Com a respiração trêmula, desviei o olhar.

— Ei, vou ficar um tempo na casa de uns amigos! — falei para as minhas colegas de apartamento.

A porta bateu atrás de mim antes que elas pudessem me perguntar o motivo.

CAPÍTULO 36

bajulação

Depois de deixar o apartamento, dirigi direto para a casa dos Haymond, meu santuário na tormenta. Quando perguntei se podia ficar ali por um tempo, eles me receberam sem hesitar nem fazer perguntas. Vi preocupação no olhar deles – eles conseguiam sentir que as coisas com a minha família tinham mudado para pior. Mas sabiam que não deviam me pressionar, e me ofereceram o conforto silencioso das suas presenças e a segurança da sua casa. Enquanto eu colocava minha bolsa no quarto de hóspedes, o nó no meu peito afrouxou um pouquinho, permitindo que eu respirasse de verdade pela primeira vez desde que saíra do meu apartamento.

Mas Derek, por algum motivo, pareceu não gostar da minha presença ali.

"Espero que não esteja excedendo as boas-vindas", brilhou a mensagem dele na minha tela. "Você não quer ser um peso. Eles são boas pessoas, mas todo mundo tem limites."

As palavras dele permaneceram na minha mente, venenosas e persistentes.

De repente, todos os gestos gentis dos Haymond estavam manchados. Os sorrisos deles eram forçados? Suas boas-vindas eram sinceras? Eles achavam que eu era uma parasita, me alimentando da sua generosidade?

Me vi analisando cada interação, buscando sinais de ressentimento ou fadiga. O carinho da casa deles pareceu precário, como uma bolha frágil que podia estourar a qualquer momento.

Abordei a sra. Haymond na cozinha, meus olhos arregalados implorando.

— Tem certeza que está tudo bem eu estar aqui? — perguntei. — Posso ir embora se quiserem. Ou posso pagar aluguel.

— Shari, você é muito, muito bem-vinda aqui. Não é um problema — disse ela, mexendo na pia.

— Tem certeza absoluta? — perguntei.

— Querido! — ela chamou o sr. Haymond, que estava na garagem. — Pode vir aqui por um momento? Preciso que diga uma coisa para a Shari.

O sr. Haymond entrou na cozinha, o rosto enrugado de preocupação.

— Escute, eu preciso que você diga à Shari que ela não é um peso, que é bem-vinda aqui pelo tempo que precisar. Acho que ela precisa ouvir de nós dois.

O rosto do sr. Haymond suavizou e ele se voltou para mim:

— Shari, você faz parte desta família agora, quer goste ou não. Está presa com a gente, está ouvindo? E nós preferimos assim.

Senti as lágrimas se acumulando nos meus olhos, o nó subindo na minha garganta. *A sensação é essa?*, pensei, meu coração inchando com um amor poderoso e doloroso. *É assim que é ter pessoas na vida que realmente se importam com a gente?*

Apesar da gentileza dos Haymond, eu não conseguia parar de pensar nas palavras de Derek. Ele continuava me mandando mensagens, todas cuidadosamente escritas para ferir e causar dúvidas. "Tenho certeza que eles estão só sendo educados", escrevia ele, ou "Você sabe que as pessoas se irritam com os hóspedes depois de um tempo".

Lá no fundo, eu sabia que os comentários dele provavelmente eram movidos pelo ciúme – ele não aguentava a ideia de que eu encontrara conforto e apoio fora dele. Mesmo assim, ainda que reconhecesse os motivos, eu não conseguia me fazer confrontá-lo ou pedir que parasse. Em vez disso, eu simplesmente respondia com concordância não concomitante, engolindo minha frustração. Parecia mais fácil, mais seguro, deixá-lo dizer o que quisesse do que discordar e provocar a raiva dele.

⋆

— Shari, já ouviu falar de bajulação? — perguntou Dana, minha terapeuta.

— Bajulação? — perguntei, balançando a cabeça. — Como assim?

— Bem, costumamos falar de brigas, fugas e paralisia como respostas ao trauma. Mas há uma quarta resposta, a bajulação. É quando uma pessoa tenta agradar ou apaziguar o abusador para evitar o conflito ou provocar danos.

Dana se inclinou à frente, seu olhar gentil mas focado.

— Bajular pode ser sempre concordar com as pessoas, mesmo quando discordamos internamente. É constantemente tentar manter a paz, colocando a necessidade do outro antes da sua, mesmo que isso te machuque.

As pessoas que bajulam costumam se tornar hipersensíveis ao humor dos outros, tentando antecipar ou satisfazer as necessidades deles antes que sequer sejam expressas.

Me senti perder o ar enquanto ela prosseguia:

— Em situações abusivas, a bajulação pode se manifestar como sorrir e assentir enquanto você grita por dentro. É fazer o que for necessário para manter o abusador feliz, porque você aprendeu que é a maneira mais segura de sobreviver. Isso soa familiar, Shari?

— Ai, meu Deus — sussurrei, minha voz bem baixinha. — Isso... sou eu. É o que estive fazendo minha vida toda.

Dana assentiu encorajadoramente, me dando espaço para processar a revelação.

— É uma resposta comum ao abuso ou trauma prolongados. Reconhecer é o primeiro passo para mudar o padrão.

Fiquei sentada ali, atordoada, enquanto anos de memórias de repente se encaixavam nesse novo entendimento.

— Deve ser por isso que nunca resisto ao Derek! — exclamei, as palavras saindo antes que eu pudesse me conter. — Eu só bajulo e garanto que ele esteja feliz. Porque parece mais seguro.

— Shari... quem é Derek?

Levei a mão à boca, os olhos enchendo de lágrimas enquanto percebia meu deslize.

Não, eu não estava pronta para falar disso ainda.

— Ele é o amigo que você mencionou há algumas sessões? O homem mais velho?

Balancei a cabeça, sem conseguir encará-la.

Dana me entregou um lenço.

— Tudo bem. Vamos no seu ritmo. Tenho certeza que é tudo muito pesado. E não precisa falar disso a não ser que queira. Mas compreender o padrão de bajulação pode ajudar.

Assenti, secando os olhos.

No final da sessão, senti uma estranha mistura de vulnerabilidade e alívio. O nome de Derek finalmente fora pronunciado naquela sala, mesmo que eu não estivesse pronta para dizer mais nada. Mas agora eu entendia por que não conseguia dizer não a ele, por que nunca o repreendera ou demonstrara raiva – não era fraqueza, era um padrão gravado em mim por anos sob o domínio de Ruby. De alguma forma, de algum jeito, eu teria que descobrir como quebrá-lo.

CAPÍTULO 37

confronto

Puseram fel na minha comida e para matar-me a sede deram-me vinagre.
Salmo 69:21, Bíblia King James

O desejo de vingança de Ruby era lendário, e eu sabia que ela não hesitaria em puxar o gatilho se tivesse um ponto a provar. Os sinais estavam todos ali. Ela já havia parado de assinar suas mensagens com "mãe", optando em vez disso pelo frio e impessoal "Ruby". Eu sabia o que isso significava. Eu sabia o que estava vindo. Ruby sempre tinha a última palavra. Ela precisava vencer. Era melhor eu me preparar para o que estava vindo. Ela iria me excluir, assim como fizera com Kevin e o resto da família dela.

Então me lembrei – ela tinha acesso à minha conta bancária.

Todo o meu dinheiro, cada moedinha que eu juntara e guardara, estava em uma conta que Ruby podia limpar a qualquer momento. *Preciso pegar meu dinheiro*, decidi. Naquela noite no começo de setembro, transferi cada centavo para uma nova conta, uma que estava apenas no meu nome. Enquanto eu apertava o último botão de "confirmar", me encolhi. Ruby era mestre em retaliação. Assim que percebesse o que eu tinha feito, ela me puniria.

Um e-mail chegou à minha caixa de mensagens na manhã seguinte, uma mensagem do agente de seguros da nossa família.

"Shari", dizia, "sua mãe pediu para eu excluir você da apólice de seguro veicular da família. A partir de agora, você precisa pagar sua própria cobertura. Por favor, não saia com o carro até pagar".

A indignação ferveu em minhas veias. *Quem é que tira a liberdade da própria filha para dirigir sem dar qualquer aviso?* Então percebi que eu tinha problemas maiores.

O documento do meu carro. Ainda está na casa. Se eu quiser ter meu próprio seguro, preciso daquela droga de papel no meu nome. A ideia de ter que encarar Ruby, de ter que implorar pelo que era meu por direito, fez minha pele se arrepiar. Mas eu não tinha escolha. Hora de rastejar.

Digitei a mensagem, minhas palavras cuidadosamente escolhidas e dolorosamente educadas. Incluí nosso presidente da congregação, Jim Nelson, na mensagem de texto, como uma forma de apoio emocional. Eu sabia que era menos provável que Ruby ignorasse a mensagem se alguém poderoso fosse incluído.

"Mãe, vou fazer meu seguro veicular e gostaria de pegar o documento do meu carro para provar que é meu. Como faço para pegar com você?"

Enviei e esperei, meu coração martelando no peito. E então, depois do que pareceu uma eternidade, a resposta dela chegou.

Shari, isso é só mais um exemplo das suas mentiras e manipulações – trazer o presidente Jim Nelson para esta conversa. Você só está pedindo o documento do seu carro, que não tenho problema em te dar. Você poderia simplesmente ter pedido. Está sendo muito ativa em enganar e criar caos, dor, destruição e confusão. Minha própria filha deu as costas para a Verdade e para mim. E o resultado é devastador para seus irmãos.

Shari, sou sua mãe. Meu erro foi apenas te ensinar a Verdade. A Verdade é a única coisa que importa nesta vida, e você lutou contra ela desde pequena. Parte meu coração você estar em guerra com Deus. O Senhor a abençoou com uma mente inteligente, e é devastador ver você usar essa mente para lutar contra a Verdade.

Deixarei o documento com a Pam. Fique à vontade para pegar com ela.

Mandei mensagem para Pam, minhas palavras cuidadosamente neutras e educadas. Como é que se começa uma conversa assim, uma negociação com uma guardiã?

"Oi, Pam. A Ruby mencionou que vai deixar alguns documentos com você para eu ir buscar. Qual o horário conveniente para eu te encontrar e retirar? Obrigada. Shari."

A resposta dela veio rapidamente, definindo data e hora na semana seguinte.

Foi fácil, pensei, me sentindo um pouco melhor. *Posso passar lá, pegar meus documentos e acabar com essa confusão toda…*

Mas algumas coisas aconteceram antes que eu conseguisse pegar o documento do meu carro.

A situação em casa piorou. Sem Kevin e com Ruby cada vez mais ausente, experimentei uma sensação crescente de pavor pelo bem-estar dos meus irmãos mais novos. A gota-d'água veio quando um vizinho me informou de que as crianças foram deixadas sozinhas por cinco dias enquanto Ruby estava fora fazendo sabe-se lá o quê com Jodi.

Fiquei chocada. Cinco dias. Sem a supervisão de um adulto. Ninguém para garantir que estivessem alimentados, seguros, cuidados. A ideia dos meus irmãos mais novos tendo que tomar conta de si por quase uma semana fez meu sangue ferver. Naquele momento, eu soube que tinha que fazer alguma coisa, e que se danassem as consequências.

Liguei para o escritório do Serviço de Assistência à Criança e à Família (DCFS), requerendo que conferissem se as crianças estavam bem. A polícia foi até a casa, bateu na porta e olhou para dentro das janelas. Reportaram que as crianças estavam lá e que aparentemente todos estavam bem. Fiquei aliviada por estarem bem, mas frustrada pela falta de ação. Por mais que talvez não houvesse leis específicas sobre deixar menores sozinhos, com certeza cinco dias ultrapassava algum limite, não?

Meu alívio durou pouco. De alguma forma, Ruby descobriu que fui eu quem fizera a ligação, e agora ela queria guerra. Não sei como ela descobriu, mas queria arrancar minha cabeça.

Agora, eu me via na posição estranha de ter que encarar Pam para pegar o documento do meu carro, sabendo bem da fúria de Ruby. Como se as coisas já não estivessem desconfortáveis o suficiente.

Andei de um lado a outro pela sala de estar dos Haymond, provavelmente abrindo um buraco no carpete enquanto meu cérebro se sobrecarregava, imaginando todos os possíveis resultados horríveis. *E se a Pam se recusar a me devolver meu documento? E se ela tentar usá-lo para barganhar, para me forçar a obedecer à Ruby de novo?*

Em pânico, mandei uma mensagem para Pam, esperando e rezando que Ruby tivesse ficado constrangida demais para contar a ela o que acontecera.

"Oi, Pam, estou muito ansiosa para pegar os documentos. Será que poderia deixá-los na caixa de correio para eu retirar? Estou com pouco tempo hoje. Obrigada de novo. Shari."

A resposta dela foi rápida e direta:

"De jeito nenhum, Shari. São documentos jurídicos valiosos e não vou arriscar que se percam ou sejam roubados. Você precisa vir até a casa e pegar pessoalmente. Te vejo no dia e na hora marcados. Pam."

Como se a situação já não fosse estressante o suficiente, alguns dias antes de eu poder ir buscar os documentos, o Reddit explodiu – ficaram sabendo que Kevin e Chad não moravam mais na casa, e a internet, com apetite insaciável para o nosso drama familiar, se agarrou a essa informação. Os rumores estavam se espalhando, teorias se formando no Reddit e em outros fóruns sobre o que estava acontecendo, questionando meu papel em tudo.

Diante da especulação crescente, me senti incentivada a deixar minha posição clara, e postei um story no Instagram:

> "Sei que há muitos rumores circulando na internet sobre minha família. Embora seja verdade que não estou em contato com eles, não apoio as crenças extremas da ConneXions. Por favor, lembrem-se de que essa é a minha família de verdade. Apesar das boas intenções, especulações, rumores e fofocas não nos ajudam. Eu gostaria de pedir privacidade para mim e minha família enquanto passamos por essa situação difícil. Por favor, saibam que muitos estão trabalhando nessa situação, e espero que um dia eu consiga me recuperar. Por favor, respeitem minha privacidade enquanto também trabalho na minha cura."

Eu sabia que, assim que publicasse essa declaração, estava efetivamente queimando qualquer ponte frágil que ainda pudesse existir entre mim e Ruby. Mas algo dentro de mim havia mudado. A necessidade de defender aquilo em que eu acreditava, de me distanciar de Ruby, de Jodi e de tudo o que elas representavam, havia se tornado mais forte do que o medo das consequências.

Depois que postei, senti uma mistura de terror e euforia. Era como se eu tivesse pulado de um penhasco, sem saber se havia água ou pedras lá embaixo. Pela primeira vez em muito tempo, porém, senti que estava sendo fiel a mim mesma. Fosse lá o que acontecesse, eu enfrentaria.

*

Meu coração estava acelerado quando me aproximei da sra. Haymond na cozinha. As palavras pareciam pesadas na minha boca, mas eu as forcei a saírem.

— Sra. Haymond — falei, minha voz baixa e trêmula. — Preciso ir buscar alguns documentos na casa da Pam hoje. Você... você poderia ir comigo? Acho que não consigo fazer isso sozinha, e eu não posso dirigir sem seguro.

O rosto da sra. Haymond se suavizou, os olhos se enchendo com uma compaixão com a qual eu passara a contar.

— Claro que vou com você, Shari. Vamos fazer isso juntas.

O caminho até a casa da Pam foi um borrão. Enquanto subíamos os degraus da frente, cada passo parecia me levar para mais perto de algum confronto inevitável. Minha mão tremeu quando bati na porta.

Quando ela se abriu, meus piores medos se confirmaram. Ali estava Pam, o rosto contorcido de desaprovação. Mas foi a figura atrás dela que fez meu sangue gelar. Ruby, minha mãe, estava ali, de postura reta e régia, segurando meus documentos como se fossem reféns.

Era uma emboscada.

— Olá, Shari — disse Ruby, a voz pingando falsa doçura.

Engoli com força, minha boca de repente seca como lixa.

— Pode me dar meus documentos, por favor? — pedi, estendendo a mão, ordenando que não tremesse.

Ruby semicerrou os olhos.

— Não tão rápido assim. Não vou te dar os documentos até você me ouvir. Entre. Vamos conversar.

Naquele momento, senti uma onda de força que eu não sabia que tinha.

— Não — falei, minha voz trêmula, mas clara. — Não vou entrar. Se quiser conversar, podemos fazer isso aqui fora.

E, assim, ali ficamos, nós quatro na varanda de Pam, presas em um embate bizarro. Ruby, segurando meus documentos como uma arma. Pam, como se fosse uma sombra. A sra. Haymond, calma e contida atrás de mim, um pilar silencioso de apoio. E eu, tremendo como uma folha, mas me recusando a ceder.

O rosto de Ruby se contorceu com raiva e mágoa.

— Não acredito que você chamou a polícia para ir atrás de mim — começou ela, a voz aumentando de tom. — Depois de tudo o que fiz por você, depois de todos os meus sacrifícios. Como pôde me trair assim, Shari? Como pôde ser tão egoísta?

Senti a presença firme da sra. Haymond atrás de mim, me lembrando que eu não estava sozinha, que tinha apoio além da teia tóxica da minha família.

— Egoísta? — repeti, encontrando força em minha voz. — Fiquei preocupada com as crianças. Elas ficaram sozinhas por cinco dias, mãe. Cinco dias!

— Elas estão bem — devolveu Ruby. — Têm idade suficiente para cuidar de si mesmas. Estou falando de você, Shari. Seu ciúme, sua necessidade de atenção.

Senti uma bolha de riso histérico subir à minha garganta. Como ela podia distorcer isso, fazer parecer que a culpa era minha? Mas, também, ela não fora sempre assim?

— Isso não tem a ver comigo — falei, minha voz mais firme do que eu me sentia. — Tem a ver com a segurança dos meus irmãos. Tem a ver com fazer o que é certo.

Os olhos de Ruby queimavam perigosamente.

— O que é certo? Você faz ideia do que é certo? Você é uma criança brincando de ser adulta. Seus irmãos estão com medo de você depois que chamou a polícia para bater na porta deles.

O rosto de Ruby endureceu, os lábios se torcendo em um sorrisinho de escárnio.

— Um dia, Shari, você vai rastejar de volta para mim. Me implorando por perdão. Vai ser difícil eu te perdoar, mas serei benevolente.

— Perdão pelo quê, mãe?

— Você está contando mentiras sobre mim por toda parte, e elas estão se espalhando como sementes de dentes-de-leão. As ervas daninhas estão se espalhando e um dia você terá que arrancar todas elas e vir se desculpar comigo.

— Não vou me desculpar por dizer a verdade — falei, minha voz baixa mas firme.

— Como ousa entrar em contato com Chad e Kevin pelas minhas costas? — sibilou ela, cuspindo.

— Eles são minha família também. Você não pode ditar com quem eu posso ou não falar. — Senti a raiva aumentar, quente e poderosa no peito.

Ruby deu uma risada dura e sem humor.

— Família? Por favor. Você já deixou bem claro que não quer ter nada a ver com esta família. Você é uma traidora, Shari. Um judas entre nós.

Senti as lágrimas descendo pelo meu rosto, quentes e pegajosas nas minhas bochechas.

— Você sempre me odiou — sussurrou ela. — Desde que tinha cinco anos, eu via nos seus olhos. O jeito como me olhava, o jeito como me julgava. Você nunca foi grata por nada que fiz por você, todos os meus sacrifícios.

— Mentira — falei, engasgada. — Nunca te odiei, mãe. Só tinha medo de você.

Ruby balançou a cabeça.

— Você é como os romanos na Bíblia — disse ela. — Me dando vinagre quando estou morrendo de sede, me crucificando por seus próprios ganhos egoístas.

Ouvi a sra. Haymond murmurar algo baixinho, algo que soava muito parecido com "ah, pelo amor de Deus". Mas eu estava focada demais em

Ruby para prestar atenção. Senti uma crise de pânico chegando, meu peito apertando e minha visão começando a ficar embaçada.

Ruby não tinha terminado:

— Quando estiver pronta para se desculpar, se desculpar de verdade, então talvez possamos voltar a ser uma família. Mas até lá não entre em contato comigo, nem com Kevin ou Chad ou qualquer um na nossa família. Porque você não terá resposta.

A sra. Haymond deu um passo à frente, a voz calma mas firme:

— Ruby, acho que está na hora de dar os documentos a Shari e nos deixar ir embora.

Por um momento, pensei que Ruby fosse discutir. Mas algo nos olhos da sra. Haymond, em sua mandíbula cerrada, deve tê-la feito mudar de ideia. Ruby enfiou os papéis nas minhas mãos, os dedos encostando nos meus.

— Aqui — disse ela, a voz fria e distante.

Segurei os documentos contra o peito.

— Mais uma coisa — disse Ruby. — Vi seu story no Instagram. Pode me prometer que não vai mais falar disso nas redes sociais?

Esperei até que os papéis estivessem seguros na minha bolsa antes de responder, minha voz trêmula mas clara.

— Não — falei.

E essa foi a última interação que tive com a minha mãe.

★

A sra. Haymond me guiou de volta ao carro, o braço firme contra minha cintura como se sentisse que minhas pernas estavam fracas.

Enquanto eu caía no banco do passageiro, a represa enfim estourou. Meu corpo inteiro tremeu e comecei a arfar. A sra. Haymond não disse nada, apenas dirigiu, as mãos brancas de tanto apertar o volante. As casas e árvores e caixas de correios se misturaram em uma névoa.

Eu tinha sido excomungada. Deserdada. Era uma dor além das palavras, uma perda tão profunda que senti como se fosse uma amputação física, como se uma parte da minha própria alma tivesse sido arrancada.

A mão da sra. Haymond encontrou a minha acima do console central, quente e reconfortante. Ela não tentou preencher o silêncio com trivialidades ou incentivos vazios. Não tentou minimizar a enormidade do que tinha acabado de acontecer. Ela se limitou a segurar minha mão, uma promessa silenciosa de que estaria ali, os dedos apertando os meus com força.

QUINTA PARTE

queda das condenadas

CAPÍTULO 38

a câmara de eco

DIÁRIO

Tive um sonho esta noite. Minha irmã mais nova estava sentada no meu joelho e explicava por que eu não podia falar com a família por enquanto. Eu disse que a amava e pedi que viesse me encontrar um dia. Acordei e tive a sensação de que ela tivera o mesmo sonho que eu. Sinto que ela está sendo guiada.

Hoje também é aniversário do meu pai. Mandei uma mensagem e não esperava resposta, mesmo assim doeu ele não ter respondido. Sinto falta de ter alguém para chamar de mãe e pai. Era bom para o meu coração, e agora tudo acabou.

Meu story do Instagram disparou uma tempestade de fofocas, com pessoas de todos os cantos dando suas opiniões e teorias.

"Eu sabia que havia algo estranho nessa família."

"Pobre Shari, o que será que aconteceu para ela cortar relações com a Ruby?"

Li os comentários, as mensagens privadas, as palavras bem-intencionadas de estranhos. *Ah, se eles soubessem toda a história do que aconteceu com a minha família,* pensei, de coração partido.

Encontrei conforto no santuário da casa dos Haymond. Os Haymond que me mostraram um jeito diferente de ser, um tipo diferente de cuidado que eu nunca tive antes. Era um cuidado que não vinha com segundas intenções, que não exigia que eu me retorcesse para tentar merecê-lo. Era um cuidado fornecido de graça, sem reservas ou expectativas.

Um dia, me sentei com os Haymond na sala de estar aconchegante da casa deles, as palavras saindo da minha boca antes que eu pudesse interrompê-las.

— Posso chamar vocês de mãe e pai? — perguntei, minhas bochechas queimando.

O rosto da sra. Haymond se iluminou como uma árvore de Natal, os olhos marejados.

— Ah, querida — ela arfou, me puxando para um abraço apertado que quase esmagou minha caixa torácica. — Claro que pode. Eu ficaria honrada de ser chamada de mãe.

Eu precisava deles e da estabilidade que representavam. Se eu ia superar isso, precisava de pessoas que se comportavam como uma família de verdade.

⋆

— Oi, pessoal! Sou sua anfitriã, Ruby Franke — disse minha mãe alegremente. — Bem-vindos a mais um episódio do *Podcast ConneXions*, onde ajudamos a criar alegria em sua vida e relacionamentos. Comece seu treinamento hoje em ConneXionsclassroom.com. Você também pode nos seguir no Facebook e no Instagram no @ConneXionsCoaching, ou no nosso grupo privado no Facebook, Mães da Verdade com Jodi e Ruby.

Apesar de tudo, Ruby e Jodi continuavam com sua irritante cruzada do "Mães da Verdade", parecendo ignorar o fato de que o mundo inteiro estava se voltando contra elas.

Para ser aceita no grupo Mães da Verdade no Facebook, era necessário responder perguntas como: "Está disposta a ser grata para receber conselhos de maternidade de mulheres experientes?". Mesmo assim, com toda a filtragem, a maioria das mulheres naquela página era formada por trolls anônimos, estranhamente fascinadas pelo narcisismo de Ruby e pela crueldade no *8 Passengers*, curiosas para ver que diabos ela estava aprontando agora.

Preparem a pipoca.

"Uma criança é responsável por três coisas", pregava Ruby. "Uma criança precisa aprender a gerenciar seus pensamentos, sentimentos e comportamentos. E precisa aprender a gerenciá-los na Verdade, o que significa que será honesta, será responsável e será humilde com tudo isso. E isso é muita responsabilidade..."

A hipocrisia era inacreditável. Ruby e Jodi tinham se coroado como as maiores autoridades em maternidade e família, mesmo assim suas ações falavam muito sobre sua verdadeira natureza. Jodi, que não tinha contato com o filho e a filha. Ruby, que me cortara por completo, estava agora escondendo meus irmãos do mundo, suas vidas envoltas em segredo e isolamento.

A internet estava em chamas com reações, especialmente no Reddit, onde os antigos fãs do *8 Passengers* expressavam seu choque e nojo pela trajetória de Ruby.

"Essas mulheres são totalmente LOUCAS. O nível de ginástica mental que elas fazem é impressionante."

"Ruby faz *gaslighting* DEMAIS. Bem beata mesmo."

Ruby parecia ignorar a repercussão. Ela se recolhera em uma câmera de eco que ela mesma construíra, rompendo relações com qualquer um que pudesse desafiar sua visão de mundo. Ela encontrara seu papel como discípula devota de Jodi, e parecia que nada poderia tirá-la dele.

Jodi nunca se declarou explicitamente uma profeta ou deidade, mas a implicação estava em cada palavra e ação dela. Ela se posicionava como a escolhida, uma salvadora enviada para liderar os fiéis à iluminação. Ruby, por sua vez, havia se tornado a seguidora mais fervorosa. Juntas, elas se apresentavam como aquelas que sabiam de tudo e eram todo-poderosas, sem permitir que nada questionasse sua autoridade.

Meu celular vibrava sempre com mensagens de amigos e até mesmo estranhos preocupados:

"Como estão seus irmãos? Estão bem? Está falando com eles?"

Eu não sabia como responder. Meus irmãos, antes tão próximos, tinham se tornado estranhos para mim. Eu não sabia se estavam bem, como era sua rotina nem onde estavam. Ninguém sabia como eles estavam – ninguém exceto Ruby. Ela era a guardiã, controlando toda a informação sobre a vida dos meus irmãos.

Eu não podia dar as respostas que as pessoas buscavam, e não podia aliviar as preocupações delas – nem as minhas. Tinha que encarar a realidade da situação: uma família rachada, irmãos escondidos e uma mãe que escolhera a loucura em vez do bem-estar dos próprios filhos.

CAPÍTULO 39

abandonados pela justiça

Meu estômago apertava mais a cada dia. Eu estava de volta à faculdade e não conseguia parar de andar de um lado a outro no apartamento, os pensamentos espiralando de preocupação com meus irmãos. Tudo apontava para o fato de que eles estavam com muitos problemas sob o teto de Ruby.

O celular me arrancou dos meus pensamentos agitados. Olhei para o nome – nossa vizinha, a sra. Larsen. Com uma sensação de pavor, atendi.

— Shari, achei melhor te contar — disse ela, a voz pesada. — Ruby tirou todas as crianças da escola.

Senti que tinha levado um soco.

— Ah, não... obrigada por me contar — consegui dizer antes de desligar.

Me joguei na cadeira, minha cabeça girando. Então o celular tocou de novo. Dessa vez eram os Gunderson, que moravam do outro lado da rua.

— Shari... odeio ter que te dizer isso — disse o sr. Gunderson em tom de desculpas. — Mas sua mãe se livrou do Dwight.

— O quê? Não! — exclamei. Nosso cavapoo amoroso e brincalhão. As crianças eram loucas por ele. — Por que ela faria isso?

— Acho... — O sr. Gunderson hesitou. — Acho que é para as crianças não poderem sair, sabe, para levá-lo para passear pelo bairro. Parece que a Ruby não quer que ninguém os veja.

A pergunta era: o que mais ela estava fazendo com eles? As possibilidades faziam minha cabeça girar. Eu tinha que fazer alguma coisa, mas o quê? Chamar a polícia de novo? Ir até lá e confrontar Ruby eu mesma?

Tive uma ideia maluca.

E se eu voltasse rastejando para Ruby? E se eu fingisse me desculpar, me fingisse de boazinha, para poder ficar perto das crianças de novo?

Não. Ela não cairia nessa. Não posso lidar com isso sozinha. Preciso de ajuda, alguém com autoridade real.

Peguei o celular e desci pela agenda até encontrar o número da DCFS. Então disquei.

— DCFS, Kelly falando.

— Oi, Kelly, aqui é Shari Franke. Lembra de mim? Precisamos conversar. Tenho novas informações sobre meus irmãos, e são bem ruins. Preciso que você nos ajude. Por favor. Antes que aconteça alguma coisa.

As semanas seguintes foram um turbilhão de agentes do DCFS, advogados – chegaram a falar em contratar um psicólogo forense. Contei sobre meus próprios abusos na infância, todos os detalhes que me lembrava da infância com Ruby, minhas preocupações de que seus métodos cruéis de punição psicológica e privação tivessem piorado e que as crianças agora estivessem em grande perigo. Falei até a garganta doer, implorando que interviessem antes que fosse tarde demais.

A assistente social do DCFS me disse:

— Não temos nenhuma evidência de abuso físico. Mas faremos o máximo possível para levar isso a um juiz e tirar as crianças de lá.

Pela primeira vez em muito tempo, senti um pouquinho de esperança. Talvez, finalmente, alguém com poder abrisse os olhos e visse o que estava acontecendo. Orei todos os dias para que as crianças aguentassem até que as pessoas certas pudessem reunir as evidências necessárias para enfim agirem.

Essa esperança foi apagada por uma ligação que recebi um mês e meio depois, em 27 de outubro de 2022.

— Shari... sinto muito. — Era Kelly, parecendo chateada. — Estamos encerrando o caso. O oficial de justiça alega que não há evidências suficientes. Sem provas reais e concretas de que o abuso está acontecendo... ficamos de mãos atadas, é tudo conjectura. É essa lei nova complicando as investigações de casos de negligência. Eu sinto muito mesmo.

O celular escorregou da minha mão, batendo no chão. Caí contra a parede enquanto soluços tomavam conta do meu corpo, deslizando até estar encolhida no chão. Lágrimas quentes desciam pelo meu rosto.

— Pai celestial — implorei desesperadamente entre soluços trêmulos. — Por favor, ajude minha família! Nos envie ajuda na forma da Sua luz.

CAPÍTULO 40

mausoléu da mamãe

O que é a dor? É errado? É uma coisa a ser evitada? Não. A dor é uma oportunidade de crescimento. É um lugar onde você pode ganhar sabedoria com sua experiência, e é uma oportunidade de crescimento. Já ouviu o ditado "não há ganho sem dor" na academia? É para isso que serve a dor. É uma oportunidade de desenvolver, de esticar, de se motivar. A dor é um lugar onde você pode ganhar sabedoria. Então, a realidade é que a dor é necessária. É um presente.

— Jodi Hildebrandt, aula da ConneXions

O ar fresco de novembro mordiscava minhas bochechas enquanto eu caminhava pelo campus. Do nada, um rosto familiar apareceu. Professor Kevin Franke. Meu pai.

Nos últimos meses, ele havia conseguido se manter longe de mim, mesmo ainda lecionando na universidade. Éramos como dois fantasmas, assombrando as bordas da vida um do outro. Mas agora, *boom*, ali estava ele, bem na minha frente. Eu já tinha imaginado esse momento um milhão de vezes, tentando prever como seria, mas ainda assim fiquei sem fôlego.

Nos encaramos por meio segundo. Ele estava péssimo. Me deu um sorriso contido e falso, e então afastou o olhar, andando rápido como se estivesse com pressa para se afastar de mim. Nem uma palavra, só um sorrisinho patético.

Eu queria correr atrás dele, agarrá-lo pelos ombros e gritar na sua cara: *Você ficou cego? Cadê seus filhos? Você não se importa?*

Mas simplesmente fiquei ali, paralisada. Quem eu estava tentando enganar? Ele mal conseguia cuidar de si, muito menos salvar os filhos.

Esquece, pensei. *Ele não vai conseguir ajudar.*

No dia 5 de dezembro, meu celular vibrou com uma chamada da nossa vizinha.

— Shari, pensei que você devia saber — disse ela, hesitando. — Sua mãe está encaixotando as coisas. Acho que ela vai se mudar.

O pavor apertou seu punho em meu coração.

— O quê? Pra onde? Ela te disse alguma coisa?

— Bem, ela perguntou quanto custam as taxas da associação de moradores e disse que estava pensando em alugar a casa ou vender. Eu sei que ela está colocando pertences e móveis para vender na internet.

Eu a agradeci e desliguei, minha mente girando. Ruby ia se mudar com as crianças para a casa de Jodi em Ivins? Eu não conhecia ninguém naquelas bandas. Não haveria ninguém para ficar de olho, para me dar informações sobre como as crianças estavam. Ou, pior ainda, e se elas tivessem outra coisa em mente? E se desaparecessem com as crianças? Sumissem por completo?

Isso não pode estar acontecendo. Eu não posso perder as crianças. NÃO POSSO. Minhas mãos começaram a tremer descontroladamente. Fechei-as em punho, enfiando as unhas nas palmas, tentando focar. *Respire, Shari. Apenas respire.*

O pânico subiu à minha garganta. Senti que precisava ir até a casa. Eu não podia deixá-la jogar tudo fora. Tudo da minha infância, cada memória e objeto precioso ainda estava naquela casa. Meus pequenos tesouros das nossas viagens em família. As Escrituras que Ruby e Kevin me deram quando fui batizada. Pedaços de uma vida que havia se tornado um sonho distante que rapidamente se apagava. Eu não podia deixá-la me apagar por completo. Eu precisava de algo, qualquer coisa, para me segurar. Alguma pequena prova de que eu tinha existido.

Escrevi um e-mail para Ruby, lutando para manter o tom neutro. Expliquei que gostaria de ir até lá para pegar algumas das minhas coisas, se possível. Prendi a respiração e enviei, esperando receber uma resposta civilizada.

Os dias passaram sem resposta. O silêncio era ensurdecedor, sarcástico. Claro. Por que Ruby facilitaria alguma coisa? Por fim, não aguentei mais.

— Pai, preciso da sua ajuda — falei para o sr. Haymond. — Preciso ir até a casa em Springville para pegar algumas das minhas coisas antes que seja tarde demais. Você vem comigo? Acho que não consigo sozinha.

— Você não está sozinha, Shari — disse ele. — Vou com você buscar suas coisas.

No dia seguinte, paramos na calçada em frente à casa onde cresci. Felizmente, o carro de Ruby não estava. O lugar parecia morto; todas as cortinas fechadas. Se as crianças estivessem em casa, eu sabia que Ruby teria instruído elas a não atenderem a nenhuma batida na porta, que estava trancada. E eu tinha certeza de que tinham sido avisadas para não falarem comigo. Eu era a vilã.

Então, dei a volta pelos fundos. A velha portinha de cachorro do Dwight. Era apertada, mas consegui me esgueirar para passar, caindo desajeitadamente no chão da cozinha. *Ai. Ok. Entrei.*

Olhei ao redor. Parecia que não havia ninguém. Algumas caixas confirmaram o que a sra. Gunderson me contou, que Ruby estava de mudança. Subi as escadas para o meu quarto. A casa estava tão silenciosa.

Peguei o máximo que pude em poucos minutos.

Enquanto juntava minhas coisas, um pensamento aleatório me ocorreu. O aniversário de casamento dos meus pais estava chegando. Teriam completado vinte e dois anos.

Enquanto eu me sentava ali, me agarrando à minha parca sacola de memórias, chorei. Pela família que perdi. Pelo buraco negro que tinha engolido o meu passado.

Feliz aniversário de casamento, Ruby e Kevin. Espero que tenha valido a pena.

CAPÍTULO 41

filha de ninguém

DIÁRIO

Me sinto órfã. Não sou filha de ninguém. Mas sei que sou dEle. Eu pertenço a Jesus Cristo. Nem Jodi pode mudar isso.

Em meio à tristeza, tive uma ideia: *por que não entrar em contato com minhas tias?* Eu nunca fora muito próxima de nenhuma, mas ainda eram da minha família. E nunca me fizeram nada de ruim.

Como se o universo tivesse ouvido meu apelo silencioso, naquele mesmo dia minha tia Julie entrou em contato comigo pelo Instagram. Sua mensagem era simples, mas parecia uma salvação.

"Ei, acabamos de nos mudar para Provo, não muito longe de você. Só quero que saiba... pensamos em você o tempo todo."

Meu coração disparou enquanto eu lia o resto da mensagem. Ela disse que tinha ouvido falar da minha situação, que eu tinha sido excluída, e que esperava que eu estivesse bem. Perguntou se eu estaria interessada em jantar com eles algum dia.

Respondi, meus dedos tremendo um pouco enquanto digitava.

"Na verdade, eu adoraria jantar com vocês."

Várias coisas aconteceram a seguir. Julie contou a Bonnie e Ellie, e, antes que eu me desse conta, Ellie estava dirigindo as quatro horas de St. George, onde morava, para um grande jantar na casa de Julie – as três irmãs de Ruby e eu.

Fui até a casa de Julie naquela noite, a apenas dois minutos do meu apartamento, sentindo uma mistura de animação e apreensão. O jantar foi... complicado. Fazia anos que eu não as via.

E, sim, elas tinham perguntas – muitas perguntas. "O que está acontecendo com Ruby? E a Jodi? Como estão as crianças?" Senti que estava sendo interrogada, mas entendia sua necessidade desesperada por informação. Elas também tinham sido afastadas por Ruby a essa altura, presas na mesma teia de disfunção familiar que me dominara.

O jantar, por mais intenso que tenha sido, também foi um bom momento. Ali, enfim, havia algo que se parecia com uma família. Não era perfeito, não era o que eu havia perdido, mas era alguma coisa. Um elo com o meu passado, uma possível ponte para o meu futuro.

Nas semanas que se seguiram, tia Julie e eu nos aproximamos. Quando estava perto dela, eu sentia uma paz me invadir, um novo tipo de afinidade. Uma afinidade forjada na dor compartilhada, na compreensão mútua e na esperança tímida de cura. Às vezes a família não é apenas aquilo onde nascemos – é também o que construímos após a perda.

★

O brilho da televisão lançava uma luz sinistra pela sala de estar escurecida, o murmúrio baixo do narrador sendo o único som. Eu estava encolhida no sofá no meu apartamento compartilhado, os olhos grudados na tela da TV enquanto mais um programa de *true crime* passava diante de mim e minhas colegas. Eu não conseguia assistir nada diferente. Não era apenas fascínio mórbido; acho que uma parte de mim estava em busca de respostas.

A história se desenrolando diante de mim era sinistra – uma mulher presa em um relacionamento com um homem controlador e obsessivo. Enquanto o narrador descrevia a maneira como ele a havia isolado, perseguido, acompanhando cada ação dela, minha pele se arrepiou com uma sensação atordoante de reconhecimento.

Pensei no jeito como Derek me olhava enquanto exigia saber onde eu estivera e com quem. A constante onda de mensagens e ligações, o fato de me fazer sentir culpada pelas menores coisas. E havia as coisas estranhas e perturbadoras que ele tinha dito.

Tipo aquilo em que eu não conseguia parar de pensar.

— Você precisa aprender a se defender se estiver em uma situação ruim, Shari. Vou te ensinar.

Uma sensação de desconforto se aninhou no fundo do meu estômago.

— Sério?

Um sorriso vagaroso se espalhou pelo rosto dele.

— Vou aparecer no seu campus, disfarçado, e te atacar. Só para ver se você está prestando atenção.

— *O quê?!*

— É! Só para garantir que esteja preparada e saiba como reagir.

Ele disse isso na maior tranquilidade. Como se não fosse uma ameaça. Mas era. Eu sabia que era. Ele estava me lembrando que, a qualquer momento, ele podia... fazer o que quisesse comigo. E eu seria impotente para impedi-lo.

Meu celular vibrou. Olhei para baixo, meu coração doendo quando vi a mensagem de Derek.

"Sei que todos na sua vida te decepcionaram, Shari. Você foi decepcionada por muita gente. Magoada. Mas estou aqui por você. Eu sou um dos poucos que se importam de verdade."

Coloquei o celular no silencioso e o deixei de lado.

Na tela, o programa de crime estava chegando ao seu terrível clímax – o ex-namorado, sem conseguir aceitar que o alvo do seu amor seguira em frente, a matou. Fotos do corpo sem vida da mulher dispararam pela tela, e de repente pensei:

Preciso do meu pai.

Eu queria ter podido ligar para Kevin, contado para ele o que estava acontecendo, pedido sua ajuda como meu protetor. Ele estava bem ali, todos os dias, lecionando na universidade. Mas era como se eu fosse invisível. Meu pai, ainda o homem que me segurara quando eu era bebê, que tinha me ensinado a andar de bicicleta e a amarrar meus cadarços, não conseguia mais me ver.

Ele não era mais meu protetor. Era só mais uma pessoa que me decepcionara, mais uma pessoa que me dera as costas quando eu mais precisava.

Olhei para o calendário na parede, a dois dias do meu aniversário, circulado com pincel atômico vermelho. Três de março. Meu aniversário.

Naquela noite, deitada na cama encarando o teto, orei para Deus.

Se for para eu sair dessa situação, preciso da resposta mais clara que você já me deu na vida. Preciso que me ajude a saber que isso acabou. Por favor, Deus. Me dê um sinal.

Na manhã seguinte, acordei com um pulo, lágrimas descendo pelo meu rosto. Três palavras soaram na minha mente, tão altas quanto se tivessem sido ditas em voz alta.

Isso acaba agora.

E isso foi o tudo o que precisei. Com as mãos trêmulas, peguei o celular e comecei a escrever uma mensagem para o meu bispo. Eu sabia o que tinha que fazer, sabia o que a igreja esperava de mim. Mas a ideia de expor minha maior vergonha, meus segredos mais sombrios…

Fechei os olhos e inspirei fundo.

— Pai do céu — sussurrei, minha voz falhando. — Por favor, me dê forças. Me dê coragem.

E, então, comecei a digitar.

"Bispo, preciso falar com você. Fiz uma coisa ruim e preciso me confessar."

Quando enviei a mensagem, meu rosto estava riscado por lágrimas. Eu estava essencialmente selando meu destino.

Serei expulsa da igreja, pensei, meu coração acelerado.

Mas eu precisava. Não podia mais guardar isso dentro de mim. Eu estava disposta a encarar qualquer disciplina da igreja que fosse necessária se isso significasse acertar as coisas e viver com a consciência tranquila.

Em seguida, mandei mensagem para minha tia Julie.

"Oi, preciso muito contar uma coisa para vocês."

A resposta dela foi imediata.

"Claro, venha até aqui."

Deixei meu celular no apartamento, sem querer arriscar que Derek soubesse aonde eu ia.

Me vi na sala de estar dos meus tios, meu olhar fixo no carpete enquanto tentava encontrar as palavras para contar a minha história. Saiu aos poucos. Não contei a eles todos os detalhes, mas acho que entenderam.

— Pobrezinha — disse Julie, me puxando para um abraço apertado. — Quero que saiba que vamos te apoiar, não importa o que aconteça, Shari.

Voltei para o meu apartamento para pegar o celular, e retornei de imediato à casa da minha tia porque não queria ficar sozinha. Vi uma parede de mensagens de Derek, como sempre. Naquele dia, porém, não consegui me obrigar a responder de imediato. Na verdade, esperei o máximo que pude. O máximo de tempo que já passei sem responder para ele.

"Shari, o que está acontecendo, você está bem?", escreveu ele na centésima mensagem do dia.

Cedi e respondi só para calar a boca dele.

"Tudo certo. Estou passando o dia na minha tia", respondi.

"Que tia?"

"Minha tia Julie, em Provo."

"Mas seu celular mostrou que você ficou no apartamento o dia todo."

"Esqueci ele lá, por isso não respondi até agora."

"Você nunca esquece seu celular. Está chateada com alguma coisa, eu sei."

"Derek, estou bem."

"Está triste porque é seu aniversário, não é? Está triste porque não tem família para celebrar com você. Tudo bem, estou aqui, Shari. Você não precisa ficar sozinha no seu aniversário. Vou torná-lo especial para você. Vou te levar para jantar."

Não consegui responder.

Menos de trinta minutos depois, através da grande janela da sala de estar da minha tia, vi o carro de Derek parar na rua. Não consegui acreditar – ele estava usando o compartilhamento de localização do meu celular para me perseguir. Me encolhi no canto, tentando ficar o menor possível.

— Ele está aqui! — arfei.

Todos observamos, paralisados, enquanto ele parava ao lado do meu carro, estacionava e saía, os braços cheios de presentes. Ele os deixou ao lado do meu carro antes de enfim ir embora, a expressão sombria.

Minha tia Julie encarou, chocada, aquele homem de quase cinquenta anos agindo como um Papai Noel apaixonado.

— É muito atrevimento! — sussurrou Julie. — Ele tem idade para ser seu pai! Um homem casado correndo atrás da minha sobrinha!

— Sinto muito, eu nunca quis...

Julie balançou a cabeça veementemente.

— Shari, não é culpa sua! Aquele cara é maluco! Olha pra ele! Quer que a gente fale com ele?

— Não — respondi. — Eu mesma vou acabar com isso. Vou mandar mensagem para ele mais tarde. Tem que ser eu, ou ele não vai acreditar.

*

À noite, voltei para o meu apartamento e me vi no sofá da sala, chorando descontroladamente. Eu nem estava mais tentando esconder das minhas colegas.

— Shari, o que aconteceu? — perguntou minha colega conservadora.

Eu não conseguia acreditar que essa pessoa, uma das garotas mais religiosas que eu conhecia, estava prestes a ser a primeira pessoa em quem eu confiaria totalmente a respeito disso. Mas foi o que aconteceu. Em meio às lágrimas, contei tudo a ela. Que havia um homem casado, muito mais velho do que eu. Que eu tinha feito coisas com ele, coisas muito íntimas. Coisas que nunca quis fazer, mas fiz mesmo assim. Que eu era uma fornicadora, uma adúltera, uma pecadora. Todos os segredos que mantivera escondidos nos últimos dois anos.

Para minha surpresa, em vez de julgamento, vi apenas compaixão em seus olhos. Ela me abraçou com força.

— Sinto muito que isso tenha acontecido com você, Shari. Não sei quem é esse homem, mas ele parece... um demônio!

— Mas eu fui cúmplice. Não interrompi. Vou confessar tudo para o meu bispo.

Vi os olhos dela se arregalarem.

— Provavelmente vão tirar minha recomendação para o templo — falei.

— Não, Shari! — Ela balançou a cabeça, aterrorizada.

Uma recomendação para o templo é um documento que certifica que você é digno de entrar e participar de cerimônias no templo. Se você cometer um pecado grave, ela pode ser revogada. Seria fonte de muita vergonha para mim se acontecesse. Me distanciaria de Deus. Era o pior dos casos.

Minha colega se levantou e começou a andar de um lado a outro.

— Não, você não pode perder sua recomendação para o templo. Não seria certo. Isso não é culpa sua!

Minha outra colega entrou e eu expliquei o que estava acontecendo.

— Shari, o que você vai fazer? — perguntou ela, em choque.

— Acabar com isso. Mas ele vai ficar bem chateado. Então, de agora em diante, precisamos tomar mais cuidado – manter as portas fechadas, as cortinas puxadas e tudo trancado.

Elas assentiram, parecendo assustadas.

Então respirei fundo e me levantei, segurando o celular.

— Chegou a hora. Vou fazer isso sozinha, se vocês não se importarem.

Fui até o quarto e me sentei na cama. Com dedos trêmulos, escrevi a mensagem, meu coração disparado.

"Derek, chega. Acabou. Quero que me deixe em paz. Para sempre."

Meu dedo pairou sobre o botão de enviar, o coração batendo forte contra o peito. Ele não me deixaria ir tão facilmente. Mas eu não podia continuar vivendo assim.

Cliquei em enviar.

Sua resposta foi rápida e fria.

"Uau, Shari. Bem, acho que eu tinha razão. Você nunca se importou comigo. Você é uma mentirosa."

"Não é verdade. Eu me importava, sim. Mas isso é errado. E não acho certo o jeito como as coisas estão. Isso precisa parar. Não me procure mais."

"Tá bom, Shari", respondeu ele. "Tenha uma boa vida."

Bloqueei o número e encarei meu celular pelo que pareceram horas antes de ouvir uma batida suave na porta.

— Podemos entrar?

— Sim.

Minhas colegas entraram e se sentaram comigo em silêncio.

— Shari, não é seu aniversário? — perguntou uma.

Assenti.

— É.

— A gente devia comprar coisas para fazer pizza e ver um filme! — disse a outra, animada. — Ninguém tem o direito de arruinar este dia.

A gentileza e compreensão delas significaram bem mais do que podem imaginar.

No dia seguinte, meu bispo e eu combinamos uma conversa por Zoom. Eu ia confessar.

A janela do Zoom ganhou vida, revelando o rosto preocupado do Bispo Johnson. Respirei fundo, minhas mãos tremendo um pouco enquanto ajustava a tela do notebook.

— Shari, que bom que você entrou em contato. O que te preocupa? — A voz dele era gentil, encorajadora.

Engoli em seco.

— Nem sei por onde começar.

— Vá no seu tempo — disse ele baixinho. — Lembre-se, estamos aqui para te ajudar a encontrar paz.

Lágrimas se acumularam nos meus olhos enquanto eu lutava para encontrar as palavras.

— Eu me envolvi com alguém… um homem casado. Derek. E coisas que não deveriam acontecer aconteceram. É tudo culpa minha. Eu sabia que era errado, e mesmo assim…

O bispo ouviu atentamente, franzindo a testa de preocupação. Quando terminei, ele se inclinou para mais perto da câmera.

— Shari, quero que me ouça com cuidado. Você foi colocada em uma situação pela qual nenhuma jovem deveria passar.

Caí no choro. Pela primeira vez, senti um fio de compreensão de que talvez, quem sabe, não fosse culpa minha.

A voz do Bispo Johnson era gentil, mas seus olhos estavam sérios.

— Geralmente, em uma situação assim, o nível mínimo de disciplina da igreja é perder sua recomendação para o templo — disse ele, com a testa franzida.

— Eu sei. Estou pronta para aceitar a punição que mereço.

O bispo ergueu a mão, balançando a cabeça.

— Espere aí, Shari. Não sei se punição é o que você precisa agora.

— Obrigada, bispo. Sei disso.

— No fim das contas, a decisão que a igreja tomar não depende de mim. Terei que ligar para o presidente da célula e falar dessas alegações.

O presidente da célula estava um nível acima na hierarquia e daria ao bispo instruções do que fazer.

Alguns dias se passaram, cada minuto parecendo uma eternidade. Quando o celular enfim tocou, mostrando o número do bispo, dei um pulo, desesperada para ouvir o que ele tinha a dizer.

— Então, conversei com o presidente da célula — disse ele, o tom contido. — Ele me lembrou de que temos a responsabilidade de garantir que nossos membros estejam vivendo de acordo com as leis de Deus. Ele acha que é melhor você se afastar do templo por um tempo e não tomar o sacramento enquanto investigamos. Sinto muito, Shari.

— Então estou perdendo minha recomendação para o templo — confirmei, um gosto amargo na boca.

— Por enquanto, sim. Infelizmente.

Senti um pouco de raiva, quente e afiada no meu peito.

— E quanto ao Derek? O que vai acontecer com ele? Também perde a recomendação para o templo?

— Essa decisão não é minha. Preciso do nome completo e do endereço para poder entrar em contato com o bispo dele. Vou te informar qual decisão eles tomarem.

— Entendo — falei.

— Vou orar por você, Shari.

— Obrigada, bispo.

Não havia nada mais que eu pudesse dizer ou fazer. O pesadelo tinha acabado. Pelo menos eu achei que sim, até que os e-mails começaram.

"Shari, eu sinto muito. Te magoei profundamente."

"Espero que você possa me perdoar um dia."

"Só queria que as coisas terminassem de maneira mais positiva. A gente devia conversar."

Bloqueei o e-mail de Derek, mas ele criava outro, mandando mais mensagens, implorando para me ver.

"Shari, você não pode fazer isso. Preciso de você. E você precisa de mim."

"NÃO FAÇA ISSO."

Começaram a chegar mensagens do número do filho dele – na época, esse filho estava em uma missão no exterior em nome da SUD –, um fluxo incessante e interminável de manipulação e culpa.

Um dia, vi a caminhonete dele passando em frente ao meu prédio, dando a volta no quarteirão, e foi aí que fiquei realmente assustada. Minhas colegas e eu nos amontoamos na sala de estar, com as cortinas fechadas, uma delas espiando para ter certeza de que ele tinha ido embora antes que qualquer uma de nós ousasse sair do apartamento.

Por fim, as mensagens, os e-mails e as passadinhas pararam, mas permaneci hipervigilante, sempre em alerta máximo. Sempre olhando por cima do ombro, sempre conferindo as fechaduras, preocupada que ele aparecesse e... me levasse.

Derek não recebeu nenhuma medida disciplinar – ele negou tudo, e o bispo acreditou nele sem questionar. Afinal, ele era um membro destacado da igreja. Quem acreditaria na minha palavra em vez da dele?

O fato de eu ter deletado todas as mensagens e e-mails dele não ajudou – não havia provas. Mesmo assim, não fazia sentido para mim. Se eles achavam mesmo que nada tinha acontecido, por que tiraram minha recomendação para o templo? Se eu era uma fornicadora, ele também era. Quando um não quer, dois não brigam, como dizem.

Depois de um mês, o presidente da célula concordou em devolver minha recomendação para o templo. Isso ainda não desfazia o fato de que me fizeram sentir que era tudo culpa minha. Meu bispo me aconselhou a não ficar chateada, a deixar tudo isso para trás. Mas como eu poderia? Perdi toda a confiança e fé, não em Deus, mas naqueles homens que, quando confrontados com a dor de uma jovem, decidiram varrê-la para debaixo do tapete e proteger seu amigo.

No fim das contas, decidi trocar de ala, recomeçar com um novo bispo e uma nova comunidade. Isso significaria adorar com uma congregação diferente, com estranhos. Mas tudo bem. Meu Pai Celestial conhecia meu coração e a força do meu espírito. De agora em diante, somente nEle eu depositaria minha confiança. E em mais ninguém.

CAPÍTULO 42

crimes verdadeiros

Na primavera de 2023, enfim contei para os pais de Kevin sobre a desintegração da minha família. Vovô Franke estava com quase noventa anos, e Vovó Franke tinha quase oitenta, e eles estavam fora do mundo digital, onde grande parte do drama da minha família acontecia. Sem redes sociais, mal conseguindo operar seus iPhones, eles eram relíquias de uma era diferente e, até aquele dia, ignoravam alegremente as complexidades da nossa crise de família moderna.

Vovó me recebeu na porta, o rosto se iluminando.

— Shari! Que surpresa adorável. Venha, entre. Quer sorvete?

Enquanto nos sentávamos à mesa desgastada da cozinha, o peso do que eu tinha a dizer me sufocou.

— Então, como vai todo mundo? — disse vovó, o olhar esperançoso. — Faz tempo que não tenho notícias do Kevin. Ele deve estar ocupado com o trabalho.

Inspirei fundo.

— Bem, é por isso que estou aqui. Tem uma coisa de que vocês precisam saber.

Enquanto eu explicava a situação – Kevin saindo de casa, Ruby pegando as crianças, meu afastamento –, observei as expressões deles passarem de confusão a coração partido.

A mão envelhecida do meu avô tremeu quando ele pousou a xícara na mesa.

— Não entendi. O Kevin largou a Ruby?

— Ela mandou ele embora.

A voz de minha avó tremeu:

— E as crianças? Onde estão?

— Não sei, vó. Faz meses que ninguém as vê. A Ruby se envolveu com esse grupo... eles têm ideias estranhas sobre família e criação de filhos. Ela cortou contato com muita gente, inclusive comigo. E os pais e irmãs dela.

— Isso não parece uma coisa que a Ruby faria! Ela ama a mãe dela! — protestou vovó fracamente.

— É, acho que ela mudou de ideia.

O silêncio que se seguiu foi ensurdecedor.

— Não se preocupe, vovó — falei. — Estou trabalhando com o serviço social e vamos garantir que as crianças estejam bem. Vou te manter informada. Tenho certeza que tudo vai se resolver em breve.

— Você é uma boa menina, Shari — disse meu avô, a voz tremendo.

Semanas depois, durante outra visita, minha vó me pegou na cozinha, a voz baixa:

— Shari, querida, teve notícias do Kevin? Ou alguma das crianças? Estamos tão preocupados.

Senti uma pontada de frustração misturada a empatia.

— Vovó, desculpe. Não sei nada novo. Assim que descobrir algo, vocês serão os primeiros a saber.

— Mas com certeza deve haver...

Eu a interrompi, o mais gentil que pude.

— Vovó, por favor. Se eu souber de algo, prometo que te contarei. Mas perguntar o tempo todo... não ajuda. Só magoa nós duas.

Ela assentiu, lágrimas nos olhos.

— Desculpe, querida. Me sinto tão impotente.

Eu a abracei, sentindo a fragilidade do seu corpo, o peso da sua preocupação.

★

Durante toda a primavera e o verão de 2023, fiquei presa em um infernal ciclo vicioso. Meus telefonemas para a polícia e para o DCFS não nos levavam a lugar nenhum, graças à lei de "criação livre" de Utah. Aprovada em 2018, essa lei tinha como objetivo proteger os pais que permitem mais independência aos seus filhos, mas estava sabotando por completo a capacidade de qualquer pessoa de proteger meus irmãos.

Na superfície, essa legislação parecia uma lufada de ar fresco para os pais que acreditam em promover a independência dos filhos. A lei essencialmente redefiniu a negligência, deixando claro que permitir que as crianças se envolvam em atividades independentes – por exemplo, ir a pé sozinhas para a escola, brincar ao ar livre sem supervisão ou ficar em casa por conta própria – não é inerentemente negligente. Mas a linguagem vaga da lei estava aberta a interpretações que poderiam ser exploradas por aqueles que buscavam justificar a negligência de verdade, ou até mesmo o abuso.

Pior ainda, impactou muito a capacidade das agências de bem-estar infantil de responder a denúncias de negligência. Diante do medo de violar essa nova legislação, assistentes sociais e outros profissionais se viram de mãos atadas quando solicitados a intervir em situações, mesmo quando ficava claro que as crianças estavam mesmo em risco, com consequências potencialmente devastadoras para crianças vulneráveis que precisam desesperadamente de ajuda – como meus irmãos.

Nem mesmo os vídeos perturbadores que Ruby e Jodi postavam em sua sala de aula da ConneXions foram vistos como motivo suficiente para justificar uma intervenção. Elas continuaram a propagar suas ideias cada vez mais alarmantes: que os adultos podem forçar as crianças a fazerem o que eles quiserem, que as crianças não têm direito à privacidade ou à autonomia, que os remédios são um sinal de viver em distorção. Elas criticavam as redes sociais, alegando que estavam "corrompendo" as crianças e "as tornando gays", enquanto afirmavam que ser gay era um pecado e uma escolha. Argumentavam que os celulares eram mais perigosos do que as armas e que os tiroteios em escolas eram apenas o resultado de as pessoas estarem "desconectadas".

Em um episódio, "Toque Verdadeiro", Ruby disparou um monte de afirmações alarmantes, oferecendo uma janela perturbadora para seus pensamentos. Sinistramente, declarou:

— Se o seu filho se aproxima de você com o corpo pegando fogo, não dê um tapinha na cabeça dele e diga "tudo bem, vou te ajudar". Não, espanque ele, chute ele e bata nele com um pau. Você não pode provocar vergões nas pernas do seu filho e então aplicar uma gaze com todo o cuidado e esperar pela cura.

Essa afirmação me fez arrepiar. *Vergões?* Era um cenário hipotético? Ou uma confissão? A maneira casual como ela falava sobre ferir uma criança me deu arrepios. Não eram apenas as palavras em si, mas o tom sábio, como se falasse de algo tão cotidiano quanto o café da manhã. Eu sabia que Ruby podia ser dura quando se tratava de disciplinar crianças. Mas isso parecia diferente. Parecia… sadismo.

Minha mente percorreu caminhos sombrios. A imagem dos meus irmãos mais novos, vulneráveis e à mercê de alguém capaz de pensamentos como esse me assombrava, e todo dia passado com Ruby tendo custódia parecia uma contagem regressiva para o desastre. Quanto tempo até que a retórica dela se transformasse em dano irreparável – isto é, se já não tivesse acontecido?

Mesmo com todo o conteúdo perturbador dela na internet, acessível a qualquer um que tivesse um navegador, legalmente não havia nada que pudéssemos fazer para tirar as crianças da custódia dela, graças à lei da criação livre. O sistema feito para proteger os vulneráveis falhava miseravelmente, deixando meus irmãos presos no que eu temia ser um pesadelo ganhando vida. Como é que algo tão evidentemente errado tinha permissão para continuar? E onde estava Kevin?

Em junho de 2023, recebi a notícia de que Kevin havia de repente abandonado seu cargo de professor na universidade. Senti uma pontada de tristeza; suas contribuições na área de pesquisa geotécnica sobre terremotos poderiam ter salvado inúmeras vidas em zonas sísmicas pelo mundo. Mas uma amarga ironia me atingiu – ali estava um homem que havia dedicado a vida a proteger pessoas, mas permanecia paralisado diante da catástrofe que se abatia sobre sua própria família.

O que seria necessário para Kevin redirecionar nem que fosse uma fração da energia que havia investido em sua pesquisa para a proteção da sua própria carne e sangue? Eu gostaria que ele pudesse, de algum modo, encontrar forças para se reerguer e lutar contra os perigos reais que nos ameaçavam – o mais urgente sendo Ruby, a mulher que tinha a custódia total e irrestrita dos meus irmãos. A mesma mulher que descaradamente falava de deixar vergões nas pernas das crianças como se fosse uma técnica normal de criação de filhos.

Esqueça os terremotos, Kevin. O chão sob nossos pés já estava se desintegrando.

DIÁRIO

Amanhã faz um ano que meu pai foi convidado a sair de casa. Também é Dia dos Pioneiros. De certa forma, sinto que sou uma pioneira por mim e por minha família. Estou rompendo gerações de abuso e mal. Serei melhor para os meus filhos do que meus pais jamais foram para os deles.

Além de tudo o que estava acontecendo, eu estava lutando para encontrar um novo lugar para morar. O contrato de aluguel do meu apartamento de dois quartos estava terminando, e obviamente eu não podia voltar para Springville. Consegui um apartamento de um quarto fora do campus em Provo e ia me mudar no verão. Só eu, sozinha.

O problema era que Derek tinha sido o fiador do contrato de locação, meses antes de eu tirá-lo da minha vida. Eu não entendia muito bem o que significava ser fiador naquela época. Não tinha histórico de crédito nem de aluguel, então, quando o proprietário disse que eu precisava de um fiador, eu havia ficado sem saída. Meus pais não estavam falando comigo, então Derek interviera, se oferendo. Parecia que ele estava me ajudando, mas, pensando agora, vejo que era apenas mais uma maneira de ele manter o controle sobre mim.

Depois de tirar Derek da minha vida, eu sabia que tinha que rescindir aquele contrato. Eu queria – não; precisava – ir para algum lugar que ele não conhecesse. Um lugar onde pudesse me sentir segura. Me vi falando ao telefone com o proprietário, tentando descobrir como cancelar o contrato. Felizmente ele entendeu minha situação e o cancelou.

Mas isso me deixou com um novo problema: eu precisava encontrar outro lugar para morar antes do meu penúltimo ano começar. Foi estressante procurar uma casa com o tempo se esgotando. Foi só em meados de agosto que enfim encontrei uma solução: algumas alunas da universidade tinham um quarto extra em seu apartamento em Provo e, por sorte, poucos dias antes de o semestre começar, me mudei com meus poucos pertences para lá.

Enquanto desfazia a mala no meu novo quarto, me senti ao mesmo tempo segura e incerta. Derek não sabia onde eu estava agora, o que era um grande peso tirado dos meus ombros. Mas também me sentia perdida, me afogando no caos infinito da minha vida, encarando a questão de como lidar com um novo semestre de aulas com o atual drama da minha família. O ano anterior havia me testado de maneiras que eu nunca tinha imaginado. Eu me sentia torcida, quase quebrada, pelas forças que estavam acabando com a minha família. Mesmo assim, ali estava eu, ainda me agarrando à esperança com um desespero que surpreendeu até a mim.

Fosse lá o que viria – bom ou ruim, triunfo ou tragédia –, eu encararia de frente.

DIÁRIO

Tenho a sensação de que alguma coisa vai acontecer com a minha família em breve. Não sei se vai ser bom ou ruim, mas sinto que vai ser grande. Só que eu me recuso a acreditar, depois de tudo o que passei no último ano, que não vou ter a oportunidade de ajudar minha família a ficar junto outra vez. Vou fazer seja lá o que Deus quiser de mim para conseguir isso.

Pouco depois de me mudar para o meu novo apartamento compartilhado, me sentei com minhas novas colegas na sala, assistindo a um documentário de *true crime*: *Os crimes da nossa mãe.* Falava de um casal da SUD,

Lori Vallow e Chad Daybell. Eles se casaram bem rápido depois que seus respectivos cônjuges faleceram sob circunstâncias suspeitas – a esposa de Chad, Tammy Daybell, morreu em outubro de 2019 em uma situação nebulosa, e o marido de Lori, Charles Vallow, tinha sido baleado e morto pelo irmão de Lori em julho de 2019.

Em setembro de 2019, os dois filhos de Lori, Tylee Ryan, de dezesseis anos, e Joshua "JJ" Vallow, de sete, desapareceram. Lori e Chad se casaram em novembro de 2019, poucas semanas depois da morte de Tammy Daybell, enquanto os filhos ainda estavam desaparecidos.

O casal estava imerso nas mesmas crenças religiosas extremas e preparações para o apocalipse que Jodi e Ruby, e a maneira como essa família entrara na escuridão parecia terrivelmente familiar: a crença intensa deles na volta de Jesus e sua obsessão com as profecias do *Visions of Glory* de Thom Harrison. Eram as mesmas coisas que Ruby e Jodi faziam.

Mas foi só depois de assistir ao documentário que minha esperança se transformou nos pensamentos mais sombrios que eu já tinha tido: Ruby e Jodi eram tão desequilibradas quanto Chad e Lori, se não piores.

Se não fizermos alguma coisa logo, meus irmãos vão morrer.

Graças a Deus pelos nossos vizinhos em Springville, meus leais aliados nessa batalha. Eles estavam bem ali comigo, deixando comida na porta da nossa casa para o caso de as crianças estarem com fome, fazendo ligação após ligação para o DCFS, expressando suas preocupações sobre as crianças sendo deixadas sozinhas por dias quando Ruby ia para Ivins ver Jodi e os largava sem comida ou cuidado adequado.

No entanto, mesmo enquanto minhas preocupações continuavam a crescer, senti uma mudança dentro de mim. Por meio de terapia, remédios e muito trabalho duro, eu estava me fortalecendo, mais preparada para lidar com as tempestades emocionais que um dia ameaçaram me afogar. Derek não estava mais na minha vida. A névoa de vergonha e culpa estava começando a ir embora, substituída por uma ideia de clareza e propósito.

Durante anos, eu havia sido puxada em duas direções. Uma voz me ordenava que fosse a filha perfeitamente obediente, depositando minha fé em supostas autoridades. Mas outra voz exigia que desta vez eu pensasse por mim mesma. Que eu tivesse a coragem de desobedecer a qualquer um ou a qualquer coisa que tentasse me desumanizar ou desumanizar aqueles que amo.

Não a submissão irracional, mas a fidelidade à minha própria verdade interior. Fidelidade à divindade e ao valor soberano da minha vida dada por Deus nesta terra.

Armada com essa força recém-descoberta, redobrei os esforços para elaborar um plano para salvar meus irmãos. De jeito nenhum eu os deixaria se tornarem exemplos de abuso. Continuei ligando para o DCFS, continuei estudando a lei que envolve abuso infantil, continuei buscando meios legais para salvar meus irmãos.

Continuei tentando até aquele telefonema da minha vizinha em 30 de agosto de 2023.

Era uma quarta-feira, e, enquanto eu viver, nunca me esquecerei de ouvir as palavras dela.

— Shari, a polícia está na casa da sua mãe!

CAPÍTULO 43

a casa da minha mãe

Fiquei paralisada no quintal da frente, minha respiração fraca, minhas mãos tremendo. As luzes vermelhas e azuis das viaturas irradiavam quando fiquei diante da minha casa, congelada. A van branca de Ruby estava na entrada como uma baleia encalhada, brilhando sob as luzes pulsantes.

Por favor, Deus, que as crianças estejam bem, orei em silêncio, meu coração batendo na garganta.

Crack! Eles bateram o aríete na porta com tanta força que dei um pulo. Lascas de madeira voaram para todo lado.

— Polícia! Todo mundo pra fora, AGORA!

A equipe entrou correndo, armas em punho, vozes reverberando pelas paredes. Senti que não conseguia respirar, não conseguia pensar. Aquilo não podia ser real.

— Busquem em toda a parte! Qualquer armário, qualquer cantinho, qualquer lugar em que uma criança possa se esconder! — gritou um policial.

Caixas meio cheias preenchiam o chão. Estava óbvio que Ruby estava se preparando para ir embora antes que o mundo reagisse.

Mas não tinha ninguém em casa.

Cadê meus irmãos?, pensei, desesperada.

★

Mais tarde naquele dia, me sentei com um detetive em uma sala muito iluminada, minhas mãos tremendo enquanto eu tentava entender o turbilhão de eventos que estilhaçaram o meu mundo.

— Então, a Ruby prendeu as crianças mais novas na casa da Jodi? — perguntei, engolindo o nó na garganta. — Por que levaram elas para lá?

O olhar do detetive se suavizou com empatia, mas a voz permaneceu profissional:

— Não temos certeza; só posso dizer que eles estão seguros agora.

— E vocês prenderam a Jodi e a minha mãe? — perguntei, minha voz falhando um pouco.

— Sim — confirmou ele, o tom sério. — Primeiro Jodi, e depois sua mãe, quando ela voltou para a propriedade. — Ele hesitou por um momento, como se pesasse as palavras com cuidado. — As duas foram acusadas de múltiplos abusos infantis qualificados e tiveram a fiança negada.

— Como assim, qualificados? — perguntei, minha voz mal passando de um sussurro, parte de mim desejando desesperadamente poder desfazer a pergunta, permanecer na ignorância por mais um momento.

O detetive se inclinou um pouco à frente, franzindo a testa.

— Bem — disse ele, a voz mais gentil agora —, geralmente envolve atos repetidos de abuso ao longo do tempo, demonstrando um padrão de crueldade. — Ele fez uma pausa, observando minha reação antes de prosseguir: — Também pode incluir extrema negligência, confinamento ou castigos intencionais com sérios danos físicos a uma criança.

Cada palavra era uma adaga torcendo fundo em meu coração.

— Sinto muito, Shari — adicionou o detetive baixinho e eu assenti, atordoada, sem conseguir formar palavras, me perguntando que tipo de monstro provocaria tanto sofrimento a uma criança.

Naquela noite, sozinha no silêncio do meu quarto, enfim me rendi ao tsunami de emoções. Soluços intensos sacudiam meu corpo, cada um liberando anos de medo, incerteza e angústia reprimidos. *Acabou*, pensei, as palavras se tornando um mantra em minha mente. *Ruby nunca mais tocará neles. Jodi nunca mais tocará neles.* Repeti isso várias vezes, me forçando a acreditar, a internalizar a verdade.

Caí num sono exausto, com a mente e o corpo esgotados. Estivera tão focada naquele momento por tanto tempo que não tinha um roteiro para o que viria a seguir. Cura. Justiça. Reconstrução. Ainda havia um longo caminho pela frente, eu sabia disso. Mas naquela noite, pela primeira vez em mais tempo do que conseguia me lembrar, pude dormir em paz. Meus irmãos estavam finalmente seguros. Por enquanto, isso era o suficiente. Por enquanto, era tudo.

CAPÍTULO 44

alianças de lembrança

O DCFS assumiu a custódia de todos os meus irmãos, exceto Chad. Eu ainda não sabia exatamente o que Ruby e Jodi tinham feito com os mais novos. A essa altura, ninguém sabia direito. Foquei no agora, e em saber que eles enfim estavam protegidos. Longe de Ruby e Jodi.

Quando foram detidas, Ruby e Jodi se fizeram de desentendidas, agindo como se fosse um terrível engano. Ruby se recusou a falar na primeira conversa com a polícia. Jodi, por outro lado, desempenhou o papel da vítima traumatizada com precisão assombrosa. Ela se sentou na sala de interrogatório, de olhos arregalados e cheios de lágrimas com descrença fingida, gentilmente insistindo que aquilo era um terrível engano. O teatro dela era tão claro que me deixou enojada.

Depois do processo inicial, Ruby e Jodi foram realocadas de St. George para o Centro Correcional Purgatório em Hurricane, Utah. Reparei na ironia do nome enquanto tentava imaginar a jornada delas. Ruby mais tarde contou a Kevin que o caminho de quinze minutos foi feito em silêncio, dizendo que não suportava falar nem olhar para Jodi. Só consigo imaginar os pensamentos que passavam pela cabeça de Ruby enquanto estava sentada ali, com as mãos algemadas, olhando pela janela. Será que pensava nos filhos, na vida que havia deixado para trás? Ou estaria perdida na enormidade do que havia feito, do que havia se tornado? Imagino o medo tomando conta dela, o desespero para acordar daquele pesadelo. Mas não havia como acordar. Aquela era a nova realidade de Ruby. A nossa nova realidade.

Kevin foi levado para prestar depoimento pouco depois da prisão de Ruby, enquanto a polícia tentava determinar as circunstâncias da cadeia de eventos. Ele parecia ignorar a situação, contando à polícia que Ruby pedira que ele buscasse as crianças no dia em que foi presa, mas ele não sabia o motivo. Quando perguntado sobre a família, Kevin admitiu:

— Faz mais de um ano que não os vejo. Estive... separado da minha esposa e da minha família. Tive alguns problemas.

Ele contou que Jodi e Ruby tinham uma amizade próxima, que Jodi havia reconhecido a necessidade dele por ajuda e que tinha sido Ruby quem o convidara a ir embora e lhes dar espaço. Kevin disse que havia concordado com a decisão dela, afirmando que o tempo separado foi exatamente o que ele precisava para confrontar seus próprios "vícios".

— Ter dado esse tempo foi muito, muito bom para mim — disse ele, repetindo a retórica manipuladora de Jodi e Ruby. A desconexão entre a expressão calma de Kevin e a realidade do que tinha acontecido era impressionante. Mas ele ainda vivia em um universo alternativo, no qual sofrera lavagem cerebral para acreditar que abandonar sua família de alguma forma era terapêutico.

A polícia foi mais fundo, questionando a falta de conhecimento de Kevin quanto à situação dos seus filhos. Ele explicou seu papel:

— Meu trabalho é prover financeiramente. Pago as contas com o meu trabalho. Forneço o dinheiro, que vai para uma conta bancária conjunta.

Na batida policial na casa de Jodi que levou à prisão das duas, os investigadores encontraram oitenta e cinco mil dólares em espécie escondidos – Ruby havia limpado não apenas as contas conjuntas que tinha com Kevin, mas também todas as contas de poupança dos seus filhos, exceto a minha. (Eu já havia transferido o dinheiro para uma conta separada somente em meu nome.)

Kevin explicou que vira Ruby pela última vez cinco dias antes. Ela disse que, diante da separação deles, estava procurando maneiras de ganhar dinheiro e pediu que ele passasse para ela a posse dos carros que ela usava; ela também queria permissão para vagos "investimentos", sobre os quais se recusou a explicar. O que ele não sabia era que Ruby queria vender a casa e não conseguia porque a escritura estava no nome dele. Ele confessou que teria assinado qualquer coisa que Ruby colocasse diante dele, sem perguntar nada. Por sorte, a prisão de Ruby aconteceu antes que ela tivesse a chance de dar a ele os papéis que tirariam todo o patrimônio da minha família.

Kevin ainda parecia confuso quanto ao motivo de ter sido chamado para depor até que a polícia explicou o que suspeitavam que Ruby e Jodi tinham feito com meus irmãos mais novos, e a condição na qual foram encontrados. Kevin ficou chocado.

— Que coisa horrível. Nojenta. Ser humano nenhum devia ser tratado assim.

A polícia informou a Kevin que seus filhos, exceto por mim e Chad, estavam agora sob custódia do DCFS e em observação médica por setenta e duas horas. Kevin se emocionou, perguntando:

— O que vai acontecer com a minha esposa? Amo minha esposa.

Ele continuou a expressar sua confiança em Ruby, aparentemente preso entre a lealdade à esposa e as revelações chocantes quanto ao que ela e Jodi fizeram com seus filhos.

*

— Estou sendo completamente incompreendida — disse Ruby no primeiro telefonema para Kevin depois da prisão, sem expressar remorso. — Esse é o pior dos sentimentos. Como se minha própria família me interpretasse mal; eles me interpretam mal, e a pobre Jodi, eles a interpretam mal, não a entendem.

Ela prosseguiu, a voz aumentando de tom com a emoção:

— Quero dizer, é horrível. Mas quer saber, como Joseph Smith, todo homem maravilhoso de Deus foi mal compreendido. Vou sair dessa. Quem sabe talvez eu saia dessa daqui a dez dias.

As palavras dela vinham mais rápidas agora, como se tivesse sido arrebatada por uma visão:

— Deus falou comigo quando eu estava dirigindo, antes de ligar para você. O Espírito disse: *Seus filhos serão tirados.*

Uma longa pausa.

— Estou comprometido com a nossa família — disse Kevin. — Estou comprometido com você e nosso casamento, não importa o que tenha acontecido.

— Bem, obrigada por me defender — foi a resposta de Ruby.

Surpreendentemente, Ruby ficou confusa, imaginando por que alguém estaria preocupado com o estado chocante em que seus filhos mais novos foram encontrados.

— Não entendo por que estão no hospital; eles estão muito bem — declarou ela.

As crianças não estavam *bem*. Disso eu sabia. Todo mundo que as viu sabia também. Paramédicos. Polícia. Testemunhas do resultado dos extraordinários atos de crueldade de Jodi e de minha mãe.

Perguntei à polícia se eu poderia entrar na casa para recolher alguns itens pessoais que não haviam sido confiscados como prova: diários, tablets, celulares e passaportes. E bugigangas que eu queria ter certeza de que estavam seguras, como o pequeno broche que Kevin me deu quando foi para a Itália, que eu queria dar a um dos meus filhos um dia.

Entrei, acompanhada por um policial, e olhei ao redor. Encontrei um dos notebooks de Ruby e descobri facilmente a senha da conta do iCloud. Li algumas mensagens de texto, e-mails e entradas de diário no aplicativo Notas que confirmaram a verdade sobre a natureza do relacionamento dela com Jodi, que havia passado a ser físico. Ruby expressando sua frustração por ter que cuidar das necessidades de Jodi de afeição física sem receber nada em troca. Minha mãe, servindo outra pessoa? Era a primeira vez.

Não li tudo. O que aconteceu entre elas, romanticamente, não era da minha conta. Eu não me importava em saber nem em pensar mais nisso.

Meus olhos se fixaram na porta do quarto principal – o quarto de Ruby e Kevin. Antes que eu pudesse pensar, fui até lá e abri a porta. Parecia tão normal, tão inalterado, que por um instante quase consegui fingir que nada tinha acontecido. Que a qualquer momento Ruby entraria, reclamando da bagunça ou dando sermão sobre a importância de arrumar as camas.

Vi a caixa de joias ornamentada de Ruby em cima da cômoda. Lá dentro, aninhadas em veludo, estavam as alianças – testemunhos lindos e brilhantes dos marcos do relacionamento de Ruby e Kevin. Presentes de aniversário de casamento, presentes de aniversário, demonstrações espontâneas de afeto. Cada uma cuidadosamente escolhida por Kevin, cada uma um símbolo do seu amor e compromisso.

Vi o primeiro anel de noivado que ele deu a ela, dos tempos em que meus pais eram jovens e o dinheiro era curto. Era muito simples, uma aliança modesta com um pequeno diamante. Alguns anos antes, Kevin surpreendera Ruby com uma evolução disso – um diamante enorme e brilhante circundado por duas tiras grossas de prata. Um gesto de amor incondicional pela esposa que ele achava que conhecia.

Seria possível que todo o amor, toda a atração tinha vindo apenas dele? Uma corrente fluindo de Kevin para Ruby, nunca exatamente voltando para ele? Se Ruby nunca tinha amado Kevin de verdade, o que isso fazia de mim? O produto de um amor falso, uma união na qual Ruby via em Kevin não um parceiro para amar, mas, sim, os meios para um fim? Um doador de esperma e um ajudante para seus grandes planos?

Quase sem pensar, coloquei ambas as alianças nos meus dedos. Ruby não as merecia. Não depois de tudo o que fizera.

Encarei minha mão, fazendo um voto silencioso de lembrança eterna. *Jamais esquecerei o que você fez, Ruby*, prometi a mim mesma, encarando as alianças nos meus dedos.

Entendo a natureza instável da memória – nossas mentes às vezes podem apagar as experiências mais dolorosas, substituindo-as por uma versão higienizada do passado. Mas eu não podia me dar a esse luxo. Precisava me lembrar, me agarrar à dura realidade do que havia acontecido, do que ela fizera com a nossa família. Aquelas alianças não eram apenas joias; eram âncoras, me prendendo a um passado que eu não podia me permitir esquecer.

Quando coloco as alianças no meu dedo, não é por nostalgia ou por um carinho persistente por Ruby. Elas não são lembranças de tempos mais felizes ou símbolos do amor de uma mãe. Não, as alianças têm um propósito muito mais crucial. São um contrato que fiz comigo mesma, um lembrete constante gravado em metal. Com essas alianças, eu me uno à verdade.

CAPÍTULO 45

evidência debaixo do nariz

Kevin ficou furioso quando descobriu que eu tinha entrado na casa e pegado aqueles diários, tablets, celulares e os passaportes de todos, embora eu estivesse acompanhada pela polícia. Na época, ele ainda estava muito doente, com tanta lavagem cerebral, ainda leal a Ruby e Jodi acima de tudo.

Kevin disse aos policiais que deveriam me indiciar por roubo, e eles praticamente riram na cara dele, dizendo que eu tinha tanto direito quanto ele a pegar itens da casa da família.

"Kevin não gostou dessa resposta e avisou que o advogado dele entraria em contato", um policial escreveu no relatório.

Acima de qualquer coisa, eu tinha pena de Kevin.

Devolvi os itens para os policiais, que entregaram tudo para ele. Na época, não liguei muito para isso. Por enquanto havia questões mais urgentes – garantir que a justiça fosse feita.

A princípio Ruby defendeu Jodi, mas essa lealdade logo se dissipou quando ela percebeu que poderia melhorar a própria situação se desse as costas para a amiga. Ao se declarar culpada e concordar em testemunhar contra Jodi, Ruby podia se colocar como vítima da influência manipuladora de Jodi durante o abuso dos meus irmãos. Com a atual pressão por uma reforma da justiça em Utah, que prioriza a reabilitação em detrimento da punição, a estratégia de Ruby era clara: demonstrar remorso, manter a discrição e torcer por uma libertação antecipada por bom comportamento.

A confissão de culpa de Ruby em quatro acusações de abuso infantil qualificado, com sentenças consecutivas, significava um máximo de trinta anos pela lei de Utah, e possivelmente apenas quatro. Adicionar mais acusações não teria aumentado sua potencial sentença. Era irritante pensar que as táticas manipuladoras de Ruby poderiam levar a uma sentença mais curta, apesar do sofrimento inimaginável que ela infligira aos meus irmãos.

*

Depois da prisão de Ruby, uma inesperada tempestade emocional me atingiu. A princípio, não entendi. Foi só quando sentei com Dana, minha terapeuta, que comecei a dissecar as emoções complexas que sentia. Junto ao terror que experimentei pelas ações da minha mãe, me vi me afogando em uma onda gigantesca de culpa e auto-ódio – tudo surgindo do que acontecera com Derek. A sensação de que eu era uma destruidora de lares, uma pessoa fundamentalmente ruim, me sufocou a ponto de me fazer questionar minha vontade de viver.

— Por que estou pensando em Derek agora? — perguntei para Dana, lágrimas descendo pelo meu rosto. — Acabou, faz meses que acabou. Não sei o que fazer! Não consigo lidar com esses sentimentos, não além de todas as outras coisas.

Ruby implantou em mim mecanismos muito efetivos de culpa intensa, vergonha e auto-ódio. A situação com Derek foi o primeiro exemplo do mundo real no qual encarei as repercussões desse condicionamento. Entender essa conexão foi crucial. Minha experiência com Derek foi o primeiro exemplo de como minha crítica interna podia me arrastar para um perigoso estado mental, repleto de ansiedade, ataques de pânico e culpa – um estado que, para muitos, pode levar a pensamentos suicidas.

Enquanto Dana e eu explorávamos as camadas, percebemos que falar do que acontecera com Derek seria crucial antes de podermos sequer começar a desfazer as complexas camadas da minha criação com Ruby. Como eu podia esperar entender vinte anos da influência de Ruby, se não conseguia entender o que acontecera nos últimos dois anos com Derek? A culpa que eu sentia era tão intensa, tão completa, que estava se tornando uma barreira para lidar com todo o resto.

Um dia, acreditei que assim que Ruby não estivesse mais na minha vida, as vozes negativas na minha cabeça desapareceriam. Mas elas ainda conduziam o navio. Eu estava exausta e era incapaz de entender o que estava acontecendo. Teria que aprender novas ferramentas para reconhecer e lidar com emoções tão intensas se quisesse realmente recuperar minha narrativa e minha vida.

*

No começo de dezembro de 2023, Ruby ligou para Chad da prisão. Quis o destino que eu estivesse com ele na hora. Com um assentir sombrio, ele atendeu e colocou no viva-voz, permitindo que eu fosse testemunha. A voz de Ruby, um dia autoritária e segura, agora vinha em tons baixinhos e quase reverentes. Ela falou dos seus recentes mergulhos na escritura, desesperadamente buscando um significado para suas atuais circunstâncias.

— Em "Doutrina e Aliança" — disse ela, se referindo a um dos nossos textos fundamentais da igreja —, li que Cristo tinha um cálice amargo do qual não queria beber, mas bebeu, pois era a missão dele. Estou bebendo meu cálice amargo agora.

Lá estava ela de novo – Ruby, vlogger de família derrotada, comparando--se com Cristo na cruz. E, na narrativa dela, o resto do mundo fora escalado como os romanos, perseguidores cruéis que a forçavam a beber vinagre. Chad e eu nos encaramos, meus olhos arregalados de descrença, os dele escuros de nojo. O delírio era de tirar o fôlego. Comparar o sofrimento dela com o do Salvador? Era uma demonstração surpreendente de narcisismo, uma fé distorcida tão profunda que beirava a blasfêmia.

No entanto, aos olhos do público, a narrativa de Ruby mudara dramaticamente para um tom de humildade e contrição. Provavelmente seguindo um conselho da sua equipe jurídica, ela começou a descrever a prisão como "a mais estranha e mais milagrosa intervenção". Ela alegou que ser separada de Jodi lhe trouxera clareza:

— Parei de ouvi-la. E acho que não a ouvir esclareceu muita coisa para mim.

Ruby começou a enfatizar sua suscetibilidade à influência de Jodi:

— Como eu era ingênua! Ai, meu Deus, quanto poder eu dei a essa pessoa. E nem percebi.

No entanto, àquela altura, Ruby já havia se declarado culpada de abusar das crianças. As alegações de estar sob o feitiço de Jodi só explicavam parte das suas ações. A verdade era que ela havia participado ativamente do abuso dos meus irmãos, e história revisionista alguma poderia apagar esse fato. Ruby não deveria ter permissão para manipular o sistema legal para ser libertada antes da hora e se retratar apenas como vítima da manipulação de Jodi. Ela era uma narcisista maligna que precisava de ajuda psicológica adequada e reabilitação se quisesse algum dia poder reingressar em segurança na sociedade.

A evidência do abuso preexistente já estava lá, na internet, na forma de mil e trezentos vídeos que ela fizera no *8 Passengers* ao longo de sete anos de vlog. Junto a todas as outras evidências, aqueles vídeos com certeza provariam que Ruby tinha utilizado disciplina excessiva e dura contra os filhos, bem antes que Jodi entrasse em cena. Tomei a decisão de criar um compêndio desses vídeos, para que a acusação pudesse entender melhor com quem estava lidando. Para mim, Ruby sempre fora uma abusadora.

Era sufocante pensar em rever mais de mil vídeos, então postei um story no Instagram, convidando as pessoas a me mandarem recortes questionáveis ou preocupantes dos antigos vídeos de Ruby. A resposta foi imediata, apoiadora e entusiasta, tanto que criei um Google Doc onde as pessoas pudessem postar links. Me senti mais forte sabendo que não estava sozinha. Em mais ou menos seis horas, o documento tinha dezenas de links de filmagem mostrando Ruby sendo Ruby.

Os vídeos a mostravam tirando os quartos das crianças, negando comida como punição, cancelando o Natal para as crianças mais novas por serem "egoístas". Que reviravolta irônica – a mulher obcecada em compartilhar seus momentos familiares mais íntimos na internet em troca de fama e dinheiro estava prestes a ser exposta por esses mesmos vídeos; evidência dos seus pecados, prova das suas filosofias parentais cruéis e bizarras.

E, é claro, havia a sala de aula da ConneXions: horas e horas de filmagens mostrando Ruby e Jodi pregando sua ideologia perigosa. Sua obsessão pela dor, seu ataque contra crianças e aqueles que sofrem com problemas de saúde mental. Seu manifesto estranho e inflexível fora exposto, palavra por palavra, direto da fonte.

A dura realidade da situação estava enfim se concretizando para Ruby. Mesmo em uma população carcerária repleta de mulheres acusadas de crimes brutais como assassinato e agressão, Ruby logo percebeu que abusadoras de crianças condenadas eram consideradas as mais baixas de todas. Em uma carta para Kevin, seu medo era palpável. Ela confessou o terror de ser atacada, escrevendo que vivia nervosa, com medo de ser esfaqueada a qualquer momento. Ruby descreveu um delicado ato de equilíbrio: aprender a manter a cabeça baixa sem se deixar ser percebida como fraca ou vulnerável.

Quando li sobre suas lutas, senti uma mistura confusa de emoções. Parte de mim não conseguia deixar de se preocupar com a segurança dela, apesar de tudo o que ela havia feito. A ideia de alguém, ainda que fosse Ruby, vivendo no medo constante era perturbadora. Mas outra parte de mim, a parte ainda ferida pela dor que ela infligira à nossa família, sussurrou uma dura verdade:

Ruby, foi você que fez isso consigo mesma.

CAPÍTULO 46

lar, doce lar

Kevin se mudou de volta para a casa permanentemente. Toda noite, ele dormia sozinho em sua cama grande demais em sua casa silenciosa demais, assombrado pelos "e se?", preso em um *looping* infinito sobre suas próprias falhas, os sinais de aviso que ignorara, os momentos em que poderia ter sido mais corajoso, mais forte, melhor. Mas o passado não pode ser apagado. Só pode ser avaliado, fonte de aprendizado, um dia brutal por vez. Ele estivera dando longos passos, mentalmente, e estava na terapia, como eu, enquanto aprendíamos a ficar lado a lado de novo como parceiros imperfeitos se recuperando do que aconteceu.

Notei que ele estava tentando melhorar as coisas, restaurar seu relacionamento com os filhos, preparar a casa para quando eles voltassem. Claro, ele precisava provar para as autoridades que era responsável o suficiente para ser pai deles outra vez, e isso levaria tempo. Por enquanto ele estava se esforçando para transformar a casa de Ruby em um lar.

A primeira coisa que ele fez foi adotar dois filhotes – um cavapoo chamado Ren e um bernedoodle[5] chamado Stimpy. Ele esvaziou a despensa de Ruby, mantendo apenas a comida criodessecada, baldes de farinha e arroz. Toda a comida enlatada foi doada. Exceto pelas latas que tinham vencido cinco anos antes (nos divertimos jogando essas fora).

— Desde que tenhamos o suficiente para comer por alguns meses, é tudo de que precisamos — disse ele. — O resto é só… bagunça.

Enquanto limpava a casa do seu passado sob o domínio de Ruby, ele nos disse que, quando todos estivessem de volta, poderíamos decorar nossos quartos como quiséssemos.

5. Bernedoodle é o nome que recebe o cachorro gerado pelo cruzamento de bernese com poodle. (N.E.)

— Não ligo mais, transformem no espaço de vocês — disse ele. — E querem saber? Todo mundo pode ter TV no quarto.

Claro, a casa estava uma bagunça, mas parecia viva. Sapatos dentro de casa? Sem problemas. Animais em cima do sofá? Kevin não ligava.

Eu morava no meu próprio apartamento de um quarto perto do campus – sem colegas desta vez –, terminando meu último ano de faculdade. Comecei a resistir àquele minimalismo que Ruby instaurara em mim. Algumas fotos cuidadosamente selecionadas – meus retratos da escola – foram colocadas nas paredes, passos hesitantes em direção à autoexpressão, em direção a tornar meu espaço meu e a habitar o mundo em meus próprios termos.

Mesmo assim, até que as crianças voltassem, de jeito nenhum eu poderia começar a relaxar.

Naquele Natal de 2023, éramos só Kevin e eu na casa, nós dois nos sentindo deprimidos pelo fato de os sete não podermos estar juntos como família. Ainda não.

Estávamos sentados no sofá quando ele de repente se virou para mim.

— Sabe, eu sempre quis ter um gato — disse ele.

Me endireitei.

— Sério? Eu também!

Antes que eu me desse conta, entramos no carro e fomos até um abrigo local para ver alguns gatinhos. Foi assim que terminamos com Katniss, a gata de Kevin, e Muppet, que seria meu filho em forma de gato.

Eu o levei para casa e me aconcheguei na vida com meu tornadozinho caótico. Muppet literalmente subia pelas paredes vinte e quatro horas por dia, sete dias por semana, caindo na minha cabeça durante chamadas no Zoom, escalando meu cabelo, só para dormir no meu teclado, ronronando, assim que chegava a hora de fazer minha lição de casa.

Agora que eu era a mãe (embora de um felino), achei ainda mais impossível entender o que Ruby e Jodi queriam dizer com as dificuldades da maternidade, os perigos de colocar as necessidades das crianças acima das delas.

O que eu mais gostava em Muppet era que ele, como todos os gatos, é totalmente imune a qualquer forma de disciplina. Obediência? Esqueça. Eu só conseguia imaginar tentar explicar para Muppet que seu desejo por biscoitos era distorcido e que ele iria para o inferno.

Não, minha bola de pelos vivia sua própria e única vida, e estava honrada por testemunhar a ele e suas escolhas francamente bizarras e misteriosas, e fornecer quaisquer lanchinhos de que ele precisasse ao longo do caminho. Uma coisa é certa: não tinha intenção de colocá-lo no YouTube e monetizar nossa familiazinha de dois. Não, os momentos especiais da Shari e do Muppet seriam só para nós, e somente para nós.

CAPÍTULO 47

dia do julgamento

DIÁRIO

Por mais que eu não ame essa mulher, Ruby é minha mãe e merece um julgamento justo. Estou devastada por não ter privacidade em nada disso, mas esta tem sido a minha vida há muito tempo.

Na terça-feira, 20 de fevereiro de 2024, o dia da sentença da minha mãe, me vi acordando em St. George, tendo feito a jornada de quatro horas até lá com Kevin e Chad no dia anterior.

Enquanto os quilômetros se esticavam diante de nós, Kevin e eu tivemos uma intensa discussão sobre a atual situação judicial, enquanto Chad permanecia focado no celular dele no banco de trás. Algumas coisas nunca mudam.

A conversa deteu-se em quais seriam os próximos passos para conseguir a restituição do dinheiro na posse de Jodi. Soubemos que ela anunciara a casa por cinco milhões e trezentos mil dólares, e estávamos convencidos de que ela estava tentando se desfazer dos seus bens em uma tentativa desesperada de impedir que fossem apreendidos pelos tribunais. A ideia de Jodi se evadir da responsabilidade financeira pelos danos que infligira às crianças era impensável, e nosso advogado estava trabalhando para conseguir uma ordem de restrição que a impedisse de liquidar seus bens até que uma alocação justa e equitativa de restituição e reparações pudesse ser feita às crianças, fornecendo os recursos necessários para seu apoio e tratamento de saúde mental contínuos.

Chegamos em St. George e tivemos uma tarde estranhamente normal, nós três comendo comida indiana e assistindo basquete. Era quase como nos velhos tempos. Um vislumbre passageiro da vida que tivemos um dia, um lembrete de que, mesmo sob a dor e o trauma, os vínculos que nos conectavam ainda estavam ali. Kevin não era mais uma pessoa incompleta. Havia muito mais trabalho a ser feito, muito mais cura para acontecer para nós todos, mas por enquanto estávamos unidos na mesma causa: garantir que a justiça fosse feita e que o futuro das crianças fosse protegido.

Na manhã seguinte, nos encontramos com o promotor e um assistente social, que nos disseram o que esperar no tribunal. O juiz provavelmente proferiria a sentença combinada, mesmo assim meu estômago embrulhou a caminho do tribunal, entrando por uma porta lateral para evitar a imprensa. Mantive a cabeça baixa e coloquei um pé na frente do outro, me esforçando para não tropeçar. Mal podia esperar pelo dia em que não houvesse câmeras na minha cara, capturando meus piores e mais sensíveis momentos. Para meu alívio, a presença da imprensa do lado de fora do tribunal foi misericordiosamente mínima. Graças a Deus. Um alívio daquele circo.

Quando Chad, Kevin e eu entramos no tribunal, imediatamente percebi por que não havia imprensa lá fora – eles estavam todos *lá dentro*, nos esperando. Todas as cabeças na sala se viraram na nossa direção, um mar de olhos curiosos fixados em nós.

Nos sentamos na primeira fileira, o couro rangendo sob nosso peso, esperando que a sessão começasse.

— Todos de pé — a voz do oficial de justiça soou enquanto o juiz entrava no tribunal.

Momentos depois, Ruby foi trazida, os punhos e tornozelos algemados. O uniforme carcerário parecia largo em seu corpo. Não suportei olhar. Meu coração estava duro. Eu estava tomada de nojo. Foquei minha visão no juiz.

Ruby deu sua declaração, se pintando como a maior das vítimas e contando que havia sido "enganada por muito tempo", como se tivesse sido uma participante involuntária do abuso. Então, num tom mais adequado a um discurso de agradecimento ao Grammy, ela fez uma longa lista de agradecimentos a todos os policiais, advogados e juízes que a "salvaram de um inferno do qual ela não sabia como sair".

Tem certeza, Ruby?, questionei em silêncio. A noção ilógica de que ela fora presa, incapaz de escapar do pesadelo que havia perpetuado de livre e espontânea vontade, tinha sido um insulto ao tribunal, ao mundo.

Ruby declarou que o momento da sua prisão foi quando ganhou liberdade. Então voltou sua atenção para Kevin.

— Você é o amor da minha vida — disse ela, e eu observei Kevin abaixar a cabeça, os ombros tremendo com o peso das emoções que não conseguia segurar.

Depois de agradecer a Deus e ao mundo, Ruby enfim voltou sua atenção para mim e meus irmãos. Ela não usou nossos nomes, referindo-se a nós como seus "seis patinhos" e a si mesma como nossa "mamãe pata", que havia sido "levada pela correnteza" enquanto tentava nos guiar para um lugar seguro. Em momento algum ela reconheceu ter sido menos do que a mãe do ano antes da chegada de Jodi em nossas vidas. Não haveria nenhum pedido de desculpas pelos anos de tormento e exploração que precederam Jodi. Ouvindo suas palavras vazias, eu me perguntava se, em sua mente narcisista, Ruby algum dia compreenderia por completo a gravidade dos seus atos ou sentiria remorso genuíno.

Uma lembrança surgiu na minha mente de quando eu tinha doze anos, pouco antes do lançamento do 8 *Passengers*. Eu havia forçado Ruby e Kevin a aguentar minha adaptação teatral de três horas de *Frozen*, estrelando eu e meus irmãos, escrita e dirigida por mim, na nossa sala de estar. A parte de mim que ainda era aquela garotinha desejando o amor e a aprovação da mãe de repente se perguntou se talvez Ruby, como Elsa, a rainha do gelo, poderia escalar a montanha do sistema judiciário de Utah por alguns anos e lá em cima, apenas... ficar livre.

Ficar livre da maldição do controle. Ficar livre da frieza. Ficar livre das mentiras.

Ficar livre de tudo, até que um dia descesse da montanha como uma pessoa diferente. Uma pessoa que entendia o significado do amor.

A realidade me trouxe de volta para o presente. Eu não era mais uma menininha, e Ruby não era nenhuma princesa da Disney. Ela era uma adulta que fizera a escolha consciente de infligir danos indescritíveis àqueles que deveria proteger. E agora ela encararia as consequências dos seus atos. Quatro sentenças de quatro a quinze anos, a serem cumpridas consecutivamente, como informado pelo tribunal.

Enquanto Ruby era levada embora, percebi que eu, também, teria que aprender a "ficar livre". Isso não significaria esquecer ou perdoar o que acontecera. Significaria me permitir sentir, ser imperfeita, amar a mim e aos outros sem julgamento. Significaria quebrar os ciclos de medo e controle que foram passados para mim. Significaria reconhecer meu poder, encarar meus medos e sempre escolher o amor acima do medo, de novo e de novo.

Segurei a mão de Kevin. Tendo buscado o aconselhamento de Jesus, perdoá-lo tinha sido a escolha certa. Eu não esqueceria jamais a dor que ele causara, ignorara e permitira. Ele não tinha sido absolvido. Mas eu escolhera soltar o peso do ressentimento que tinha contra ele. Ao estender uma mão de compaixão e compreensão, eu me permitia a liberdade para curar.

A seguir, Jodi foi trazida para o tribunal. Escolhi olhar bem para a cara dela. Não havia mais o cabelo meticulosamente penteado que um dia fora sua assinatura; agora, estava murcho e oleoso, emoldurando a pele pálida dela. Ela ficou com o olhar firme à frente, sem nunca fazer contato visual com ninguém na sala, como se, evitando nosso olhar, pudesse de alguma forma escapar do peso dos seus atos. Enquanto o juiz repetia o acordo de confissão de culpa, o advogado de Jodi tentou argumentar que havia "dois lados em cada história", fazendo o juiz, claramente indignado com a audácia da declaração, questionar qual seria o "outro lado" possível na tortura de crianças.

Da prisão, Jodi telefonava para seus seguidores, pintando-se como uma profetisa injustamente perseguida, uma mensageira de Deus atrás das grades, comparando-se a Joseph Smith, o fundador da minha fé, e dizendo coisas como "Deus fala diretamente comigo". A pura arrogância e o delírio das suas declarações não me deixaram dúvidas: Jodi jamais se arrependeria.

Presumi que ela permaneceria em silêncio, mas, para minha surpresa, Jodi se levantou e fez uma alegação, algumas frases breves.

— Eu amei aquelas crianças — começou ela, e, assim que as palavras deixaram sua boca, Chad e eu nos encaramos, uma sensação compartilhada de descrença passando entre nós. Então ela desejou às crianças "vidas felizes e lindas", demonstrando zero remorso ou responsabilidade.

O juiz, no entanto, não se deixou influenciar pelas palavras vazias de Jodi. Ele não havia feito nenhum comentário antes de proferir a sentença contra Ruby, mas desta vez fez, dizendo que os adultos, principalmente aqueles com treinamento especializado, têm o dever sagrado de proteger crianças vulneráveis, e que Jodi havia feito o oposto, aterrorizando os que estavam sob seus cuidados. Ele a considerou "tão distante da realidade, do bom senso e da decência" que sentenças consecutivas eram a única resposta apropriada. Ouvir o desdém em sua voz era validar a confirmação de que Jodi não era uma espectadora inocente, mas uma perpetradora ativa de horrores indizíveis. Ela pegou de quatro a quinze anos, o mesmo que Ruby.

Enquanto Jodi era conduzida acorrentada, a realidade me atingiu. Vencemos. Os monstros foram presos. Por quanto tempo, quem é que poderia dizer – essa decisão seria do conselho de liberdade condicional. Mas, no mínimo, elas ficariam presas por quatro anos.

Assim que o martelo foi batido, Chad, Kevin e eu corremos para a saída lateral, desesperados para fugir do inevitável ataque de câmeras e repórteres. Nossas esperanças foram frustradas assim que abrimos a pesada porta de metal e saímos na luz do sol. Um grupo de repórteres nos esperava, com olhos famintos fixos em nós, suas câmeras e microfones em punho. Eles desceram sobre nós como abutres, gritando perguntas que ecoavam pelo gramado bem cuidado enquanto corríamos feito loucos para o estacionamento.

— Shari, você tem alguma coisa a dizer? — chamou uma repórter, enfiando um microfone na minha direção.

— Nada a declarar — respondi, apertando o passo.

A repórter insistiu, apesar da minha resposta curta e grossa:

— Kevin, você sabia que o abuso estava acontecendo?

— Nada a declarar — disse Kevin, a mandíbula cerrada.

— Entendo — prosseguiu a repórter, o tom pingando falsa empatia. — Chad, algum comentário?

Chad, perdendo a paciência, se virou para encarar a repórter e deu a ela um dos seus famosos olhares fulminantes.

— Acho que você não está entendendo, né? — disse ele.

E, assim, ela enfim calou a boca.

Em choque e emocionalmente esgotados, entramos no carro, cada um perdido em seus próprios pensamentos enquanto dirigíamos pelas ruas de St. George. Então, fizemos a única coisa em que conseguimos pensar. Fomos até o Cafe Rio em St. George, pedimos três burritos com guacamole e jogamos conversa fora.

CAPÍTULO 48

diário da ruby

Por muito tempo eu quis que o mundo sentasse e ouvisse, que entendesse que Ruby e Jodi precisavam ser detidas. Quando foram, porém, parecia que as pessoas não tinham recebido o suficiente. De novo, graças a Ruby, nossas vidas não eram mais nossas.

Veículos de comunicação nos Estados Unidos e em todo o mundo logo divulgaram a história da blogueira e mãe do YouTube perfeitinha, que tinha sido presa sob acusações de abuso infantil ao lado da sua melhor amiga. A história tinha todos os ingredientes: uma linda família americana temente a Deus, transformando seus trapos em riquezas no YouTube, apenas para ser destruída em uma reviravolta dramática com possessão demoníaca, cultos de preparação para o Juízo Final e conotações lésbicas.

Aqueles que acompanhavam nossa família havia anos se sentiram vingados quando o resto do universo enfim acordou para o que estava acontecendo por trás da cerca branca de Ruby. De certa forma, representávamos a primeira prova verdadeira e contundente de como as coisas podem dar errado em um mundo dominado pelas redes sociais, onde as crianças são felizes e o conteúdo é rei.

Algumas semanas depois da sentença de Ruby, o Gabinete do Procurador do Condado de Washington divulgou as evidências ao público, e com isso meu pesadelo estava prestes a piorar. Porque entre as fotografias, documentos e arquivos digitais estavam os diários manuscritos de minha mãe, documentando em detalhes frios e terríveis o que acontecera quando ela levou meus dois irmãos mais novos da nossa casa em Springville para morar com Jodi, deixando minhas irmãs do meio para trás. Que, ao longo daqueles três meses, Ruby e Jodi colocaram meus irmãos mais novos em um programa de treinamento macabro, em nome de expurgar o mal deles através de um sistema de punições diárias.

Mesmo sem ler, eu sabia que aqueles diários de embrulhar o estômago documentavam, bem ali na letra cursiva de minha mãe, exatamente como Ruby e Jodi tinham se transformado nos próprios demônios que alegavam estar expulsando das almas dos meus irmãos, capetas malignos que torturavam criancinhas, como algo saído de uma pintura grotesca de Hieronymus Bosch.

Eu nunca quis ler. Nunca quis saber os detalhes. E, quando as autoridades liberaram o diário da minha mãe, meu mundo parou de girar por um momento.

Lá estava, exposto para quem quisesse ver. Sessenta páginas de horror, e eu me recusei a olhar. Eu sabia que era ruim. Minha imaginação preenchia as lacunas, e às vezes isso é pior do que saber. Mas eu não conseguia... não iria ler aquelas páginas. Eu não precisava ler para saber o que havia acontecido.

Eu sinto muito, pensei, imaginando meus irmãos mais novos presos naquele pesadelo. *Eu sinto muito mesmo. Queria poder ter feito mais. Queria ter tirado a dor de vocês. E a todos os outros: por favor, parem. Deixem eles se curarem em paz. Vamos todos nos curar.*

Mas todo mundo estava falando do assunto. As notícias, as redes sociais, até as pessoas nas ruas. Dissecando cada detalhe, alimentando esse... esse circo de um crime verdadeiro. Elas não entendiam? São crianças. Meus irmãos. Pessoas de verdade que sofreram horrores inimagináveis. Não é entretenimento. Não é uma história a ser dissecada e analisada. Eu queria gritar que parassem. Que deixassem isso para lá. Certas coisas não devem ser ditas. Alguns horrores devem ser deixados no escuro, onde é seu lugar. Esse era um deles.

*

Um mês depois da divulgação das evidências, me sentei com Kevin e Chad, câmeras apontadas para nós. Estávamos prestes a assistir ao episódio do programa *20/20* chamado "Ruby Franke: de mãe influenciadora a criminosa". Surpreendentemente, estávamos assistindo a isso diante de uma equipe de documentários que nos filmava, fazendo seu próprio filme sobre nossa família. Eu odiava isso – câmeras apontadas para nós outra vez. Mas todos concordamos que precisávamos assumir o controle da narrativa de alguma forma, e foi por isso que decidimos permitir a entrada desses cineastas de grande reputação, mesmo que apenas para nos ajudar a esclarecer a história antes de seguirmos com nossas vidas.

Quando o episódio do *20/20* começou, senti um nó se formar no meu estômago. A sala ficou em silêncio enquanto imagens passavam pela tela. De repente, sem aviso, fotos dos ferimentos das crianças apareceram. Senti meus pulmões ficarem sem ar.

Nenhum de nós tinha visto as fotos ainda.

Kevin estendeu a mão, apertando a minha. Chad olhou para o chão. Não aguentei.

O rosto de Jodi apareceu na tela e eu senti uma onda de nojo. Vendo o rosto de Ruby, me senti dormente. Eu não conhecia mais aquela pessoa.

Odiei a abordagem do *20/20*. Não parecia emocionalmente sensível, nem tinha o tom apropriado. Achei que eles não tinham qualquer outro motivo além de produzir um documentário popular e fazer dinheiro com uma nova notícia chocante. Me perguntei como é que o consumo da dor e sofrimento de terceiros passa dos limites da empatia até beirar o voyeurismo. Quão rapidamente nós, enquanto sociedade, nos tornamos anestesiados para as dificuldades dos outros, nossa capacidade de compaixão corroída pelo enorme volume de drama humano a que somos expostos diariamente? Éramos apenas personagens de novela agora, só que o drama era real e as consequências, permanentes. Nossa dor havia sido reduzida a uma simples mercadoria, embalada e vendida, consumida e descartada.

Para os criadores de conteúdo, veículos de notícias e documentaristas de crimes reais, as recompensas dessa economia emocional podem ser sedutoras. E o cenário digital e midiático continua vasto e promissor, mas também é um deserto, e temo que tenhamos nos perdido.

Eu sabia que precisava tomar uma posição, de alguma forma. Parte disso seria dizer não ao desejo do mundo de que eu falasse sobre meus irmãos, em qualquer lugar. Até mesmo nas páginas do meu próprio livro. Cabe aos meus irmãos e irmãs decidir se desejam compartilhar suas histórias um dia. Mas eu não seria melhor do que Ruby se detalhasse suas experiências sem o consentimento deles. Eles merecem ter de volta a escolha que foi roubada deles por tanto tempo.

Não quero ser como ela, pensei. *Não vou explorá-los como ela fez.*

CAPÍTULO 49

isso acaba aqui

Em agosto de 2024, recebi uma carta de Ruby da prisão. O advogado dela me entregou, explicando que Ruby a escrevera meses antes, em fevereiro, mas tinha se perdido entre a papelada burocrática.

Ler as palavras de minha mãe trouxe uma estranha mistura de emoções. Tinha cinco páginas, mas seu tamanho não era equivalente à substância. Duas páginas inteiras, por exemplo, eram dedicadas a descrever meu quarto de bebê. Ruby falou de maneira poética sobre a emoção dos preparativos para o nascimento da sua primogênita, o cuidado que teve na escolha das cores e da decoração. Ela falou de mim como seu bebê, com suas palavras transbordando nostalgia de um tempo passado. Mas ler aquilo era como folhear o álbum de fotos de uma estranha. Reconheci os personagens, mas não consegui me conectar com as emoções descritas.

A carta continha um pedido de desculpas. Não por qualquer uma das coisas que eu poderia ter esperado. Ela não se desculpou pela dor que nos causou, nem reconheceu os motivos de estar presa. Em vez disso, Ruby expressou arrependimento por não passar mais tempo comigo antes que eu fosse para a faculdade. Era uma coisa tão pequena na qual se fixar, considerando nossa grande história.

Enquanto eu lia, me vi ficando cada vez mais desprendida. A Ruby que escrevera aquela carta parecia existir em uma realidade delirante – uma na qual nosso relacionamento poderia ser consertado com lembranças de cobertores de bebê e cores de parede. Ela parecia estar voltando a um tempo anterior à dor, anterior às câmeras, anterior a tudo dar errado. Mas ela ainda estava se esquivando das questões muito reais e dolorosas que nos separaram.

No fim das contas, a carta apenas reforçou minha opinião sobre Ruby. Mesmo agora, atrás das grades, ela ainda não conseguia – ou não queria

– reconhecer as feridas mais profundas, os anos de manipulação emocional, a exploração pública da nossa vida familiar, o dano chocante infligido aos meus irmãos mais novos.

A questão era: por quê?

*

"Narcisismo" se tornou uma palavra popular nos últimos tempos. Tem um chefe autocentrado? Narcisista. Aquele amigo que sempre faz tudo ser sobre ele? Narcisista. O parente que domina todas as reuniões familiares? Narcisista. Mas nem todo ato egocêntrico é sinal de transtorno de personalidade. Às vezes as pessoas estão apenas tendo um dia ruim – ou talvez sejam apenas babacas comuns.

O verdadeiro Transtorno de Personalidade Narcisista (TPN) é uma condição séria e complexa que vai além de ser autocentrado ou difícil. É um padrão dominante de grandiosidade, necessidade de admiração e falta de empatia que pode causar grandes problemas em muitas áreas da vida da pessoa afetada.

No mundo da pessoa com TPN, o universo não gira apenas em torno dela – ela *é* o universo. Não é uma escolha consciente, é o funcionamento de sua psique. A mente dessa pessoa é uma fortaleza construída para proteger um senso incrivelmente frágil do eu. Para Ruby, o narcisismo não era uma escolha; era sobrevivência, um instinto tão necessário quanto respirar. Assim como minha resposta bajuladora era meu escudo contra o mundo, a grandiosidade dela era sua armadura. Duas estratégias diferentes, ambas nascidas do mesmo solo do trauma e da insegurança.

Imagine, se quiser, a exaustiva ginástica mental que acontece dentro da mente de alguém com TPN. É um monólogo implacável e contraditório.

Sou especial. Sou a melhor. Mas por que as pessoas não veem? Elas devem ter inveja ou são burras. Preciso mostrar a elas como sou incrível. Mas e se elas virem quem eu realmente sou? Não, impossível. Sou perfeita. Não sou? Claro que sou. Tenho que ser.

Não se trata simplesmente de ter o ego grande ou de ser autocentrado. É uma necessidade desesperada e consumidora de manter uma imagem de perfeição, tanto para o mundo quanto para si. Qualquer rachadura nessa fachada não é apenas desconfortável… é existencialmente ameaçadora.

Entender isso não justifica o comportamento, mas ilumina o profundo sofrimento em sua essência. O comportamento narcisista extremo não tem a ver com afirmar superioridade; trata-se de compensar o fato de a pessoa se sentir fundamentalmente falha e completamente vazia por dentro.

Não sei bem por que algumas pessoas desenvolvem esses comportamentos e outras não. Ruby pode ter aprendido quando criança que ser "boa" e "perfeita" era a única maneira de ser amada.

— Mas eu sou uma boa menina — exclamou ela para Kevin, no único telefonema com ela após a prisão.

Seja lá qual for a causa, o narcisismo se desenvolve como um escudo – uma maneira de se proteger de sentimentos de inadequação ou dano. A ironia cruel é que esse mesmo escudo, destinado a salvaguardar o eu, acaba se tornando uma barreira para a conexão e a realização verdadeiras. É uma fortaleza que mantém os outros afastados, mas também aprisiona o narcisista lá dentro.

Quanto às redes sociais: para os narcisistas, é como jogar gasolina em uma chama já alta. Cada like, compartilhamento e comentário se torna uma fonte de validação, um bálsamo momentâneo para uma insegurança bem enraizada. É fácil ver como pode se tornar uma obsessão intensa, um palco digital para sua performance eterna de perfeição.

Aprender sobre o narcisismo me ajudou a entender o impacto de Ruby na minha vida. Não ameniza o que ela fez, de jeito nenhum. Mas me lembra que atrás de toda aquela manipulação havia uma pessoa profundamente ferida que nunca aprendeu a se conectar com os outros de maneira saudável.

Perceber que sua própria mãe era incapaz de te ver de verdade – de te amar pelo que você é, e não como uma extensão de si mesma – é difícil de engolir. É a morte de uma esperança fundamental da infância, aquela de que, se você se esforçar o suficiente, a mamãe te amará incondicionalmente.

Mas, de um jeito estranho, essa compreensão também foi muito libertadora. Agora sei que nunca poderia ter sido "boa" ou "perfeita" o suficiente para deixar Ruby verdadeiramente feliz ou orgulhosa. O vazio insaciável que eu tentava preencher não foi criado por mim, e não era minha responsabilidade consertá-lo. Essa percepção, por mais dolorosa que seja, é o primeiro passo no caminho da cura – para mim, se não para ela.

Às vezes me vejo descendo pelo labirinto do "e se?". E se Ruby não tivesse sentido que a maternidade era o único caminho para a satisfação? E se ela tivesse sido encorajada a explorar todas as suas facetas, além daquilo que a família dela considerava "certo" para uma mulher? Talvez se ela tivesse tido a chance de se dedicar a uma carreira poderosa em um banco ou na física – áreas em que a empatia não é exatamente uma prioridade –, ela não teria visto seus filhos como empregados ou extensões de si. Ou talvez ela não tivesse filho algum. É impossível saber.

Mas toda essa ginástica mental é enlouquecedora, e provavelmente só mais uma manifestação da minha natureza bajuladora. Sempre tentando resolver o quebra-cabeça da Ruby, buscando uma chave mágica que a tornasse feliz e gentil. A verdade é que essa chave provavelmente não existe. O narcisismo não é uma escolha; é um mecanismo de defesa profundamente enraizado. E, por mais que possa ser tratado, exige um esforço extenso e dedicado por parte do próprio narcisista.

Existem alguns "narcisistas autoconscientes" por aí nas redes sociais, e ouvi-los descrever sua verdadeira experiência do mundo é fascinante e arrepiante. Os relatos que eles fazem sobre seus sentimentos – ou a falta deles – em relação ao bem-estar dos outros são um lembrete claro da desconexão fundamental que está na base desse transtorno.

Então onde estamos? Como lidamos com as Rubys do mundo? Como equilibramos a empatia pela pessoa ferida atrás da máscara narcisista enquanto nos protegemos e aos outros do dano que ela pode causar? Não tenho todas as respostas, mas sei que a consciência é um começo. Compreender que o narcisismo é uma condição complexa, não apenas uma identificação para pessoas egoístas, é crucial. E reconhecer a bajulação como resposta ao trauma, não apenas puxação de saco, é igualmente importante. Enquanto tudo isso acontece, proteger as crianças: regularizar ou banir de vez os vlogs de família pela questionável prática exploradora que é seria um ótimo começo.

Para mim, entender os padrões tem sido ao mesmo tempo doloroso e libertador. Ver o padrão significa que você pode quebrá-lo. Não é fácil, e em alguns dias parece que estou lutando contra meus próprios instintos. Essa ânsia de bajulação, de sacrificar meu bem-estar no altar do conforto dos outros, ainda espreita nas sombras da minha psique. Mas toda vez que falo em vez de ficar em silêncio, toda vez que honro minhas próprias necessidades em vez de enterrá-las, toda vez que permito que outra pessoa se acomode com seu desconforto em vez de me apressar para amenizar as coisas – estou cortando mais um elo na corrente do trauma geracional, na corrida de revezamento tóxica que passa o bastão da dor de uma geração para a outra.

Isso precisa terminar aqui. Não se trata mais de apenas me curar. Trata-se de criar um novo legado, um novo padrão para as gerações que virão depois de mim e da minha família. Tenho orgulho dos meus ancestrais e quero que as gerações que virão tenham orgulho de mim também. Dessa forma, quando nos esbarrarmos no paraíso, poderemos nos olhar e sorrir. (E, sim, consultei o meu bispo quanto à possibilidade de encontrar Ruby no pós-vida celestial, caso de alguma forma ela chegue lá. Ele me garantiu que não tenho obrigação de reconhecê-la nem de interagir com ela de forma alguma. De fato, pequenas misericórdias.)

Nas cartas que Ruby escreveu para Kevin – cartas que nunca terão resposta –, ela descreveu como era ficar sentada em sua cela, chorando enquanto os dias passavam. E há momentos, como no aniversário dela ou no Dia das Mães, em que a imagem de Ruby sozinha em sua cela inunda minha mente e uma onda de tristeza me invade. Não desejo sofrimento para ela; em vez disso, espero desesperadamente que ela encontre algum tipo de caminho para a redenção, se isso for possível.

Ouvi dizer que ela estava tentando se formar no sistema prisional, o que é um passo positivo. Afinal, ela nunca terminou a faculdade, tendo abandonado os estudos assim que se casou com Kevin. Ela precisará se preparar, porque a realidade é que, quando for libertada – seja em dez anos ou quando for muito mais velha –, precisará se sustentar. Não quero vê-la desamparada. Minha esperança é que ela possa usar esse tempo para se instruir, para que, quando tiver liberdade, possa encontrar uma maneira de sobreviver. Ter uma casa pequena e uma vida tranquila. Longe de mim.

Talvez, até lá, ela tenha encontrado a coragem para realmente olhar para dentro de si e começar a árdua jornada da mudança interior. No entanto, a mudança nunca foi algo fácil para a minha mãe, se é que um dia já aconteceu. Aos quarenta e três anos, quando foi presa, ela ainda estava convencida de que o mundo girava ao seu redor. Agora, com toda a fachada destruída, ela foi deixada apenas com a verdade – a verdade nua e crua – como sua única companheira. Ela tem a força necessária para confrontar seu próprio reflexo? Para se ver como realmente é? Espero que sim.

Quanto a Jodi, deixarei o diagnóstico dela para os especialistas. E o destino da sua alma nas mãos de Deus.

EPÍLOGO

sete passageiros

UM ANO DEPOIS

Em um domingo de manhã, dei um beijo de despedida em Muppet enquanto ele descansava na minha cama, sua recém-adquirida coleira brilhando à luz do sol que entrava pelas janelas. Ele me olhou com aqueles olhos grandes e inocentes, e eu cocei atrás das suas orelhas, meu coração se enchendo de amor por essa criaturinha que se tornou minha âncora no caos.

Quando saí para o ar fresco de Utah, senti uma pontada de nervosismo, mas desta vez era do tipo bom. Do tipo que vem com a expectativa, com a promessa de algo lindo no horizonte – eu estava indo para um jantar em família. Sem câmera gravando. Sem ninguém nos dizendo o que fazer ou o que sentir. Só nós, juntos outra vez.

Sentei no banco do motorista do meu Focus, o motor ganhando vida, e dirigi pelo caminho batido para Springville. As ruas quadriculadas, os trechos de parques verdes, tão pequenos contra o pano de fundo das montanhas e o vasto céu acima – não importava aonde a vida me levasse, eu sabia que uma parte de mim sempre pertenceria àquela pequena cidade aninhada no sopé das montanhas.

Enquanto saía da rodovia e entrava na cidade, meu celular vibrou com uma mensagem. Era do meu novo bispo, aquele que se tornara um farol de apoio desde que eu deixara minha antiga ala. Ele disse que Derek seria levado ao conselho disciplinar formal, tendo sua função no templo anulada. Uma pequena vitória, mas não suficiente.

Derek nunca perdeu sua recomendação para o templo, como eu perdi. E a experiência me ensinou uma lição vital: só porque um líder de igreja diz uma coisa, não significa que está certo. Não significa necessariamente que vem de Deus. Com tudo pelo que passei, percebi que aquilo que um ser humano diz tem menos valor para mim do que minhas conversas privadas com Deus. Estas, agora, são minha estrela-guia.

Virei na minha rua e vi a silhueta ampla da minha casa. Estacionada na entrada da garagem, enferrujando, nossa velha van Chevy – Kevin havia removido a placa 8PSNGRS e o adesivo fazia tempo. Ele queria vendê-la e comprar uma caminhonete, para quando as crianças voltassem. Verdade, não precisávamos mais de um veículo tão grande.

Estacionei e caminhei em direção à casa, sentindo o cheiro de queijo derretido e pepperoni ao levar a mão à maçaneta. Aquele ainda era mesmo o meu lar, depois de tudo o que tinha acontecido? Eu não tinha mais confiança nisso. Porém, ao ouvir o som de risadas, tive uma certeza feroz e repentina: estávamos juntos, e aquele era o único lugar onde eu queria estar.

★

Eu costumava acreditar que tudo o que havia de bom na minha vida era graças a Ruby. Com certeza há traços positivos que vêm dela. A lealdade poderosa às minhas convicções. Meu talento para esfregar um banheiro até brilhar. Sim, isso é tudo Ruby, os ecos da presença dela dentro de mim. Mas, conforme fui ficando mais velha, percebi que a vida que criei para mim e a pessoa que me tornei não são *por causa* de Ruby, mas *apesar* dela.

Pela primeira vez na vida, estou feliz de verdade. Saí do casulo do meu passado e de alguma forma encontrei a luz. Com a ajuda da minha comunidade, terapia infinita e o poder curativo de minicachorros-quentes e donuts açucarados, estou aos poucos recosturando minha psique, ensinando ao meu sistema nervoso que é seguro sentir outra vez, é seguro descansar. Estou aprendendo a honrar o luto, a raiva, a alegre revolta de reclamar a autonomia que foi roubada daquela garotinha forçada a sorrir de maneira vazia para uma câmera diante da qual nunca pediu para estar.

Sim, ainda lido com as consequências de saúde mental da minha criação e de tudo o que aconteceu, mas não consigo deixar de me orgulhar de mim quando penso na estranha odisseia que enfrentei no meu curto tempo nesta terra. A cada vez que respiro, me lembro que estou viva, que sobrevivi, e que tenho o poder de criar o meu próprio legado – sem o YouTube. (Ah, eu derrubei o meu canal e privei todos aqueles anos de conteúdo só para mim e minha família. Não senti nenhuma emoção, nenhuma sensação de perda fazendo isso. Na verdade, pareceu o certo.)

Meu foco agora está no futuro. Uma tela em branco esperando pela tinta. Mas disto eu sei: quebrarei o ciclo. Confiarei nas crianças. A criança dentro de mim e as crianças que um dia criarei.

Confiarei na resiliência delas, em sua sabedoria, em sua imaginação sem limites e em sua capacidade de amar desde o berço.

Eu as guiarei, mas também aprenderei com elas e permitirei que sua inocência e curiosidade curem as partes feridas da minha alma. Juntas, criaremos uma nova história.

Agora que tenho paz, isso não é uma promessa. Agora que tenho felicidade, esse é o meu propósito.

Finalmente.

agradecimentos

Sinto imensa gratidão por aqueles que me ajudaram a trazer esta história à luz. Primeiramente, gostaria de agradecer à Simon & Schuster por me fornecer a plataforma para compartilhar minha verdade, e à minha editora, Natasha Simons, cuja consideração e compreensão ajudaram a superar meus medos e dúvidas durante esse processo difícil.

Sou sempre grata a Caroline Ryder, minha colaboradora na escrita, por colocar em palavras as emoções cruas e os diálogos que mantive no meu coração por anos.

Este livro também não seria possível sem Larry Shapiro, meu empresário e amigo. Seu apoio inabalável tem sido minha âncora em tempos turbulentos.

Sou profundamente grata pelo amor e encorajamento dados a mim por minha mãe e meu pai e todos os outros da minha família escolhida. Seu apoio tem sido um farol de esperança, me lembrando de que família pode ser mais que apenas sangue.

E, por fim, eu não poderia ter escrito este livro sem a coragem dos meus irmãos e do meu pai, Kevin; agradeço por seu amor e corações puros. Este livro é um testemunho da nossa resiliência compartilhada e dos laços inquebráveis entre nós – agora e pela eternidade.

Acreditamos nos livros

Este livro foi composto em Bembo MT
e impresso pela Lis Gráfica para a Editora
Planeta do Brasil em agosto de 2025.